養育費政策の源流

家庭裁判所における
履行確保制度の制定過程

下夷美幸
shimoebisu miyuki

法律文化社

まえがき

　いま、日本の子どもの6人に1人が貧困。これは、厚生労働省が公表した2012年の「子どもの貧困率 16.3%」をいいかえたものである。この16.3%という貧困率は、国民生活基礎調査の最新の結果によるが、データがある1985年以来、過去最悪となっている。その要因とみられているのが、非正規雇用が多い母子世帯の増加である。

　母子世帯の経済状況は極めて深刻で、その半数以上は貧困のなかで暮らしている。貧困問題で最も懸念されるのは、子どもへの影響である。成長に欠かせない栄養のある食事はもちろん、子どもの生活に必要なものは衣食住にとどまらない。2012年10月28日の読売新聞社会面に、「貧困　苦しむ母子家庭」というタイトルの記事がある。そのなかに「お金がないから、行かないんだ」という母子世帯の男の子の言葉が出ている。この子は地域のサッカークラブに入っているサッカー大好き少年だが、お金がないから合宿に行かないという。合宿の費用は2、3万円。この合宿に行けないということは、少年にとって、単に合宿による練習や試合に参加できないというだけの問題ではない。子どもたちの間では合宿に行く前から、どの道具を持っていくとか、だれが何の担当だとか、合宿直前まで準備の話題がつづく。合宿に行くと、子どもたちは滞在先でさまざまな経験を共有し、濃密な時間を過ごす。そして、合宿から帰ってきた後は、ああだった、こうだったと、思い出しながら子ども同士の関係性を紡いでいく。そうすると、合宿に行けないこの少年は、合宿に行く、というひとつの機会が奪われているだけではない。もっと大きなものを奪われているのである。こうした例は、地域のクラブ活動だけでなく、学校の部活動や修学旅行にもひろがっている。

　母子世帯で暮らす子どもからみた貧困とは、子どもとして必要な生活が与えられていないということである。それは、親からも国からも十分に扶養されていないことにほかならない。子どもからすれば、親でも国でもどちらでもかま

わないから、きちんと子どもとしての人並な生活をさせてほしい、ということではないだろうか。

　国が子どもの生活を保障すべきことはいうまでもない。国家責任は当然のことである。ただ、親もまた、子どもに責任を負っている。離婚母子世帯の子どもであれば、離れて暮らす父親ももちろん、子どもを扶養しなければならない。しかし、その父親の責任が果たされていないという現実がある。離れて暮らす父親から扶養を受けることは、子どもの権利であるが、それが守られていないのである。

　筆者はこれまで、離婚母子世帯の養育費に関する政策について考えてきた。それは、子どもの扶養をめぐる親と国家の関係、さらにいえば、国家の家族への介入のあり方を問うという問題関心に基づいている（下夷 2008）。具体的に取り組んできたのは、養育費政策に関する日本と欧米諸国の比較研究である。そのような国際比較によって、日本の特徴が浮かび上がってきた。それは、国が養育費問題を事実上放置しているということである。欧米主要国では、行政機関が養育費を徴収したり、立て替えたりする制度を実施しているが、日本ではこの問題に直接対処する制度が構築されていない。つまり、養育費問題の解決が、当事者任せになっているのである（下夷 2010）。

　拙著『養育費政策にみる国家と家族』において筆者は、「このまま養育費を確保する手段が用意されなければ、母子世帯は私的扶養と公的扶養の間隙に取り残されたままとなる」（下夷 2008：35）と指摘した。そして、かねてより、養育費確保制度の必要性を主張してきた。

　このような主張に対しては、なぜ、父親からの養育費にこだわるのか、という批判がある。養育費の徴収に税金を費やすよりも、子育て費用の社会化に公費を投入した方が、母子世帯にとってもプラスとなるのではないか、という意見である。筆者も子育ての社会化をすすめるべきという立場である。日本はOECD諸国のなかでも、子育て中の家族に対する公費支出の規模が小さく、家族にその負担が偏っている（OECD 2014）。この状況は問題であり、子育ての公共性という理念のもと、国は子育て支援の予算をもっと増やす必要がある。

まえがき

　子育て費用の社会化はすすめるべきだが、それとは別に、養育費の確保も必要であるというのが筆者の主張である。というのも、父親からの養育費には子どもの生活費用にとどまらない価値があるからである。それは、離婚後の父と子の「つながり」である。親子の関係性がどのような状況であれ、父親が子どものために養育費を支払い続けることは、父と子のつながりの基盤となるものである。筆者は、子どもの経済的扶養というだけでなく、子どもに親とのつながりを保障するという観点から、制度の費用効果にかかわらず、養育費を確保するための制度が必要であると考えている。

　そこで本書では、家庭裁判所の履行確保制度をとりあげる。筆者はこれまで履行確保制度については、その限界を指摘するにとどまり、詳しい検討を行ってこなかった。しかし、序章で述べるとおり、近時の家庭裁判所の利用状況やひとり親世帯への福祉施策をみると、今後、養育費に関して履行確保制度の対象となるケースが増えていく可能性がある。母子世帯が養育費を確保するうえで「頼みの綱」であるこの制度が、必ずしも頼りにならないという現実を前に、少し遠回りだが、こうした制度がどのようにして成立したのか、その議論の歴史をたどってみたい。

目　　次

まえがき

序　章　なぜいま、家庭裁判所の履行確保制度なのか―1
　1　問題関心　1
　2　課題と視点　10

第1章　臨時法制審議会による家事審判制度の提唱――17
　1　審議会の設置から答申までの経緯　17
　2　幹事会の「調査要目（其1）」　20
　3　主査委員会での「調査要目（其1）」の審議　27
　4　主査委員会での「家事審判ニ関スル要項」の審議　35
　5　臨時法制審議会総会での「家事審判ニ関スル綱領」の審議　41

第2章　「家事審判所ニ関スル法律調査委員会」での立法作業――51
　1　委員会設置から起草終了までの経緯　51
　2　「調停事項不履行ノ場合」の審議　54
　3　「調査員」の審議　61

第3章　人事調停法の成立――68
　1　法律制定までの経緯　68
　2　婦人団体による立法運動　71
　3　銃後支援の要請　80
　4　人事調停法の両義性　90
　5　人事調停における履行確保　99

第4章　家事審判制度の創設 ── 114

1. 法律制定までの経緯　114
2. 履行確保をめぐる議論の不在　118
3. 民法改正要綱の審議　127

第5章　家事審判官による履行確保制度の要請 ── 144

1. 全国家事審判官会同における議論の経緯　144
2. 東京家事審判所による建議書　147
3. 家事調査官「導入前」の会同での議論　151
4. 家事調査官制度の国会審議　168
5. 家事調査官「導入後」の会同での議論　173

第6章　履行確保制度の国会審議 ── 199

1. 法律制定までの経緯　199
2. 履行確保制度の法案　203
3. 衆議院での審議　208
4. 参議院での審議　225

終章　履行確保制度の制定過程にみる日本の養育費政策 ── 240

1. まとめと考察　240
2. 今後の課題　246

参考文献
あとがき
索　引

序　章

なぜいま、家庭裁判所の履行確保制度なのか

1　問題関心

(1) 離婚後の養育費問題

　現代社会のひとつの特徴は、人々の生き方が多様化していることである。家族についても、日本は、ほぼすべての人が結婚する「皆婚社会」といわれてきたが、すでに現在、生涯未婚率は男性で2割、女性で1割を超えている[1]。しかし、子どもの出生についてみると、婚外子の割合は2％にすぎず、"子どもは婚姻した夫婦から生まれるべき"という、嫡出規範、「婚姻家族」規範は極めて強い[2]。その一方で、離婚は大勢としては増加傾向にあり、2013年の離婚件数は23万1,383組、そのうち、未成年の子どものいる離婚は13万5,074組で、親が離婚した未成年の子どもは23万2,406人にのぼっている[3]。その子どもの親権は、8割以上のケースで母親が得ており、離婚後、子どもの多くは母子世帯で暮らすことになる[4]。

　そこで懸念されるのが、母子世帯の貧困・低所得問題である。日本のひとり親世帯の貧困率がOECD諸国のなかでも突出して高いことは、近年、広く知られるようになってきた（阿部 2013：10、OECD 2014）。日本政府もようやく2009年からOECD基準の貧困率を公表しているが、最新の政府統計でも貧困率に改善はみられず、2012年のひとり親世帯の貧困率は54.6％と深刻である[5]。ひとり親世帯の約9割は母子世帯であり[6]、また、母子世帯は父子世帯に比べて

表序-1 離婚母子世帯の養育費の受給状況
(%)

調査年	現在も養育費を受けている	養育費を受けたことがある	養育費を受けたことがない	不 詳
1983	11.3	10.1	78.6	—
1988	14.0	10.6	75.4	—
1993	14.9	16.4	68.7	—
1998	20.8	16.4	60.1	—
2003	17.7	15.4	66.8	—
2006	19.0	16.0	59.1	5.9
2011	19.7	15.8	60.7	3.8

出典：厚生労働省「全国母子世帯等調査」より作成。

年収が低く、とりわけ低い収入階層に偏っていることから（厚生労働省 2012）、ひとり親世帯の貧困はほぼ母子世帯の貧困とみることができる。

母子世帯の約8割は離婚によるものである（厚生労働省 2012）。離婚母子世帯の場合、その収入源としては、母親の稼働収入、公的給付のほかに、父親からの養育費が考えられる。いうまでもなく、離婚しても親は子どもに対して扶養義務を負っており、子どもと別れて暮らす父親は養育費を支払うことで、子どもへの責任を果たさなくてはならない。しかし、実際にはそれが必ずしも支払われていない。

養育費に関する公的な統計は、厚生労働省の「全国母子世帯等調査」によって得ることができる。この調査は厚生省（現・厚生労働省）が1952年に実施して以来、ほぼ5年毎に行っている全国調査である。養育費については1983年の調査から調査項目に入っており、それ以後、離婚母子世帯の養育費の受給状況が公表されている。

表序-1はその結果をまとめたものである。これをみると、離婚母子世帯で養育費を受給している割合は、1983年の11.3％から年々上昇し、1998年に20.8％となっている。しかし、2003年には17.7％に低下し、それから徐々に回復しているものの、最新の2011年の結果でも19.7％にとどまっており、近年ほぼ20％という水準で低迷している（厚生労働省 2012）。

地方自治体の調査結果をみると、養育費の受給率は10％台から40％台まで幅があり、「全国母子世帯等調査」の受給率を上回っているものもある（鶴岡 2012：58）。しかし、民間団体が行った全国調査の結果では、やはり20％程度か、それより低い水準となっている。たとえば、全国母子寡婦福祉団体協議会が2009年に実施した調査によると、離別母子世帯で養育費を「定期的に受けて

いる」割合は20.9％である（全国母子寡婦福祉団体協議会 2010：21）。また、労働政策研究・研修機構が2012年に実施した調査によると、離別母子世帯の養育費の受取率は15.2％となっている（労働政策研究・研修機構 2013：18）。これらの結果から、全体として、離婚後の養育費が支払われているのは20％程度とみられる。つまり、現状では、離別した父親のおよそ8割は養育費を支払っていないのである。

このような不払い問題の前に、そもそも養育費の取り決め自体が行われていないという問題もある。その背景として、従来、民法に離婚時の養育費の取り決めを義務づける明文規定がないことが指摘されてきた。しかし、これについては2011年5月の民法改正で、第766条第1項の協議離婚で定めるべき「子の監護について必要な事項」に、「面会交流」とならんで「子の監護に要する費用の分担」、すなわち養育費の分担が明記され、明文化が実現している。

この改正民法の施行にあわせて、2012年4月1日から離婚届には面会交流と養育費のそれぞれについて、取り決めのチェック欄が設けられている。ただし、チェックの有無にかかわらず、離婚届は受理される。チェック欄導入から1年間の状況をみると、未成年の子どものいる夫婦の離婚届のうち、養育費の「取り決めをしている」にチェックがあったのは56％となっている[8]。これは、2011年の「全国母子世帯等調査」による取り決め率（離婚母子世帯で養育費の取り決めがある割合）の37.7％を上回っている（厚生労働省 2012）。とはいえ、離婚届のチェックは当事者に任せられており、実際に取り決めていなくても、チェックすることはできる。また、取り決め欄にチェックがあっても、それが口約束なのか、私的な文書なのか、公正証書なのか、といった取り決めの形式や、養育費として妥当な金額や支払期間になっているのか、といった取り決めの内容について、窓口で何ら問われることはない。

しかも、取り決めをしたからといって、それが確実に支払われるわけではない。「全国母子世帯等調査」をみると、取り決めをしている母子世帯のうち、養育費を受けている割合は50.4％にとどまっている（厚生労働省 2012）。つまり、取り決めがあっても半数は支払われていない、というのが実態である。こうしてみると、民法改正が実現したとはいえ、これにより養育費問題が解消す

るとは期待できない。

　もちろん、子どもの扶養義務があるとはいえ、父親に扶養能力がなければそれを求めることはできない。はたして離別した父親に、養育費を支払うだけの経済力があるのだろうか。大石亜希子（2012）は、厚生労働省の「国民生活基礎調査」と国立社会保障・人口問題研究所の「社会保障実態調査」（いずれも2007年の調査結果）を用いて、離別した父親の経済状態を分析している。それによると、離別した父親は離死別経験のない父親に比べて、低所得層に多く、また、離別した父親のなかでは、離別後も単身の父親（離別単身父親）のほうが、離別後に再婚した父親（離別再婚父親）よりも所得水準が低くなっている。それでも、大石の推計結果では、離別単身父親の６割、離別再婚父親の８割は年収250万円以上を得ている。年収350万円以上でみても、その割合は離別単身父親の４割強、離別再婚父親の６割強である。このように、離別した父親の多くは、養育費の支払いが可能な収入を得ている。

　たしかに、250万円や350万円の年収から養育費を支払うことは、父親にとって容易でない場合もある。しかし、「全国母子世帯等調査」によると、離婚母子世帯の母親の2010年の就労収入は176万円である（厚生労働省 2012）。母親はこのような低所得で子どもの世話と経済的扶養を担っているのであり、父親もその収入に応じて養育費を支払う必要がある。たとえば、家庭裁判所などで利用されている「養育費算定表」によると、母親の年収が176万円で子ども１人（0-14歳）の場合、年収250万円の父親の養育費は月額１万円から２万円、年収350万円では月額２万円から４万円が目安となっている[9]。この養育費が父親から定期的に支払われれば、それは母子世帯にとって重要な収入となる[10]。

　このように、一定の扶養能力がありながら、扶養義務を果たしていない父親は少なくないとみられ、母子世帯の母親は過大な扶養負担を負っているといえる。そのことは最終的には母子世帯で暮らす子どもの不利につながっていく。

(2) 現在の養育費政策

　母子世帯にとって養育費の不払いは深刻な事態だが、従来、福祉行政はこの問題にほとんど取り組んでこなかった。しかし、2002年に母子福祉施策が「児

童扶養手当中心の支援」から「就業・自立に向けた総合的支援」へと再構成された際、その総合的支援の4本柱のひとつに「養育費の確保」が位置づけられている。そこで導入された主な施策が、相談機関の拡充である。具体的には、2007年10月に「養育費専門相談員」が母子家庭等就業・自立支援センターに配置され、同時に「養育費相談支援センター」が国の事業として設置されている。

　このうち、養育費専門相談員については支援の実態を把握することができない。というのも、養育費専門相談員の人数や相談実績について、公表されていないのである。養育費相談支援センターは、養育費専門相談員など地方自治体で養育費相談にあたる人材の育成や、そうした地方での養育費相談で生じた困難事例への対処を主要業務としているが、当事者からの電話やメールによる相談にも応じている。その相談件数は増加傾向にあり、2008年度の3,193件から2013年度には6,574件と5年間で約2倍になっている（養育費相談支援センター 2014：104、厚生労働省雇用均等・児童家庭局家庭福祉課 2014）。そのなかでは、養育費を求める母親からの相談が多いが、養育費相談支援センターでは父親への直接的な働きかけや、斡旋や調整などは行っていない。それらの措置を行う権限が国から与えられていないからである（鶴岡 2012：61）。よって、不払いに対する具体的な対処法としては、それぞれの状況に応じた家庭裁判所の利用手続きを伝授する以外にない。

　そのほかの養育費確保の施策も、家庭裁判所の利用に関するもので、2003年4月から養育費に関する裁判費用について、母子寡婦福祉資金（現在は母子父子寡婦福祉資金）から特例として生活資金12か月分（約123万円）の貸付が行われている。また、2010年4月からは母子世帯の母親などが養育費に関して家庭裁判所を訪れる際に、養育費専門相談員が同行できるようになっている。

　このように、2000年代に入り、母子福祉行政において「養育費の確保」が主要政策のひとつに位置づけられたとはいえ、個別ケースの問題解決のための施策は、家庭裁判所の利用法を伝授し、裁判所の利用にかかる資金工面や人的支援を提供することで、母親が家庭裁判所を利用するよう後押しするぐらいである。結局、福祉行政は「家庭裁判所だのみ」といわざるを得ない。

表序-2　子の監護事件のうちの養育費請求事件の推移：2004-2013年

	総　数	調停事件	審判事件
2004	18,532	16,375	2,157
2005	17,482	15,353	2,129
2006	17,196	15,084	2,112
2007	17,391	15,160	2,231
2008	18,004	15,771	2,233
2009	21,424	18,513	2,911
2010	21,295	18,394	2,901
2011	20,949	17,873	3,076
2012	22,161	18,651	3,510
2013	21,897	18,402	3,495

出典：最高裁判所事務総局『司法統計年報・家事編』より作成。

　福祉行政のこうした動きの影響かどうかはわからないが、実際、家庭裁判所で養育費を取り決めるケースは増えている。養育費の取り決めについては、子どもの両親が話合いによって納得して合意することが望まれるが、それができない場合には、家庭裁判所に子の監護事件として、養育費の請求を申し立てることができる。家庭裁判所の調停や審判で養育費を決めておけば、不払いが生じた際には、後述の履行確保制度や民事上の強制執行制度を利用することができる。最高裁判所事務総局の『司法統計年報・家事編』によると、子の監護事件のなかで最も多いのが、養育費請求の申し立てである。

　表序-2は子の監護事件のうちの養育費請求事件について、公表されている直近10年間の新受件数を示したものである。これをみると、調停事件は近年増加傾向にあり、現在は年間1万8,000件ほどとなっている。また、審判事件はいっそう増加が著しく、この10年間で約1.6倍に増えており、現在は約3,500件である。これらの養育費請求事件には、父親からの減額請求等も含まれるが、いずれにせよ、養育費を取り決めるのに、家庭裁判所を利用するケースが増えているということである。

　ここで注目されるのは、養育費請求の審判事件の急増である。つまりこれは、家庭裁判所の調停でも合意に至らず、審判に移行するケースが急激に増えているということである。こうした動向からは、審判はもとより、調停で合意するケースであっても、養育費をめぐる当事者間の紛争性が高まっているものと推測される。

　このように、養育費に関して家庭裁判所の利用がすすんでいるが、家庭裁判所で取り決めたからといって、それが確実に支払われるとは限らない。家庭裁

判所で取り決めた養育費のその後の支払状況については、系統的な調査がなされていないため、詳しい実態は明らかではないが、最高裁判所事務総局家庭局が2001年に1度だけ実施した調査がある。それによると、調停離婚で養育費を取り決めたケースのうち「期限どおりに受け取っている」のは50％となっている[13]。これは調停成立後、1年から1年半程度の時点での調査であり、このような経過年数の比較的短いケースでも、遅滞なく支払われているのは約半数にすぎないという履行状況である。

そのほか、2011年の「全国母子世帯等調査」をみても、協議離婚ではない離婚母子世帯、すなわち、家庭裁判所の調停離婚等による母子世帯で養育費の取り決めをしているケースのうち、「現在も養育費を受けている」のは49.7％である。ちなみに、協議離婚の場合でもその割合は50.8％で、養育費の取り決めがあるケースに限ってみると、協議離婚も調停離婚等も支払われているのはいずれも約半数という結果である（厚生労働省 2012）。

ようするに、家庭裁判所で取り決めたとしても、約半数は支払われていないということである。そうすると、養育費の取り決めについて、家庭裁判所の利用がすすむということは、同時に、取り決めどおりに履行されないケースが増加するということでもある。

(3) 履行確保制度の実効性

家庭裁判所で取り決めた養育費が支払われない場合には、履行確保制度が利用できる。履行確保制度とは、家庭裁判所の調停や審判等で決定した具体的な義務（家事債務）について、それを守らない義務者に対して家庭裁判所が履行を促す制度である。これは、家庭裁判所のアフターケアと呼ばれている。

家庭裁判所で成立した調停は、確定判決と同一の効力があり、家事債務が履行されない場合には、一般の民事裁判の場合と同様に、強制執行を行うことができる[14]。しかし、多くの母子世帯にとって、強制執行は現実的な選択肢とはいえない。たとえば、調停で決めた養育費が支払われない場合、父親の給与の差し押さえを申し立てることができるが、そのためには、母親の側で父親の現在の勤務先とそこから支払われている給与について確認しておかなければならな

い。しかし、離婚後、父親との関係が悪化している場合や音信不通となっている場合には、母親がそれらの情報を入手することは容易ではない。また、うまく強制執行を行うことができたとしても、父親が勤務先を退職してしまえば、給与の差し押さえはできなくなり、また最初から手続きをやり直さなくてはならない。このように強制執行を利用するには母親側の負担が大きい。

　強制執行よりも簡易に利用できる制度が、家庭裁判所の履行確保制度である[15]。この制度は1956年の家事審判法の改正により創設されたもので、その際に導入されたのは「履行勧告」「履行命令」「寄託」の3つの制度である。このうちの寄託とは、裁判所が義務者から金銭を受けて保管し、これを権利者に渡すという制度である。これが導入されたのは、当事者間で金銭を直接授受するよりも、裁判所を介する方が履行されやすいとの理由による。しかし、金融機関を通じた支払いが一般化した現在、ほとんど利用されなくなったことから、家事審判法に代わって家事事件手続法（2013年1月施行）が制定された際、寄託の制度は廃止されている[16]。

　よって、現行の履行確保制度は、履行勧告と履行命令の2つの制度からなる。このうち履行勧告とは、権利者が家庭裁判所に申し出ると、家庭裁判所が履行状況を調査し、義務者に対して取り決めどおりに義務を果たすよう勧告する制度である。また、履行命令とは、調停や審判で定められた金銭債務について義務者が履行を怠った場合、権利者が家庭裁判所に申し立てると、家庭裁判所が義務者に対して、支払期限を定めて、その期限内にその義務を履行するよう命じる制度である。いずれも費用がほとんどかからず、簡単な手続きで利用することができる。とくに履行勧告については、口頭や電話での申し出も認められる。

　このように履行確保制度は母子世帯の母親にとって利用しやすいものだが、半面、実効性に問題がある。まず、履行勧告については、そもそも法律上、勧告に強制力がない。さらに実務面でも、必ずしも効果的な勧告が行われているとはいえない。養育費相談支援センターの相談ケースでは、履行勧告をしても、「たいしたことをしてもらえない」という当事者の不満が聞かれ、また、元家庭裁判所調査官からは、かつては義務者宅の訪問を行っていたが、現在は

序　章　なぜいま、家庭裁判所の履行確保制度なのか

表序－3　履行勧告（金銭債務等）の事件数：2004-2013年

	総　数		終局時の履行状況					
			全部履行		一部履行		全部不履行・不詳等	
	件　数	割　合	件　数	割　合	件　数	割　合	件　数	割　合
2004	15,368	100.0%	4,444	28.9%	3,922	25.5%	7,002	45.6%
2005	14,481	100.0%	4,270	29.5%	3,739	25.8%	6,472	44.7%
2006	14,907	100.0%	4,410	29.6%	3,640	24.4%	6,857	46.0%
2007	14,889	100.0%	4,670	31.4%	3,501	23.5%	6,718	45.1%
2008	15,070	100.0%	4,570	30.3%	3,575	23.7%	6,925	46.0%
2009	16,254	100.0%	4,760	29.3%	3,907	24.0%	7,587	46.7%
2010	16,190	100.0%	5,003	30.9%	3,637	22.5%	7,550	46.6%
2011	15,411	100.0%	4,975	32.3%	3,414	22.2%	7,022	45.6%
2012	15,666	100.0%	5,169	33.0%	3,458	22.1%	7,039	44.9%
2013	15,188	100.0%	5,061	33.3%	3,132	20.6%	6,995	46.1%

注：「人間関係調整」の履行勧告事件は除く。終局時の履行状況の「全部不履行・不詳等」は、原典では「その他・履行状況不詳」となっている。
出典：最高裁判所事務総局『司法統計年報・家事編』より作成。

「書面だけで終わってしまう」「履行勧告まで手が回らないなど、消極的になっている面があるのではないか」との声もあがっている（養育費相談支援センター2012：102）。

　実際、電話や書面での勧告が一般的で、それに法的強制力もないとなれば、勧告に応じない義務者がいてもおかしくない。2013年の履行勧告事件の申出回数をみても、2回以上が半数を占めており、6回以上の申し出も1割を超えている（最高裁判所事務総局 2014）。権利者が何度も履行勧告を申し出なければならないという状況は、履行勧告の限界を示している。

　たしかに、手続きの手軽さもあって事件数は多く、**表序－3**で金銭債務の履行勧告事件の総数をみると、2013年は約1万5,000件である。これには養育費以外も含むが、近年では年間1万5,000件から1万6,000件となっており、履行勧告がひろく利用されているのがわかる。[17]しかし、その終局時の状況をみると、2013年では「全部履行」が33％、「一部履行」が21％、「全部不履行・不詳」が46％である。つまり、家庭裁判所の履行勧告を利用しても、3分の2のケースは取り決めどおりには支払われないということである。

9

表序 - 4　履行命令の事件数：2004-2013年

	総数	終局区分			
		履行命令	却下	取下げ	当然終了
2004	76	27	12	36	1
2005	56	16	8	32	0
2006	70	26	6	37	1
2007	76	33	5	38	0
2008	77	26	12	39	0
2009	102	39	13	48	2
2010	102	35	22	45	0
2011	73	30	12	31	0
2012	83	39	15	29	0
2013	78	36	3	39	0

出典：最高裁判所事務総局『司法統計年報・家事編』より作成。

他方、履行命令については、履行勧告と異なり、命令に従わない場合の制裁が定められている。しかし、それも10万円以下の過料が科されるだけで、不履行対策としては不十分である。このような効力の限界もあり、実際、履行命令は制度自体がほとんど利用されていない。

表序 - 4で履行命令の事件数をみると、2013年の履行命令の事件数は78件、しかも、そのうち実際に履行命令が出されたのはわずか36件である。近年の事件数も年間100件にも達しない程度で、これでは履行確保の手段として機能しているとはいえない。

このように、履行確保制度は家事債務を実現するために必要な制度として実施されているにもかかわらず、実効性に問題がある。この事実は、看過することができない。前述のとおり、福祉行政は「養育費の確保」施策として、母子世帯に家庭裁判所の利用をすすめている。そして実際に、養育費の取り決めに関して、家庭裁判所の利用が増加している。そうすると、このままでは家庭裁判所での取り決めがありながら、それが実行されないまま、「泣き寝入り」せざるを得ないケースが増大していくことになる。このような養育費をめぐる現状を踏まえ、本書では、家庭裁判所の履行確保制度を喫緊の問題とみなしてとりあげる。

2　課題と視点

履行確保制度は養育費問題を抱える母子世帯にとって、「頼みの綱」ともいえる制度である。しかし、それが頼りにならないのが現実である。いったい、

序　章　なぜいま、家庭裁判所の履行確保制度なのか

どのような議論を経て、このような制度ができあがってきたのだろうか。制度化に至るまでの議論のなかに問題はなかったのだろうか。仮に、そこに問題が見出せるとして、それはすでに過去のものといえるのだろうか。現在につながる履行確保制度の問題を、制度の歴史のなかにとらえてみたい。

そこで本書では、履行確保制度が家事審判法に規定されるまでの過程で、どのような議論が行われたのか、制度導入までの議論の内容を検討する。具体的には、家事審判制度の立法作業の胎動期ともいえる1910年代終わりから、1956年に履行確保制度が法制化されるまでを対象に、当時の審議会や国会等の議事録から分析する。

ここであらかじめ、なぜ戦前の家事審判制度の立法作業にまでさかのぼって検討するのか、その理由について述べておきたい。履行確保制度は、1956年5月の家事審判法の改正により創設された制度である。同年7月の実施にあたり、最高裁判所事務総局は執務者向けの解説書として、『家事債務の履行確保等に関する法規の解説』(以下、『解説』)を刊行している。そのなかに、つぎのような記述がある。

> 昭和23年1月1日に家事審判制度が発足して以来、家事審判官および調停委員等の実務家の間から、家事事件に関する審判または調停により定められた義務(いわゆる家事債務)の履行を確保し、強制するために、特別の立法措置を講ずべきものとする強い要望が現われた。(略)これらの要望や意見の先駆をなすものとしては、司法省により設けられた家事審判制度調査委員会が昭和21年に「家事審判法要綱案」の審議を終了するにあたり、同委員会会長が希望意見として最後に述べられた事項の中に「調停後の成績を常に注意して、その始末を見届けてやるために、執行員の如きものを配置して頂きたい。」との発言があるのが注目されよう。
>
> 　　　　　　　　　　　　　　(最高裁判所事務総局 1956：1)

ここに記されているのは、戦後、家事審判制度の導入にあたり、その骨格となる要綱を審議した委員会の会長が、要綱を決定した最後の場面で、調停事項

の不履行を懸念し、「執行員の如きものを配置して頂きたい」という表現で、履行確保制度の必要性を訴えていたという事実である。このことは、家事審判制度において、不履行問題への対処がいかに重要かを示している。とすれば、本来、家事審判制度は履行確保制度を備えているべきではないのか。なぜ、戦後、1947年に成立した家事審判法において、履行確保制度は規定されなかったのだろうか。また、1949年1月に家事審判制度が実施されてから、1956年7月に履行確保制度が実施されるまで、7年半もの期間を要したのはなぜだろうか。

現在の履行確保制度の問題を明らかにするためには、家事審判制度の制定過程からみていく必要がある。そこで、歴史をたどってみると、家事審判法が成立し、家事審判制度が実施されたのは戦後の改正民法の施行の際だが、その前身ともいえる家事審判制度の立法作業はすでに戦前から行われている。具体的には、1919年に設置された臨時法制審議会で議論がはじまり、その後、家事審判制度創設の答申が出され、それを受けて、司法省で立法準備が本格化し、1927年には家事審判法の起草作業がほぼ終了している。そして、その一部が人事調停法として成立し、1939年から施行されている。

戦前に構想された家事審判制度と、戦後の改正民法のもとで実施された家事審判制度とは、制度の性格が異なるものの、家族問題を調停・審判で解決するという家事審判制度の基本的な仕組みは、戦前から戦後まで一貫している。よって、家事審判制度の成立過程をみるうえでは、戦前からの歴史も見逃すことができない。

以上のとおり、履行確保制度は本来、家事審判制度に欠かせない制度であり、家事審判制度については戦前からの歴史をみる必要がある、という認識から、本書では戦後の家事審判制度の創設時とそれ以後の過程だけでなく、その前史にあたる、戦前の家事審判制度の立法作業の過程までさかのぼって、履行確保がどのように議論されてきたか、検討する。

さて、家事審判制度については、すでに堀内節の精力的な研究があり、『家事審判制度の研究』『続家事審判制度の研究』の大部の著作がそれぞれ1970年と1976年に中央大学出版部から刊行されている。そこには、堀内が独自に収集

した、戦前から戦後の家事審判制度創設までの立法に関わる貴重な資料が収められており、堀内はこれらの膨大な資料に基づき、家事審判制度の制度全体の経過を詳細に記述している。

本書も、家事審判制度に関する戦前の資料と法制化までの事実認識については、堀内の研究に多くを依拠している。そのうえで、本書では対象の拡大と検討の焦点化を図っている。具体的には、第1に、家事審判制度の創設後も対象とし、家事調査官制度と履行確保制度の導入過程までを検討する。第2に、家事審判制度全体の変遷のなかで、家事事件の不履行対策に関わる議論に焦点をあてて分析する。履行確保制度の歴史については、前述した最高裁判所事務総局の『解説』で立法の経過が簡単に記載されているだけであり、制定史を扱った研究はみあたらない。本書は未開拓のままになっているこの研究の第一歩を目指すものである。

以下本書では、家事審判制度の議論がはじまった1910年代末から、1956年に履行確保制度が導入されるまでの間を、つぎのように分けてみていく。戦前については、まず、1919年に臨時法制審議会が設置され、同審議会が家事審判制度の創設を総理に答申するまで（第1章）、つぎに、その答申を受けて司法省に「家事審判ニ関スル法律調査委員会」が設置され、綱領が決定し、家事審判法の起草作業が終了するまで（第2章）、そして、その家事審判法案の一部である家事調停部分が、人事調停法として制定されるまで（第3章）に区分し、それぞれの過程における議論を検討する。

戦後については、履行確保制度の法制化に関わる事項として、まず、1947年の家事審判法の創設（第4章）、つぎに、履行確保対策の協議が盛んに行われた、1949年から1952年までの全国家事審判官会同（第5章）、そして、1956年の履行確保制度導入の際の国会審議（第6章）をとりあげ、それぞれにおいて展開された議論を検討する。

分析の対象とする主たる資料は、戦前戦後ともに、関連する審議会や委員会等の議事録、帝国議会や国会の議事録、全国家事審判官会同の協議録（要録）、最高裁判所発行の資料などである。あわせて、関連の論文や新聞記事、雑誌等に掲載された関係者の座談会記録なども、補足的に資料として用いる。

なお、資料のうち、全国家事審判官会同の協議録（要録）は、家庭裁判所資料として発行されているが、全国の図書館でも蔵書は限られている。そのため、資料提供の目的からも、会同での主な発言については、引用の分量が多くなる場合でもできるだけ記載する。

　また、履行確保に関わる議論の分析にあたっては、可能な限り、国家による家族への「介入／不介入」という視点からとらえていく。基本的に家事債務は家族問題であり、履行確保制度は家庭裁判所という国家機関が家族に介入することによって、その問題を解決しようとする制度である。離婚後の養育費の確保についていえば、子どもに対する親の扶養義務が果たされないという家族問題に対して、家庭裁判所が家族に介入して、親から養育費を確保し、問題を解決するということである。

　このように、履行確保制度は、国家が家族という私的領域に介入するという性格の制度だが、他方、日本社会は、国家は家族に介入すべきでないという観念が強固な社会でもある。実際、現行の履行確保制度にしても、国家による家族への介入とはいえ、介入の程度は極めて弱い。こうした基本認識にたって、履行確保制度がその法制化までの過程でどのように議論されているのか、国家による家族への「介入／不介入」という視点から検討し、論じてみたい。[20]

1) 生涯未婚率とは、50歳時の未婚率（45〜49歳と50〜54歳の未婚率の平均値）である。国立社会保障・人口問題研究所「人口統計資料集（2014年）」によると、2010年の生涯未婚率は男性で20.1％、女性で10.6％となっている。
2) 厚生労働省「人口動態統計（2013年）」によると、2013年の出生総数のうち、嫡出でない子どもの占める割合は2.2％である。
3) 厚生労働省「人口動態統計」によると、離婚件数は1980年代半ばと2000年代はじめに反転がみられ、近年では2002年をピークに減少しているが、1990年に比べると、2013年は1990年の約1.5倍である。同様に、親が離婚した未成年の子どもの数も、2002年をピークに減少傾向だが、2013年は1990年の約1.4倍である。
4) 厚生労働省「人口動態統計（2013年）」によると、20歳未満で未婚の子どものいる夫婦の離婚の場合（2013年）、「妻がすべての子どもの親権を行う」が84.2％、「夫がすべての子どもの親権を行う」が12.2％、「夫と妻がそれぞれ分けあって子どもの親権を行う」が3.6％である。
5) 厚生労働省「国民生活基礎調査（2013年）」による。ここでの「ひとり親世帯」とは、

「子どもがいる現役世帯（世帯主が18歳以上65歳未満）」のうち「大人が1人」の世帯をさしている。また「貧困率」とは、相対的貧困率と呼ばれるもので、OECDや日本政府が用いているのは、等価可処分所得の中央値の50％に満たない世帯員の割合をいう。

6) 総務省「国勢調査（2010年）」による。ただし、調査により母子世帯・父子世帯の定義は異なり、世帯数にも幅がある。国勢調査の母子世帯、父子世帯の定義は、「核家族世帯のうち未婚、死別又は離別の女親又は男親とその未婚の20歳未満の子どものみから成る一般世帯」である。

7) 1952年調査の報告書には、一部、1949年の調査に関する言及があるが、本書では1952年調査を初回調査とみなす。その点については、下夷（2014：65）参照。

8) 『読売新聞』2013年8月19日（東京朝刊）による。

9) 「養育費算定表」は、裁判所関係者をメンバーとする「東京・大阪養育費等研究会」がその研究成果として、2003年に『判例タイムズ』1111号に発表したものであるが、現在これが家庭裁判所の実務で広く使用されている。なお、「養育費算定表」は最高裁判所のウェブサイトにも掲載されている（http://www.courts.go.jp/tokyo-f/vcms_lf/santeihyo.pdf）。ただし、この算定表に対しては、金額が低く算出される等の問題点が指摘されており、日本弁護士会は2012年3月に算定表に関する意見書を出している。

10) ただし、母子世帯が児童扶養手当を受給している場合には、養育費の8割が世帯の収入とみなされ、その分は手当が減額となる。その場合、養育費による所得の上昇は限られるが、養育費がもたらす効果は収入面にとどまらない。

11) 総合的支援は「養育費確保支援」のほか「子育て・生活支援」「就業支援」「経済的支援」からなる。

12) 養育費専門相談員の配置先である、母子家庭等就業・自立支援センターは、都道府県や指定都市など全国107か所に設置されているが、そのすべてに養育費専門相談員が配置されているのかどうか明らかではない（厚生労働省雇用均等・児童家庭局家庭福祉課2014）。

13) この調査は、2000年1月から6月までの間に東京家庭裁判所と大阪家庭裁判所で成立した調停離婚で養育費の取り決めがなされたケース各100件に対して、2001年8月に実施されたもので、回答が得られたのは97件、回収率48％である（最高裁判所事務総局2002）。

14) 2003年と2004年の民事執行法の改正により、養育費のような親族間の扶養料については、強制執行制度の改善が図られている。

15) 履行確保制度の経緯と内容については、最高裁判所事務総局家庭局（1959、1969、2000）、最高裁判所事務総局（1980、1990、1993）による。

16) 利用実績をみると、1956年の制度発足後、利用者は年々増加し、寄託の定めをした件数は1972年には7,226件にのぼっている。しかし、その後急激に減少し、1997年にはわずか5件となっている（最高裁判所事務総局家庭局 2000：147）。

17) 金銭債務のうちどれだけが養育費に関するものか明らかではない。いまから30年以上も前のデータに基づくものだが、東京家庭裁判所調査官の小林赫子（1984：128）は、

「履行勧告の申出のうち64.5%が養育費（扶養料・教育費の名目のものを含む）という数字もある（東京家庭裁判所・昭和54年）」と報告している。
18) 戦前の家事審判制度の歴史的経緯については、堀内（1970、1976）のほか、宇田川（発行年不明）、堀内（1950）、内藤（1957）、小山（1980）も参照した。
19) 本書で議事録等から引用している発言や文章は、必要な一部分のみを抜粋している。引用した発言や文章の途中の省略については、「（略）」を記載しているが、引用部分の前後の省略については、「（略）」を記載していない。発言については、省略した発言者がある場合の発言者間の「（略）」、および発言者名と発言の引用の間の「（略）」を記載していないので注意されたい。また、引用に際し、旧字体は新字体に改め、数字の一部を算用数字に改めている。「──」「……」は、原典のまま記載した。出典表記については、帝国議会および国会の議事録の場合は、「（会議名、開催日）」とする。雑誌等に掲載された座談会の場合は、参加者名の代わりに「座談会」と記し、「（座談会、掲載誌の発行年：掲載頁）」とする。全国家事審判官会同の協議録（要録）は、開催年につづけて「会同」と記し、これを会同名として、「（会同名：掲載頁）」とする。たとえば、1950年に開催された会同での発言を協議録（要録）の10頁から引用した場合は、「（1950年会同：10）」と表記する。なお、会同の発言については、発言者名に相当する各家庭裁判所名のうち、「家庭裁判所」を示す部分は省略する。たとえば、東京家庭裁判所は「東京」と表記する。
20) 本書で扱う議論は、主に審議会や国会などの立法に関わる公的な場、すなわち公的領域におけるものである。その点については、必要に応じて分析の際に留意する。なお、本研究はJSPS科研費25380650の助成を受けたものである。

第1章

臨時法制審議会による家事審判制度の提唱

1 審議会の設置から答申までの経緯

　戦前の家事審判制度の立法作業は、1919年7月、内閣に臨時法制審議会が設置されたことを契機にはじまっている。そもそもこの審議会が設置されたのは、同年1月17日に臨時教育会議が出した、「教育ノ効果ヲ完カラシムヘキ一般施設ニ関スル建議」を受けてのことである。この建議には、政府が着手実行すべき事項として23項目があげられているが、その第2項目に「我国固有ノ淳風美俗ヲ維持シ法律制度ノ之ニ副ハサルモノヲ改正スルコト」(臨時教育会議1919：188)とある。これは、日本独自の古き良き風習、淳風美俗に反する法律は改正せよ、という教育界からの法改正の要請である。

　ここには、改正すべき法律が具体的に何をさすのか、直接的には示されていない。しかし、建議の理由をみると、「諸般ノ法令ニ於テ我家族制度ト相矛盾スルノ條項著シキ者アリ教育ニ於テ我家族制度ヲ尊重シ立法ニ在リテハ之ヲ軽視スルカ如キハ撞着ノ甚シキモノト謂ハサルヘカラス当局者ハ速ニ調査機関ヲ設ケ我国俗ニ副ハサル法規ノ改正ニ著手セラレムコトヲ望ム」(臨時教育会議1919：189)とある。法令のなかには日本の家族制度と著しく矛盾する条項があり、教育において家族制度を尊重しながら、法律でこれを軽視するようなことになっているので、至急、調査機関を設置して法改正に着手せよ、ということである。

この臨時教育会議の建議を受けて、1919年7月、政府は内閣に臨時法制審議会を設置し、「政府ハ民法ノ規定中我邦古来ノ淳風美俗ニ副ハサルモノアリト認ム之カ改正ノ要綱如何」と諮問している。これは「諮問第1号」と呼ばれるもので、ようするに、政府としては、民法のなかに日本の良き風俗に適さない規定があると判断するので、民法をどのように改正すればよいか検討して答申せよ、ということである。

　臨時法制審議会は、総裁の穂積陳重、副総裁の平沼騏一郎のほか、学者、貴衆両院の議員、司法官、行政官、弁護士等25名の委員からなる。また、臨時法制審議会には、諮問事項の審議をすすめるための幹事会が設置されており、幹事には内閣法制局参事官、司法省の民事局長、刑事局長、監獄局長、検事、判事、司法省参事官のほか、大学教授の牧野英一、穂積重遠、鳩山秀夫が任命されている。

　幹事会は、1919年8月4日から10月20日まで計8回開催されているが、8月4日に第1回が開催された後、第2回の9月15日まで夏休みに入ったことから、この夏の約1か月の間に、司法省と法制局の幹事だけの研究会（以下、「研究会」）が計7回開催されている。この「研究会」では幹事会の準備作業として、民法改正の検討項目が審議されているが、その過程で6項目の問題提起が示されている。そしてこの6項目のなかに、家事審判制度の原点ともいえる事項が含まれている。

　「研究会」は9月9日までで終了し、第2回の幹事会で「研究会」の報告が行われ、その後引き続き、幹事会で民法親族・相続編の審議をすすめている。そして、検討をほぼ終えた第6回の幹事会（1919年10月11日）で、民法改正にあたって検討すべき事項として、「調査要目（其1）」がまとめられている。これは、民法改正についての趣旨を示した前文と、改正のための検討事項を列挙した48項目からなるが、48項目のなかの第6項目が、家事審判制度の提案となっている。よって、この「調査要目（其1）」の第6項目（以下、「第6」）は、家事審判制度が公式の立法過程に登場した最初のものということになる。

　「調査要目（其1）」は、1919年10月24日の臨時法制審議会の第2回総会で、参考資料として委員に配布されている。その際、委員の富井政章から、これは

幹事が気づいた点で他にもあるというぐらいに考えてよいのか、との質問がなされ、副総裁の平沼騏一郎が、これは幹事が大体このような事柄が問題になるのではないかというものを審議して要目にしたもの、と回答している。ただし、ここでは資料として配布されただけで、内容の説明は行われていない。

この第2回総会では、諮問第1号について審議するために、主査委員会が設置されている。委員長は富井政章で、委員会は1919年11月3日から「調査要目（其1）」の審議を行い、1920年6月11日に「調査要目（其1）」を含むすべての審議を終了しているが、採決は行っていない[8]。その代わり、主査委員会での議論を整理したものとして、21項目からなる「審査要項」がまとめられている[9]。そこで、この「審査要項」を精密に調査するために、岡野敬次郎、江木千之、鵜沢総明の3名からなる小委員会が設置され、1920年6月26日に第1回が開催されている。

家事審判制度については、「審査要項」の第3項目に、「第3　家庭審判所ヲ設置シ人事ニ関スル事件ノ審判調停ヲ為サシムルノ可否」（堀内 1976：468）とある。これを審議した際の小委員会の議事録は残されていないが、のちの主査委員会（1921年7月7日）での富井委員長の説明によると、「第3」に関しては、小委員会の委員の意見がまとまり、民法改正の他の項目の審議とは切り離して、主査委員会にかけることになったという。

その小委員会がまとめたものというのが、「家事審判ニ関スル要項」である。これは、家事審判所の組織、権限、調停審判の手続および効力など、10項目からなる綱領案で、1921年7月7日と14日の主査委員会で審議にかけられている[10]。その結果、主査委員会はこれに1項目を追加し、全11項目からなる「家事審判ニ関スル綱領」を決定している。

そして、翌7月15日、この「家事審判ニ関スル綱領」が、主査委員長の富井政章から臨時法制審議会総裁の穂積陳重に提出されている[11]。これが、初めて公表された家事審判制度の綱領案ということになる。そこで、その審議のために、臨時法制審議会の総会が1921年7月22日、11月28日、12月17日、1922年5月12日の計4回開催され[12]、議論の末、総会最終日に、それまで審議してきた要綱案のうち第1項目のみを綱領として答申する、と決定している。

19

その決定を受け、1922年 6 月 7 日、臨時法制審議会総裁から内閣総理大臣へ、答申書が提出されている[13]。答申書には前文のあと、最後に全員一致の議決として、「道義ニ本キ温情ヲ以テ家庭ニ関スル事項ヲ解決スル為特別ノ制度ヲ設クルコト」(堀内 1970：665) という答申文が示されている。

　このように、答申までの経緯はかなり込み入っているが、各審議段階でのまとめを追って整理すると、まず、民法改正に関して、幹事会の「調査要目 (其1)」をもとに主査委員会の「審査要項」がまとまり、そこから家事審判に特化した審議が開始され、小委員会の「家事審判ニ関スル要項」が主査委員会の「家事審判ニ関スル綱領」へと進展し、ついに、臨時法制審議会から総理への「答申」に至る、という経過である。

　そのうち、本章では、「調査要目 (其1)」の「第6」と「家事審判ニ関スル綱領」に着目する。前者は、立法過程のなかで家事審判制度が公式に初めて登場したものであり、後者は、正式に決定した家事審判制度の初の綱領である。そこで以下では、経過に即して、まず、幹事会の「調査要目 (其1)」の内容と主査委員会での「調査要目 (其1)」の審議について (第2節、第3節)、つぎに、「家事審判ニ関スル綱領」に至る、主査委員会での「家事審判ニ関スル要項」の審議について (第4節)、さいごに、臨時法制審議会での「家事審判ニ関スル綱領」の審議について (第5節)、検討してみたい。

2　幹事会の「調査要目 (其1)」

(1)　司法省側幹事による特別制度の発案

　臨時法制審議会の幹事会が夏休みに入っていた1919年 8 月21日、司法省側幹事による「研究会」の第2回目で、つぎのような 6 項目の問題提起がなされている[14]。

1　家産制度ヲ認ムヘキヤ
1　家ノ観念ヲ法律ニ明白ニスル必要ナキヤ殊ニ家ト所帯トノ関係ヲ調節スル方法ナキヤ

第1章　臨時法制審議会による家事審判制度の提唱

1　独立ノ生計ヲ立ツル者ハ一家ヲ成サシムヘキヤ
1　親族相続以外ノ財産関係ニ付テモ例ヘバ店子家主間ノ関係ヲ円満ナラシ（ママ）ムル為メ規定ヲ設クルノ必要アルヘシ
1　民法殊ニ親族相続ニ関スル厳正ナル法律関係ノミニ捉フルコトナク道義、温情ニ基キ規程ヲ設クルノ必要ナキヤ
1　家族関係ニ関スル争訟ヲ裁断スル特別訴訟手続ヲ作ルヘキヤ

（堀内 1976：24）

　どのような経緯でこのような問題提起がまとまったのかは明らかでないが、このうち第5項目と第6項目が家事審判制度に深く関わっている。まず第5項目は、法律と道徳に関するものである。ここでは、民法の親族相続については厳正な法律関係だけでなく、道義や温情に基づく規定を設けるべきではないか、と提起されている。
　つづく第6項目では、家族関係の紛争を扱うための特別な訴訟手続を新設すべきではないか、と提起されている。これは簡単な文章だが、第5項目を前提にしたもので、家族関係の紛争を道義的、温情的に扱うとすると、通常の訴訟手続では道徳による判断ができないため、厳正な法的関係ではなく道徳に基づいて判断する特別の裁判制度を創設すべき、という提案である。
　この「研究会」の提案について、堀内（1976：202）は、「家事審判制度の創設を求めた「調査要目（其1）」の第6の根幹をなすもの」と指摘している。ここにあげられている「調査要目（其1）」の「第6」とは、前述のとおり、家事審判制度が公式の立法過程に登場する最初のものである。ようするに、司法省側幹事による「研究会」の特別訴訟手続の提案こそが、家事審判制度の原点というわけである。
　堀内（1976：204）は、「研究会」のメンバーは司法省と法制局の幹事のみで、民法学者で幹事の穂積重遠はこれに参加していないことから、「「調査要目（其1）」の第6にある家事審判制度の提唱は、司法省側幹事の実務経験に根ざした発想とみることができよう」と指摘している。これはつまり、家事審判制度の発想は、その推進者と評される穂積ではなく、司法省側幹事に由来するとい

う見方である。

では、司法省側幹事が家事審判制度を発想するに至った、実務経験とは何をさすのだろうか。司法省幹事で民事局長の山内確三郎は、その後の主査委員会（1919年11月22日）で家事審判制度の創設について提案する際、その理由として、家督相続人の廃嫡の訴えの多くは、法律上、裁判を受けなければならないために、相続人たる者が同意している場合でも親子が訴訟をせざるを得ないこと、また、離婚や親子親族関係についても訴訟として争わなくてはならないこと、を問題として指摘している（堀内 1970：616）。

また、山内は同委員会の答弁のなかで、「是ハ理屈ヲ云ヘハ訴訟ニナラナケレハ結局非訟事件テアリマス、併ナカラ現在ノ非訟事件ノ手続法カアア云フ不完全ナモノテ、アレモ余程訴訟ニ似タ形ニナッテ居リマス、アレヨリモウ少シ軟カニシタイ」（堀内 1970：617）と述べて、当時の非訟事件の手続きの不完全さを指摘している。

そこで先の問いに戻ると、司法省側幹事の実務経験に基づく問題意識とは、直接的には、山内が質疑応答で述べているような、非訟事件の法手続きの不備をさすと考えられる。実際、1898年の民法典施行後、身分関係の処理は人事非訟事件と人事訴訟事件の二本立てになっていたが、人事訴訟法の不備から性質上は人事訴訟事件であるべきものが同法から漏れ、一般民事訴訟事件として処理されていたという（堀内 1970：306）。

しかし、人事訴訟法の不備が司法省側幹事に問題として認識されたのは、家督相続人の排除の訴えや離婚の訴えという、本来、民法の「家」制度においては例外的であるはずの家族問題がかなり顕在化していたからであろう。それはすなわち、民法の「家」制度が想定する家族と、現実の家族の間に齟齬が生じていたということである。

とすると、司法省側幹事が問題にしたのは、法律が家族の実態に即していない、ということであり、家族紛争のための特別訴訟手続という提案は、法律を実態に合わせることを企図したものと考えられる。そのような司法省側幹事の意図は、先ほどあげた「研究会」の6つの問題提起のなかの、そのほかの項目にもみてとれる。たとえば、第2項目は、民法上の「家」と、家族の生活実態

の単位である「世帯」との乖離を問題にし、両者の関係を調整する方法を問うものである。また、第3項目は、独立して世帯を営んでいる家族に分家を認める提案であり、これも民法の「家」制度を家族の実態に合わせて修正しようとするものである。

つまり、司法省側幹事は民法の家族制度の形骸化を問題視し、これを家族の実態に合わせて実質化しようという立場である。よって、家族紛争の処理についても、厳密な法的権利義務によるのではなく、実態に即して、道徳によって柔軟に判断する必要があるとみなし、そのために、一般の訴訟手続とは異なる特別な制度の創設を提起したものと考えられる。

こうして、家事審判制度の原点となる提案が、司法省側幹事によってなされたが、それは臨時教育会議の方針とは異なっている。前述のとおり、臨時教育会議が民法改正を建議したのは、民法が教育で教える家族制度に合致していないことを問題にしているからである。たとえば、1918年10月30日の第27回臨時教育会議総会で、委員の江木千之は、婚姻に対する親の同意に関して、修身、すなわち道徳教育では、どこまでも父母の命令に従うよう教えているにもかかわらず、民法では、男性は30歳、女性は25歳を超えると父母の同意なしに結婚できると定めている、と批判している（碓井 1960：988-989）。やはり、民法改正の建議は、民法を修身に合わせて改めよ、という要求といえる。

整理すると、臨時教育会議は「法律と道徳の不整合」を問題にし、「法律を道徳に合わせる」方向での法改正を求めている。それに対し、司法省側幹事は「法律と実態との不整合」を問題にし、「法律を実態に合わせる」方向で改正をしようとしている。そこで、司法省側幹事としては、実態に即した家族制度にするために、法律ではなく、道徳によって判断する特別訴訟手続を提案しているのである。

このように、臨時教育会議による法改正の要請を出発点としながらも、それとは異なる発想から、家事審判制度の構想はうみだされている。また、道徳に対する見方も対照的で、臨時教育会議は道徳を絶対的な価値とみなしているが、司法省側幹事は、柔軟な判断を可能にする、いわば道具的なものとしてとらえている。

司法省側幹事が具体的にどのような道徳を前提にしているのか、ここではつかめないが、そもそも道徳の内実は複層的にとらえられるものであり、道徳に基づく家事審判制度という提案も、それぞれの道徳観によって、想定する制度は異なるものと考えられる。

(2) 幹事会による家庭審判所の提唱

司法省側幹事による「研究会」後、幹事会によってまとめられた「調査要目（其1）」の「第6」は、前述のとおり、家事審判制度を提案したものだが、それに関わる重要な事項が「調査要目（其1）」の前文に書かれている。そこで「第6」に先立ち、前文のその箇所からみてみたい。前文では、民法改正の要綱を定める際に留意すべき点として、3点が提示されており、その第3点目につぎのようにある。[15]

3　人事ニ関スル法規ハ之ヲ厳正ナル法律観念ニ止メス道義ノ観念ニ基キテ之ヲ定ムヘク而カモ法規ハ如何ナル程度ニ於テ徳義ヲ助長シ人情ヲ涵養スルコトヲ得ヘキヤハ深ク之ヲ顧慮スルコト

（堀内 1970：562）

これは、人事に関する法規は厳正な法律的観念だけでなく、道徳的観念も基礎にして規定されるべきだが、法律がどこまで人々の徳義や人情を養うことができるかは、良く考えるべき、という指摘である。この文言は、前半と後半の2つのパートから構成されている。まず、前半部分の道徳に基づく規定の必要性については、先にみた「研究会」の問題提起のなかの第5項目（道義、温情ニ基キ規程ヲ設クル）とほぼ一致しており、これに由来するとみてよい。しかし、後半の法律の限界を指摘している部分については、「研究会」の問題提起にはない。これは穂積重遠によるものと考えられる。

穂積は調査要目の作成にあたり、「諮問第1号ニ関スル調査要目私案」という意見書（以下、穂積私案）を幹事会に提出している。[16] これは前文と21項目の改正意見からなり、項目数が違うとはいえ、「調査要目（其1）」と同じ構成であ

る。堀内（1976：19）は、池田文書に残されている穂積私案に池田幹事による朱筆の訂正や書入れがあること、そして、「調査要目（其１）」の前文や各項目に、穂積私案の前文や訂正部分がそのまま使われていることから、「穂積私案は調査要目の重要な台本になり、調査要目作成に大いに役立ったであろう」と推測している。

そこで、穂積私案の前文をみると、やはり同じように留意点が３点あげられている。そして、その第３点目は、「調査要目（其１）」の前文にある留意点の第３点目の後半部分とほぼ同義の、「第３　法律ガ如何ナル程度マデ道徳ヲ助長シ人情ヲ涵養シ得ベキカヲ顧慮セザルベカラザルコト」（堀内 1976：361）である。

ここには、法律に道徳的意味をあらわすことを否定するものではないが、臨時教育会議が求めるように、法律に道徳のすべてを書くということはできないし、また書くべきでもない、という穂積の法律家としての基本的な考え方が示されている（穂積 1932）。そのことは、穂積がのちの主査委員会（1919年11月３日）において、法律万能主義を否定し、法律と道徳の守備範囲の線引きを主張することからも明らかである。

つぎに、「調査要目（其１）」の「第６」についてみてみたい。すでに何度か言及したとおり、これは、幹事会が家事審判制度を提唱したものである。

第６　人事ニ関スル事件ノ裁断ハ民事訴訟法ノ原則ニ従ヒテ之ヲ審判スルハ現行法ノ主義トスル所ナリト雖訴訟ノ形式ニ於テ此ノ種ノ事件ヲ裁判スルハ国情ニ鑑ミ果シテ適当ナリヤ寧ロ温情ヲ本トシ道義ノ観念ニ基キ穏健ナル斯法ノ運用ヲ図ル為家庭審判所ヲ設置シ之ヲシテ人事ニ関スル事項ノ審判調停ヲ為サシムルヲ可トセサルヤ

（堀内 1970：563）

「第６」ではまず、人事に関する事件を訴訟形式で裁判することは日本の国情に適さない、と現行制度の問題点が指摘されている。そして、人事事件については、温情や道義に基づいて穏やかに解決する家庭審判所を設置し、そこで

審判・調停を行うことが提案されている。まさに、「第6」は家庭審判所による調停および審判という、現在に至る家事審判制度の基本骨格を示したものである。堀内（1970：18-19）はこれを、「家事審判法立法関係資料のうちの最初のものとして貴重」と評している。

では、「第6」はどのようにしてできたのだろうか。前述のとおり、司法側幹事らによる問題提起が「第6」のもとになっているが、その「研究会」で提起されていたのは、家庭事件については特別の訴訟制度が必要、ということのみで、家庭審判所のような機関や、調停・審判のような事件処理のあり方については提起されていない。また、穂積私案をみても、「第6」にあたる項目はない。家事審判制度の推進者といわれる穂積重遠だが、道徳に基づく家庭審判所という構想は、もともとの穂積の提案には含まれていないのである。

その後、主査委員会（1919年11月22日）において、穂積は「第6」の経緯について、「此問題ヲ思付イタノハ全ク自発的ト言ヒマスカ今ノ裁判所ノ遣リ方カラ変ヘナケレハ往カヌテナイカト云フ考カ偶然皆ニ起ツテ来テ一致シタ訳テアル」（堀内 1970：618）と述べ、幹事会で検討するうちに、委員の考えが自然にこのようにまとまった、と説明している。また、この委員会で穂積は、海外の制度をとりいれたのではなく、このような考えが浮かんだあとで海外の制度を調査した、とも弁明している。アメリカの家庭裁判所をまねたものではないという説明は、その後の主査委員会や臨時法制審議会総会でも繰り返し強調されている点である。

堀内（1976：201）も池田文書の検討をもとに、「すでにこの研究会（筆者注：司法省側幹事による研究会）において家事審判制度の提唱らしいものが数度現われており、その後の幹事会でも親族裁判所、家庭審判所という特別機構に権限事項を移すべしとする議論が出ている」と指摘している。とすると、「第6」は、司法省側幹事による特別訴訟手続の提案をもとに、幹事会で逐条審議をすすめるなかで、一般裁判所とは別に、道徳を加味して家族紛争を裁断する特別な裁判所が必要との共通認識に至り、「調査要目（其1）」をまとめるに際して、ひとつの項目として整備されたものと推測される。

ここまでの経緯をみると、臨時教育会議が法律を道徳に合わせるよう要請し

たのに対し、むしろ法律を家族の実態に合わせようとする立場から、一般的な法的判断によるよりも現実に柔軟に対処できる、道徳による家事審判制度という実務家の発想があり、それに、法律と道徳を区別する立場から、一般的な法的判断とは別次元の判断ができる、道徳による家事審判制度という法律家の発想が重なり、「第6」の提唱に至ったものと考えられる。そうすると、提唱されている家庭審判所は、民法改正における家族規範をめぐる法律と道徳とのせめぎあいのなかで、道徳の受け皿となった形であり、いわば「道徳の引受機関」として構想されたとみなすことができる。

3 主査委員会での「調査要目（其1）」の審議

(1) 前文における法律と道徳の関係

「調査要目（其1）」は、臨時法制審議会の主査委員会で審議されているが、そこでは、先に確認した前文の「法律と道徳の関係」、ならびに「第6」はどのように議論されているのだろうか。まず、前文のほうの議論からみてみたい。

前文については、第1回の主査委員会（1919年11月3日）で審議されているが、前文の文言が逐一検討されたわけではなく、幹事の説明に対して、委員が自由に意見を述べる形で議論されている。前文の留意点3点目の法律と道徳の関係については、穂積がつぎのような説明を行っている。

> **幹事（穂積重遠君）** 殊ニ親族相続ニ関スル方面ハ余リ法律ツクメニシナイテ道徳的ノ意味ヲ法文ノ上ニモ現ハスヤウニシタ方カ宜クハナイカト云フコトカ一方ニアルト同時ニ、総テノ道徳ヲ皆法律ニスルコトカ出来ルモノテアラウカトウカ、（略）余リ法律万能ニ陥ラナイヤウニ、法律ハトノ位ノ程度テ働クヘキモノテアルカ、此処迄ハ法律テ極メテ、其以上ハ道徳ニ譲ルト云フ其境目ヲ十分考ヘテ見ルコトカ必要テナカラウカ
>
> （堀内 1970：588）

穂積は、親族・相続については法律づくめにせず、道徳的意味を法文上にも示すほうが良いのだが、かといって、すべての道徳を法律にできるものでもないので、法律万能主義に陥ることなく、ここまでは法律で決めて、それ以上は道徳に譲るというその境目を十分に考えてみるべき、と率直に語っている。
　さらに穂積は、民法の編別の変更について問われた際、民法の編別を変更するつもりはなく、親族編・相続編の規定の書き方を多少手加減すると答えて、つぎのように述べている。

　幹事（穂積重遠君）　現行民法ノ親族編、相続編ノ規定ノ書方ヲ或場合ニ少シ手加減ヲシタラトウカ、同シ扶養ノ事ヲ書クノテモ、扶養ヲ請求スル権利ト云フ方面カラ書イテ、其権利ニ対シテ第一順位、第二順位ト法律的ニ書クノカ宜イカ、モット漠然ト親ハ子ヲ扶養スヘキモノテアルト書イテ、細カイ点ハ後ニ出テ居リマス家庭審判所ノ判断ニ委セルカ宜クハナイカ

（堀内　1970：589）

　ここで穂積は扶養を例にして、民法には漠然と親は子を扶養すべきであると書いて、細かい点は家庭審判所の判断に委ねるのがよい、と具体的に説明している。つまり、民法には家族間の権利義務を具体的に規定せずに、法文上は基本方針のみ示して、道徳に依拠しうる余地を確保しておく、というのが穂積の考えである。
　これに対して、臨時教育会議の委員でもある江木千之が、留意点の３点目については理解しがたいとして、とくに３点目の後段に違和感を示している。江木は、法律と道徳がすべての点で一致するものではない、ということは認めている。そして、道徳の観念に基づいて法律を定めても、それによって道徳教育を行うことはできない、とも論じているが、「併ナカラ今日ノヤウニ矛盾カアツテハ洵ニ困ル、法律ノ主義ト道徳ノ主義カ相背馳セヌヤウニ、是ハ並行一致スルヤウニシタイト云フコトヲ申セハ私ハ足レリテアラウト思フ」（堀内　1970：591）と、法律と道徳の考え方は一致していなくてはならない、とだけ書けばよいと主張している。

江木を除き、他の委員からとくに批判的な発言はなく、法律は道徳のすべてを規定できない、という点に賛同する意見が多くみられる。さらには、民法改正は最小限にして、「情実裁判所」を設けて法律によらずに裁判ができるようにするという意見（横田国臣）や、夫婦の関係については、すべて道徳に譲ってよいという意見（仁井田益太郎）など、法律の外で、道徳のみに基づいて判断すべきといった考えも披露されている（堀内 1970：592-593）。こうしてみると、法律に道徳のすべてを書くべきではない、という考えから発した穂積の法律万能主義批判が、委員会では、家族問題に関する「法律無用主義」、あるいは「道徳万能主義」に転化した形で、受け入れられている観すらある。

　このように法律と道徳のどちらにどれだけ重点を置くかは、幹事や委員でそれぞれだが、家族問題については法的な権利義務だけでなく、道徳を加味して家庭審判所で判断することとし、そのため法律には権利義務関係を詳細に明示しない、という幹事会の考え方は委員会で抵抗なく受け入れられている。

　そうすると、そこで重要になるのは家族に関する道徳とはなにか、ということである。幹事はどのような家族規範を想定しているのだろうか。そのことは、「調査要目（其1）」の前文の淳風美俗に関する部分から読みとることができる。前文の冒頭に、つぎのような文章がある。

按スルニ諮問第一号ノ所謂「我邦古来ノ淳風美俗」トハ要スルニ我邦ノ家族制度ニ於ケル醇美ノ風敦厚ノ俗ヲ指称スルニ外ナラス（略）我邦古来ノ制度ニシテ之ヲ将来ニ維持スルコトヲ要スルモノハ家ノ組織ヲ堅実ニシ以テ一家ヲシテ親密ニシテ平和、正当ニシテ公平ナル共同生活ヲ為スコトヲ得シムルノ一点ニ在リ

（堀内 1970：562）

　ここには、淳風美俗についての幹事会の基本認識が示されている。すなわち、日本古来の淳風美俗とは、日本の家族制度における人情に厚い風俗のことをいうのであり、この日本の古くからの制度のうち将来にわたって維持すべきは、家の組織を安定させて、一家が親密で平和、かつ正当で公平な共同生活を

営めるようにすることに尽きる、という。この点に関して、穂積は主査委員会でつぎのように説明している。

 幹事（穂積重遠君） 結局我国ノ家族制度トシテ是カ美風テアツタ、将来モ願ハクハ斯ウアリタイモノテアルト云フノハ、平タイ言葉テ申セハ一家仲善クスル、勿論西洋諸国ニ於テモ一家仲善イコトヲ尊フニハ相違ナイカ、殊ニ我国ニ於テハ一家カ仲善クシテ居ル、一家ト云フノハ親子夫婦ト云フ西洋ノ小「フアメリー」（ママ）ノ関係タケテナク、ソレヨリモモウ少シ拡ケタ意味テ一家一族カ仲善クスルト云フコトカ我国古来ノ淳風美俗テアル

（堀内 1970：587）

穂積によれば、日本の家族制度の美風とは、一家が仲良くすることであるという。ここでの一家は、夫婦と親子から構成される西洋型の小家族だけでなく、もう少しひろい意味での一家一族であり、この一家一族が仲良くすることが日本古来の淳風美俗である、と述べられている。さらに、つぎのような説明も加えられている。

 幹事（穂積重遠君） 勿論横ノ関係タケテナイ、縦ニ長ク続ク、生活ヲ堅実ニシタイ、(略)即チ一家カ堅実ナ組織ヲ長ク続ケテ行ク、併ナカラ又一家ノ内部ニ於テ昔ノ家族制度ノヤウニ唯戸主一人カ威張ツテ居ツテ他ノ者ノ人格ヲ無視スルト云フヤウナコトハ将来ノ制度トスヘキテハアルマイカラ、(略)各人ノ人格ヲ尊重シタ上テノ共同生活テナクテハナラヌ

（堀内 1970：587）

穂積は、淳風美俗を一家一族の堅実な生活が継承されることととらえており、その点では「家」制度的な考えのようにみえるが、家族内で戸主ひとりが威張って、他の家族の人格を無視するような制度であってはならないと述べ、封建的な家父長制については、これを明確に否定している。そして、「他ノ者ノ人格」「各人ノ人格」ということを強調し、家族内の個人の人格を尊重した

うえでの共同生活でなくてはならない、と力説している。ここから、穂積が理念とする家族像は、復古的・家父長的な家族ではなく、民主的な家族であることがわかる。[17] そうすると、穂積にとっての「淳風美俗たる家族制度」とは、民主的な家族像を理念として、このような一家が仲良く続いていくことである。よって、民主的な家族を維持することが、穂積が想定する道徳であり、家庭審判所が家族紛争の解決において依拠する規範ということになる。

(2) 「第6」における家庭審判所の性格

つぎに、「第6」をめぐる議論についてみてみよう。「第6」の審議は第3回の主査委員会（1919年11月22日）で行われている。そこでは、幹事の山内と穂積の趣旨説明に対して、委員から家庭審判所の性格、組織、裁判官の資格、権限事項、手続などの質問が出され、これに両幹事が応答する形で議論がすすめられている。このなかで穂積は家庭審判所の性格について、つぎのように述べている。

　　幹事（穂積重遠君）　要スルニ我国テハ裁判所ト国民トノ間ノ親ミカ甚タ薄ク裁判所ニ持出スト云フコトニナルト何カ非常ナ大事件テ不祥ナ事テアル様ニ思ハレテ居ルカ、裁判所ハ一種ノ病院見タ様ナモノテ、詰リ内輪テ何カコタコタカ起リ、誰レカニ仲裁シテ貰ヒタイト云フ時分ニ裁判所ニ持出シテ片付ケハ或ハ却ツテ災ヲ大キクシナイテ済ムコトカアル、ソレニハ今ノ裁判所テハ十分ニ目的ヲ達スルコトカ出来ナイ、裁判所ノ制度ヲ別ニスルノミナラス建物等モ別ナ所ニ拵ヘ、裁判官モ平服テト云フヤウナコトカ私個人ノ考テアリマス

　　　　　　　　　　　　　　　　　　　　　　（堀内 1970：618-619）

穂積は、裁判所は一種の病院のようなものであるという。その理由は、裁判所に持ち出して片付ければ、かえって災いを大きくしなくて済むということである。それで、家庭審判所は人々が利用しやすいように、建物も一般の裁判所とは別にし、裁判官も法服ではなく平服がよい、と述べている。

ここで穂積は、家庭審判所を病院にたとえて、家族問題の救済施設とみなしているが、では、家庭審判所はどのようにして家族問題を救済するのか。このことに関して、つぎの発言が注目される。

　幹事（穂積重遠君）　人事訴訟法ノ主義テハ職権主義、多少干渉主義ヲ採ツテ居リマスカ、ソレカ果シテ十分ニ人事訴訟法ノ主義通リニ今ノ裁判所テ行ハレテ居ルカトウカ寧ロ疑問テアリマス、サウ云フ点ヲ尚十分ニ徹底シテ一家一個人ノ利益ヲ図ルト共ニ、例ヘハ婚姻制度ノ尊厳ヲ維持スルト云フヤウナコトニ付テ十分突込ンテ裁判ヲスルト云フコトカ家庭審判所ノ趣意テコサイマセウ

（堀内 1970：628）

　穂積はまず、現在の裁判所では人事訴訟法の職権主義、干渉主義が十分に行われていないと批判している。そこで、家庭審判所ではこの職権主義、干渉主義を徹底して、一家ならびに一個人の利益を図り、婚姻制度の尊厳に関わる事柄については十分に内実を調査して裁判を行う、と主張している。
　また、委員会では、廃嫡のために裁判手続を要することの弊害がしばしば議論になっているが、穂積はその話題をとりあげて、家庭審判所で扱うことになれば「今迄ヨリハ多少六ケ敷クナル、今迄ハ一通リノコトカ揃ツテ居レハ大抵通ツタモノカ余リ突込ンテ調ヘルノテ却ツテ廃嫡カ六ケ敷クナル場合カアルカ知ラナイト思ヒマス」（堀内 1970：628）と述べ、一般の裁判所で廃嫡が許可されていたようなケースも、家庭審判所ではより内実に踏み込んだ調査が行われるため、かえって廃嫡が困難になる場合もあると指摘している。
　このように家庭審判所の特徴は、穂積の言葉でいえば、「十分突込ンテ裁判ヲスル」ということであり、これはまさに裁判所が「家族に介入する」ということである。このことが家事審判制度の当初の提案段階で明確に示されていたという事実は、履行確保制度の検討という観点からみて、非常に注目される。
　なぜ、穂積は家族に介入する必要があると考えているのか。その理由は示されていないが、ここで想起されるのは、先に「前文」を検討したなかで明らか

となった、家族内の個人の人格の尊重という点である。これは、家族のなかで人格を無視される「弱者」の存在に着目したものといえる。家庭審判所が前述の民主的な家族を前提とした家族規範に基づいて、家族内の弱者の人格を擁護し、一家の共同生活が仲良く続くようにするためには、家族内への介入が不可欠ということではないだろうか。そうだとすれば、家庭審判所はまさに、家族への公的介入による弱者救済機関とみなされる。

　ただし、ここで家族への介入として想定されているのは、家庭審判所が判断を下すまでである。その後の不履行問題や履行確保のための介入については、一切言及されていない。穂積は家庭審判所を病院にたとえるが、たしかに病院は病気を治すことができるが、家庭審判所ではそう簡単にはいかない。病院では医師が患者を診断し、治療まで行うが、家庭審判所の場合には、裁判官が家族に介入して判断を下しても、その履行は当事者に委ねられている。たとえていえば、裁判所では判事が診断し、治療法は決定するが、治療そのものは行わない、ということである。したがって、裁判所が決定しても、義務者がそれに従って履行するとは限らない。当然、不履行問題の発生は予想されることであり、これがきちんと対処されなければ、救済にならないのは明らかである。しかし、この点については穂積からも話題にされていない。

　穂積はアメリカの家庭裁判所にも詳しく、履行確保の重要性についても、また、履行確保の手段についても知見を持っている。たとえば、1920年6月発行の『法学協会雑誌』に掲載された「裁判所の簡易化」と題する論文において、穂積は「判決が下された後の問題は、其判決通りが充分実行されることを確保する方法である。扶養料を支払ふべき旨の判決の如き継続的定期金の義務を負はせるものに付ては尚更それが必要である」（穂積 1920：93）と、履行問題の重要性を強調している。そして、アメリカの家庭裁判所の利点として、夫が妻子に定期金で扶養料を支払うケースを例に、履行確保制度についてつぎのように紹介している。

　　夫が正確に支払ふことを確保出来ず、期限通りに支払はぬ場合に妻子から直接に一々催促するのも面白からぬことであり、或は又払つた受取らぬで争つ

て再び訴訟沙汰を惹起す様なこともある故、家庭裁判所では大抵判決に依つて支払ふべき扶養料は直接に相手方に支払はずして裁判所に払込むべきこととなつて居る。即ち裁判所が判決後の世話まで引続き焼いて呉れるのであつて、裁判所が期限通りに正確に扶養料を取立てて権利者に引渡し、もし義務者が支払を遅滞すれば直ちに相当の手段を採るが、其代り義務者に失業疾病等の已むを得ぬ事情がある場合には相当の斟酌もすると云ふことになつて居る。

(穂積 1920：93-94)

この論文で穂積は、「裁判所が判決後の世話まで引続き焼いて呉れる」ことを評価しており、妻子の扶養料ケースの記述によって、アメリカの家庭裁判所の履行確保制度が、家庭内の弱者である女性や子どもの救済制度であることを示している。

ではなぜ、穂積は家庭審判所の議論のなかで、履行確保制度を話題にしていないのだろうか。[18] その明確な回答は得られないが、同論文の最後の部分に多少関連すると思われる点がある。論文のなかで穂積は、日本でもアメリカの家庭裁判所のような簡易な裁判所が必要であると主張しているが、それには日本独自の理由があると指摘している。

米国において家庭裁判所が求められる理由は、一般の裁判所は裁判に時間がかかる、訴訟費用がかかる、弁護士を雇わなくてはならない（弁護士報酬がかかる）という3点であるが、日本にはこれに加えてもう1点あるという。それは、家庭内の紛争を一般の裁判所に持ち出して、原告と被告として公開の場で敵対することが、日本の道義心情に反することから、「出訴が躊躇せられる結果、解決すべき問題が解決されずに永く家庭に禍根を残し、又は正しくして弱き者の泣寝入に了つて法律の保護が空文に帰する」（穂積 1920：97）ということである。

つまり、日本の場合には、裁判に要する時間や費用の問題より前に、そもそも出訴できないことによる「正しくして弱き者の泣寝入」という重大な問題があるということである。とするならば、まず必要なことは、家族問題を裁判所

に持ち出せるようにすることである。いいかえれば、それは私的領域に押しとどめられてきた家族問題を「公的領域に持ち出す」ということである。こうしてみると、穂積による家庭審判所の提唱は、まさに家族問題を持ち出すための公的領域を作るプロジェクトにほかならない。しかし、後にみるように「法は家庭に入らず」という保守派の強い主張があるなかで、このプロジェクトが容易なものでないことは明らかである。よって、家庭審判所の創設を最優先課題とし、よりいっそうの介入となる履行確保はその後の課題とみなされたとも考えられる。

　ちなみに、穂積は「裁判所の簡易化」の論文の最後で、日本で少年裁判所の新設が議論されている状況について触れているが、そこでは、まず少年裁判所を創設し、その後に管轄を拡張する形で家庭裁判所を完成させるべきと主張している。そして「事物の発達はさう云ふ順序を履むべきものではあるまいか」（穂積 1920：99）の一文で論文を締めくくっている。この記述から類推すると、堅実な斬新主義ともいうべき態度が制度実現の最善の方法、という考えが穂積にはあったのかもしれない。

4　主査委員会での「家事審判ニ関スル要項」の審議

(1)　「調停事項不履行ノ場合」の項目追加

　主査委員会は「調査要目（其1）」の審議終了後、小委員会を設置しているが、この小委員会では、つぎのような「家事審判ニ関スル要項」（以下、小委員会の「要項」）をまとめ、主査委員会に報告している。

家事審判ニ関スル要項
1　温情ヲ本トシ道義ノ観念ニ基キ家庭ニ関スル事件ノ調停及審判ヲ為サシムル為家事審判所ヲ設クルコト
2　家事審判所ハ司法大臣ノ所管トスルコト
3　家事審判所ハ単独制トスルコト
4　審判員ハ特別ノ経験アル者ノ中ヨリ採用スルコト

5　家事審判所ハ適当ト認ムル者ヲ選定シ調停ニ参与セシムルコトヲ得ヘキモノトスルコト
6　家庭ニ関スル事件ハ之ヲ法律ニ列挙スルコト
7　家庭ニ関スル事件ハ先ツ家事審判所ノ調停審判ヲ受クヘキモノトスルコト
8　家庭ニ関スル事件ニシテ訴ヲ提起スルコトヲ得ヘキモノニ付家事審判所ノ審判ニ服セサル者ハ一定ノ期間内ニ訴ヲ提起セサルトキハ審判ハ確定ノ効力ヲ有スルコト
9　審判ハ之ヲ公開セサルコト
10　家事審判所ハ区裁判所所在地ニ之ヲ設置スルコト

(堀内 1970：57)

　小委員会の「要項」では、これまでの「家庭審判所」の名称が「家事審判所」に変わっており、その後の議論では、家事審判所の名称が使用されることになる。小委員会の「要項」は、家事審判所の組織、権限、調停審判の手続および効力など10項目からなる綱領案である。
　主査委員会では、これを審議し、その結果、つぎのような「家事審判ニ関スル綱領」（以下、主査委員会の「綱領」）をまとめ、臨時法制審議会総裁に提出している。

家事審判ニ関スル綱領
1　温情ヲ本トシ道義ノ観念ニ基キ家庭ニ関スル事件ノ調停及審判ヲ為サシムル為家事審判所ヲ設クルコト
2　家事審判所ハ司法大臣ノ所管トスルコト
3　家事審判所ハ単独制トスルコト
4　審判員ハ特別ノ経験アル者ノ中ヨリ採用スルコト
5　家事審判所ハ適当ト認ムル者ヲ選定シ調停ニ参与セシムルコトヲ得ヘキモノトスルコト
6　家庭ニ関スル事件ハ之ヲ法律ニ列挙スルコト

第1章　臨時法制審議会による家事審判制度の提唱

7　家庭ニ関スル事件ハ先ツ家事審判所ノ調停審判ヲ受クヘキモノトスルコト
8　調停事項不履行ノ場合ニ於テハ審判ヲ求ムルコトヲ得ヘキモノトスルコト
9　家庭ニ関スル事件ニシテ訴ヲ提起スルコトヲ得ヘキモノニ付家事審判所ノ審判ニ服セサル者一定ノ期間内ニ訴ヲ提起セサルトキハ審判ハ確定ノ効力ヲ有スルモノトスルコト
10　審判ハ之ヲ公開セサルコト
11　家事審判所ハ区裁判所所在地ニ之ヲ設置スルコト

(堀内 1970：664-665)

　主査委員会の「綱領」が初めて公表された家事審判制度の綱領案であることは、先に述べたとおりだが、このなかに「第8」として、「調停事項不履行ノ場合」について書かれた項目がある。実はこれが、主査委員会での審議の結果、追加された1項目である。主査委員会の「綱領」と小委員会の「要項」を比べてみるとわかるとおり、「綱領」の「第8」に相当する事項は「要項」にはなく、「要項」の「第8」が「綱領」では「第9」になっている。この「要項」の「第8」について主査委員会で審議した結果、最終的に「調停事項不履行ノ場合」の項目が追加され、「要項」の「第8」以下がそのままひとつずつ繰り下がり、全体で11項目の「綱領」となったのである。

　小委員会の「要項」の「第8」は、審判から一定期間内に訴訟を提起しなければ、審判に確定効力を与えるというものである。主査委員会での審議では、この項目の内容自体について、委員からとくに異論は出ていない。しかし、委員長の富井政章が、裁判ではない審判に確定判決と同一の効力を与えることに対して、憲法違反とみられることを懸念する意見を述べたことから、つぎのような議論が行われている。

委員長（富井政章君）　何トカ憲法違反ト云フヤウナ語気モ一寸見エルケレトモ。

磯部四郎君　斯ウ云フコトニナラヌテセウカ、調停ヲシタト云フ所テ、何カ調停ノ調書カ出来、ソレヲ土台ニシテ、之ヲ服セヌモノニハソレヲ証拠ニシテ裁判ノ方ヘモ銘々ノ力タケヲ持タシテモ宜カラウカト思フ、審判ニ服セサル場合ニハソレ二効力ヲ(ママ)有タシテモ宜シウコサイマスケレトモ、調停カ成立シ其ノ調書カ出来ル、調書通リニ履行シナカツタトキニ其調書ニ依ツテ更ニ審判ヲ仰ク、又ハ訴ヲ起ス途タケハ明ケテ置イテモ宜イ訳テハナイカ、ト私ハ考ヘル。

鈴木喜三郎君　調停事項ヲ履行シナカツタラ審判ヲ求メルト云フコトニシタラトウカ。

委員長（富井政章君）　サウスルト文章ハ調停事項ヲ履行セサルトキハ一定ノ期間内ニ審判ヲ求ムルコトヲ得ルコト。

岡野敬次郎君　私カラ御相談ヲ致シマスカ、趣意ニ於テ御異論カアレハ別テスケレトモ、趣意ニ於テ若シ御異論カナケレハ、調停テ定メタ事項ヲ履行シナイ場合ニハ審判ヲ求ムルコトヲ得ルコトニシテ、期間ノコトハ考ヘマシタケレトモ、余リ長イ期間ニ致サナクテモ履行スル場合モアルタラウケレトモ、年々五百円払ヘト云フノモアラウ、エライ短イ期間ニ定メルコトハ出来マセヌカ、何時テモ不履行ノ場合ニハ審判ヲ求ムルノモ実際ニ適セヌヤウニ思フ。

（堀内 1970：663）

　ここでの論点は、訴訟を起こす権利を保障するということである。それで、委員の磯部から、調停どおりに履行されない場合は審判を求めることも、訴訟を起こすこともどちらもできるようにするという意見が出され、それを受けて鈴木から、調停不履行の場合には審判を求めることができるという項目の追加が提案されている。そこで委員長の富井がその文案を示したところ、小委員会委員の岡野が文案の「一定期間内ニ」審判を求めるという点について、実務上の困難を指摘している。

　これについては結局、その場では結論は出さず、小委員会に一任となっている。そして最終的に、岡野の意見どおり、富井の提案した文案から「一定期間

内ニ」を削除したものが「綱領」の「第8」として追加されたというわけである。

これまでみてきたとおり、家事審判制度に関する審議のなかで、調停条項の不履行ケースの扱いが議論されたのは、これがはじめてである。しかしそれは、審判に法的効果を与えることへの反対論にどう対処するか、という議論のなかで登場したにすぎない。そのため、調停事項を履行しない場合について言及されたとはいえ、不履行そのものを問題にする発言はまったくみられない。よって、いかに履行を促すか、といった議論が行われることもない。

(2) 日本独自という確認

このように、主査委員会で調停事項の不履行がとりあげられたにもかかわらず、議論の内容としては、不履行ケースは審判が受けられ、その審判に確定判決と同一の効力を持たせる、というだけにとどまっている。たしかに、法的効力のある審判に至ることを規定することで、履行を促すことにはなるが、不履行ケースに対処する方向へと議論がひろがることはなく、家事審判所が履行確保に取り組むというような発想はまったくみられない。

あとで詳しくみるが、その後の臨時法制審議会総会での岡野の発言によると、小委員会の検討段階では、調停事項の不履行ケースについて、家事審判所が司法裁判所として法律に基づいて裁判をし、アメリカの家庭裁判所のように制裁を与えるようにしたらどうか、という意見もあったという。しかし、この主査委員会の場では、そのような議論の紹介もなければ、委員からそれを引き出すような質問もなされていない。

そもそも主査委員会では、家事審判所はアメリカの家庭裁判所とは別、ということが強調されている。たとえば、7月7日の主査委員会の冒頭、委員長の富井はこれまでの経過を説明するなかで、つぎのように発言している。

委員長（富井政章君） 昨年池田君カ、亜米利加ニ家庭審判所ニ似タヤウナモノカアルト云フノテ、其調査セラレタ事ヲ此会ニ報告セラレタコトモアリマス、亜米利加ノハ一向広イモノテナイ、事件カ限ラレテ居ル、サウシテ

刑事ニ付随シタ関係トシテ扱ツテ居ルト云フコトニナツテ居ル、今度ノ案ハソレテハイケナイ、日本ノ国情ニ考ヘテ、広イ問題トシテ、家庭人事ニ関スル事件ハ先ツ大部分是テ調停ヲ試ミルト云フコトニナラネハ徹底シナイ、全ク亜米利加ノ真似ヲスルト云フノテナシニ日本独特ノ制度ヲ樹テルト云フ方ノ精神テ此案ハ出来タノテアリマス

（堀内 1970：636）

　富井は、アメリカの家庭裁判所が刑事事件に付随した事項を扱うのに対して、提案の家事審判所はひろく家庭事件一般を扱う点で性格が異なる、と両者の違いを指摘している。そして、アメリカの制度をまねたものではなく、日本独自の制度として構想された案であると述べている。また、富井に続いて説明した岡野も、「家事審判所ヲ設ケルコトハ必スシモ亜米利加ノ刑事裁判所ト云フ制度ニ依ラスシテ別ニ我日本固有ノ国情ニ照シテ適当ナル機関ヲ造ルカ然ルヘキト云フコトヲ小委員会テハ認メマシテ、此点ニ於テハ亜米利加ノ制度ニ倣ハナイコトニ致シタノテアリマス」（堀内 1970：638）と述べて、小委員会においても、家事審判所はアメリカの刑事裁判所によるのではなく、日本固有の国情に適した機関を作るべきであり、アメリカの制度には倣わないと確認していたことを報告している。

　富井や岡野が強調しているのは、アメリカの家庭裁判所は刑事裁判所として機能しているのであって、日本の家事審判所とは根本的に異なるということである。これらの発言から、そもそも日本においては、夫婦・親子間の問題を刑事罰の対象とするという発想自体がないことがわかる。家事審判所はアメリカの家庭裁判所とは異なる、という主張のなかには、日本の家事審判所がひろく家事事件を扱うというだけではなく、「日本ノ国情」に照らして、厳密な法的判断によるのではなく、道徳に基づいて判断する裁判所であるという点も含まれている。

　こうしてみると、主査委員会における「要項」の審議のなかで、不履行ケースに話題がおよんだにもかかわらず、議論が履行確保に向かわなかったのは、家事審判所が「道徳の引受機関」として構想されたことの帰結ということもできる。

5　臨時法制審議会総会での「家事審判ニ関スル綱領」の審議

(1)　保守派の主張

　主査委員会での議論を経て決定した「家事審判ニ関スル綱領」は、臨時法制審議会の総会で審議されているが、総会で最も多く発言しているのは、委員の花井卓蔵である。花井は保守的な立場（以下、保守派）であり、家族紛争を訴訟によらずに解決する、という趣旨は評価しているものの、総会では「綱領」に対して批判的な意見を述べている。保守派のなかでも、花井には圧倒的な存在感があり、その発言は総会の審議に大きな影響を与えている。

　総会第1回目（1921年7月22日）、主査委員長の富井による趣旨説明に対しても、真っ先に花井が発言し、猛烈な批判を展開している。花井は「私カ諮問第一号ノ出マシタル沿革ヲ調ヘテ見マスルト決シテ今日議題ニ供セラレテ居ルカ如キ趣意ノモノヲ審議セントシタモノテハナイト思フ」（堀内 1970：667）と述べ、そもそも家事審判所を設けることが諮問第1号に対する答申といえるのか、民法改正案もまとまっていないのに手続法を先に急ぐのはおかしい、と主張している。ようするに、淳風美俗に副わない法令の改廃について答申しないまま、家事審判制度の提案を行うことは問題である、という批判である。

　その後、総理に提出された答申書（1922年6月7日）をみると、その前文には、「家庭ノ争議ヲ現行ノ制度ニ於ケルカ如ク訴訟ノ形式ニ依ラシムルハ古来ノ美風ヲ維持スル所以ニ非ス寧ロ道義ヲ本トシ温情ヲ以テ円満ニ之ヲ解決スル為特別ノ制度ヲ設クルノ極メテ緊要ナルヲ確認セリ」（堀内 1970：665）とあり、家事事件のための特別な制度の創設について、その緊急性がひときわ強調されている。これは、民法改正の答申に先立って、家事審判制度に関してのみ答申していることを正当化するものだが、そこには花井の発言の影響がみてとれる。

　また、その答申文が最終的に1項目だけになったのも、花井の発言によるものである。総会最終日、11項目の審議をほぼ終えた段階で、花井が突然、綱領としては第1項目、すなわち、道義温情の観念で家庭事件を解決する家事審判

所を設ける、ということだけで良いのではないかと提案したのである。この発言により、総会は一時休憩に入り、その扱いについて協議した結果、主査委員もこれを了承し、第1項目を修正して答申とし、第2項目以降は立法の際に考慮することで決着している。

なお、こうして「綱領」の第1項目を修正して決議することになったが、その決議案の文言も、保守派に譲歩した形で修正されている。経緯はわからないが、主査委員会で決定した「綱領」では「家庭ニ関スル事件ノ調停及審判ヲ為サシムル為家事審判所ヲ設クルコト」であったのが、総会の決議文では「家庭ニ関スル事件ヲ解決スル為特別ノ制度ヲ設クルコト」と、「調停及審判」が「解決」に、「家事審判所」が「特別の制度」に置き換えられて、最終的には、「道義ヲ本トシ温情ヲ以テ家庭ニ関スル事件ヲ解決スル為特別ノ制度ヲ設クルコト」（堀内 1970：755）が全員一致で決議されている。[19]

このように花井の影響力は大きいが、総会でのその発言をみると、そこには家族紛争の解決に対する保守派の基本的な考え方がよく示されている。たとえば、つぎのような発言である。

24番（花井卓蔵君） 根本原則ハ即チ法ハ家庭ニ入ラス、家庭ノ紛議ハ家庭テ治メサセルカ第一テアル、（略）第二ハ親族会議テアル、第三ハ五人組テアル、之ハ家庭審判所ト申シマスカ家事審判所ト云フノテアリマスカ、兎ニ角家族親族ヲ除外シタル公ノ機関ニ於テ解決セシメル、裁判所テナイニシタ所テ国家ノ公ノ機関ト云フコトハ間違ヒナイ、家庭ノ喧嘩ヲ公ノ機関ヘ持出スト同シテアル

（堀内 1970：672）

ここでは「法は家庭に入らず」が根本原則としてはっきりと明言され、家族紛争は第1に家族内で、第2に親族会で、第3に五人組で解決とすべき、と主張されている。そして、家事審判所については、通常の裁判所ではないとはいえ、家族や親族を排除した国家の公の機関であり、家族の喧嘩を公の機関に持ち出すことに変わりはないとして、これに否定的である。花井はこのような発

第 1 章　臨時法制審議会による家事審判制度の提唱

言を総会で何度も繰り返している。

　つまり、保守派は家族紛争を国家機関に持ち出すこと自体に反発しているのである。しかし、そもそも幹事会が家事審判制度を提唱したのは、家族紛争を裁判所に持ち出せるようにするためであった。こうしてみると、家族問題を公的領域に持ち出すことについて、家事審判制度を提唱した穂積ら（以下、推進派）と保守派の委員では、相反する立場にあるといえる。

　保守派のそのような立場は、花井が親族会の改善を強く主張していることからもよくわかる。先に引用した発言でも、家族問題の解決方法の第 2 に親族会があげられていたが、花井は親族会を日本にすでに存在する家族紛争の解決機関とみなし、これに大いに期待している。たとえば、「親族会ハ或意味ニ於テノ家庭審判所テアル、（略）之ニ今一歩ヲ進メテ親族会ノ制度ヲ改善ヲスルト云フコトカ出来マシタナラハ、恐クハ家庭審判所ニ優ルヘキモノカ出来ヤシナイカ」（堀内 1970：702）と述べている。つまり、親族会制度を改善すれば、家事審判所以上のものができるという主張である。そして、その具体的な改善策として、「親族会ト云フモノヲ改善ヲシ且ツ拡張シ、之ニ裁判官テモ一名位加ヘル制度ヲ立テタナラ、淳風美俗ニモ副ヘハ世界ノ立法ニモ副フカ如キ、良キ機関カ設ケラレハシナイカ」（堀内 1970：711）と提案している。これは親族会に裁判官 1 名を加えるという案で、こうすれば淳風美俗にも世界の立法にも合致した良い機関ができるという。

　このように、花井は親族会に裁判官の介入を許すところまで譲歩し、どうにかして家族問題を家族内あるいは親族内にとどめようとしている。その態度は最後まで一貫しており、花井は結果的に決議案に賛成するものの、総会最終日の大詰めの段階でも、決議案の裁決をとろうとする議長の発言を遮って、「家族会、親族会、之ヲ基本トシタイト云フコトニ考ヘテ居ル、家事審判所ニ運フコトサヘモ避ケタイ位ニ考ヘテ居リマス」（堀内 1970：756）と、家事審判所に否定的な見解を示している。さらにつづけて、「換言スレハ法律ハ家庭ニ入ラスト云フ観念ヲ徹底シタイ意見テス」と主張し、「法は家庭に入らず」という自らの立場を改めて表明している。そして発言の最後では、決議案が採択されることを見越して、家事審判制度の起案の際には親族会の現状をみてほしい、

と希望意見を述べている。

　結局、花井は最後まで、家族問題を公的な機関に持ち出すことに反対の姿勢を崩さない。では、その真意はどこにあるのだろうか。花井は親族会の改善策を示した際、「家庭審判所ト云フモノヲ設ケテ、世人カ之ヲ周ク知ルト云フニ比シテ、家ノ争ヲ世人ニ知ラシメス、不面目ヲ示サスシテ済ミヤシナイカ、法律ハ家庭ニ入ラスト云フコトハ、即チ家ノ面目ヲ重ンスル観念ニ外ナラヌト考ヘル」（堀内 1970：711）と述べている。ここに「不面目」「家ノ面目」とあるとおり、ようするに、家族間の紛争は家の恥であり、それが家の外に知られては家の面目が立たないということである。花井が家事審判所に反発するのは、ひとことでいえば「家の面目」のためである。

　さきほど、家族問題を公的領域に持ち出すことに関して、推進派と保守派が相反する立場であることを指摘したが、それぞれの理由について、穂積と花井の主張から整理すると、推進派は「家族内の個人の人格」を守るために賛成、保守派は「家の面目」を守るために反対、ということになる。そして興味深いのは、この「家族内の個人の人格」と「家の面目」という対立が、「民主的家族」対「封建的家族」というものではなく、それぞれの家族制度に対する考え方の違いによるとみられることである。

　推進派にとってのあるべき家族制度とは、先に穂積の見解から確認したとおり、民主的な家族を理念に、このような家族が仲良く続いていくことであった。では、保守派がとらえる家族制度とはどのようなものだろうか。これも花井の発言からつかむことができる。

　花井は家族紛争の解決方法を論じるなかで、「日本古来ノ淳風美俗ノ上ヨリ見タル家事審判ノ機関ト云フモノカアル、第一ハ一家ノ家族仏壇ノ前ニ坐シテ、一家残ラスノ者カ集ツテ此祖先ニ対シテ済マヌテハナイカト云フ言葉ノ間ニ精神上ノ協調ヲ得テ、平和ニ争議ヲ解決スルト云フコトカ一番宜シイノテアル」（堀内 1970：711）と述べている。これは、争っている家族全員が「仏壇」の前に集まれば、祖先に対する申し訳なさが精神的な協調をもたらし、それにより家族紛争が解決されるということである。

　また、日本独自の家族制度について論じるなかでは、「敬神崇祖トイフ精神

第 1 章 臨時法制審議会による家事審判制度の提唱

的ノ家族制度ヲ健実ニスヘキ観念ト云フモノハ古クヨリ存在シテ居ル、親子喧嘩ヲスル、夫婦喧嘩ヲスル、携ヘテ遺牌ノ前ニ連レテ行ク、仏間ニ連レテ行ク、其所ニ親族カ居ル、此ノ間ニ円満ナル解決カ出来ルト云フ事柄ハ敬神崇祖ノ観念カ精神的ニ其一室ニ籠ツテ居ルカラテアル、家族制度ノ真髄ハ是迄行カナケレハナラヌモノテアル」（堀内 1970：682）と述べている。これも、争っている夫婦や親子を「遺牌」の前や「仏間」に連れて行けば、「敬神崇祖」の観念によって円満解決するということである。いずれの発言でも「精神的」という言葉がみられるように、花井にとっての家族制度とは、大家族か小家族か、直系家族か核家族か、といった家族の規模や構成などとは次元の異なる、観念的なものとしてとらえられている。

　つまり、花井はあるべき家族制度を、実態としての家族を超え、精神的観念的に代々続いていくもの、とみなしているのである。それは、実態としての家族を前提に、現実の共同生活体として家族が仲良く続いていくこと、という穂積のとらえる「淳風美俗たる家族制度」とはまったく異なっている。こうしてみると、道徳に基づく家事審判所という提案が全会一致で決議されたとはいっても、規範として想定されている家族制度は、推進派と保守派では実に対照的である。

(2) 「調停事項不履行ノ場合」をめぐる議論

　総会の3回目（1921年12月17日）では、「第8」の「調停事項不履行ノ場合」について審議が行われている。そこでは、委員の原嘉道と小委員会委員の鵜沢総明の間で、つぎのような議論がなされている。

16番（原嘉道君）　調停不履行ノ場合ニ於テ尚ホ審判所ト云フモノハ法律ノ規定ニ依ラス審判ヲスル、サウシテ裁判所ヘ出レハ法律ノ規定ニ依ラナイ審判テアルカラ引クリ返サレルコトハ明瞭ニ分ツテ居ル、ソレ位争フ人ナラハ無論法律家ノ意見ヲ徴シテ居ルカラ、サウ云ウ場合ハ尚ホ其家事審判所テ審判ヲ必ラス受ケシメナケレハナラナイト云フコトニシテモ何ニモナラヌコトニナル

14番（鵜沢総明君） ソレテ其調停事項ヲ履行シナイト云フヤウナ場合ニ於テ矢張リ此家事審判所ニ於テ其事件ヲ一応取扱ハシメル方カ直ニ訴ニ至ルト云フコトヨリカモ円満ニ履行ヲ期シ得ルタラウト云フヤウナ所カラ審判ヲ求メシメルト云フコトニシタ趣旨テアリマス

(堀内 1970：730)

　原は、調停不履行ケースについて、家事審判所で審判をしても訴訟を起こせば、法律に基づく判決によってその審判は覆されるのであり無駄ではないか、と問いただしている。それに対して、鵜沢は家事審判所で扱ったほうが、裁判所に訴えるよりも円満な履行が期待できると応じている。上記の引用では省略したが、原は鵜沢に対して、家事審判所のほうが円満に解決できるという調査結果でもあるのか、と発言の根拠を求める質問もしている。鵜沢はそのような客観的根拠がないことを認めながらも、やはり法律に基づく裁判よりも道徳による審判のほうが履行を期待できる、と同じ答えを繰り返すのみである。
　さらにつづけて、原と鵜沢の間で、以下のようなやりとりがなされている。

16番（原嘉道君） 其調停事項ト云フモノハ審判官カ家庭事務(ママ)ヲ処理スルニ一番適当ナ方法ト考ヘタノテアラウ、当事者モソレテ納得シタ、ソレヲ履行シナケレハナテヌ(ママ)、然ルニソレヲ履行サセスシテ更ニ審判ヲ求メシメルト云フコトハトウ云フ必要カアルノテアリマスカ、折角審判所カ干与シテ調停カ出来タノニ夫レヲ履行シナイモノカアル場合尚ホ審判ヲ求メシメルト云フコトハトウ云フ事カラ来タノテアリマスカ

14番（鵜沢総明君） 唯手続ヲシナイト云フ丈ケノ話テアリマシタナラハ直チニ訴訟ト云フコトニシテモ差支ナイト思ヒマスケレトモ併ナカラ実行ト云フコトハトウシテモ之ハ家事審判所ニ於テ規則ヲ立テルコトカ出来ルカモ知レマセヌケレトモ、サウ云フコトテナシニ実行ノ出来ルヤウニスルカ宜シイ、（略）其不履行ニ致シマシテモトウ云フ訳テ履行シナイカト云フ事由、之モ審判所ノ審判ヲ求メテ決スル方カ宜シカラウ

(堀内 1970：731)

46

原は調停不履行ケースを審判に付することについて、成立した調停事項は審判官が事情を加味して、その家庭紛争について最もふさわしいと考えた解決方法であり、それを義務者が履行しない場合に、再度、家事審判所の審判に付するのはどういうことか、と追及している。

ここで鵜沢は、履行確保に関して見逃すことのできない発言をしている。まず、調停事項を履行しない場合について、「家事審判所ニ於テ規則ヲ立テルコトカ出来ルカモ知レマセヌケレトモ」と、家事審判所内に規則を設ける可能性を示唆している。これはまさに、履行確保対策の可能性に言及したものといえる。しかしそれにつづけて、「サウ云フコトテナシニ実行ノ出来ルヤウニスルカ宜シイ」と述べ、不履行に対する規定を設けるよりも、義務者がどうして履行しないのかその事情を汲み取って審判するほうが良い、と主張している。つまり、鵜沢は家事審判所による履行確保制度の可能性を認識しながら、これを明確に否定したのである。

このとおり、すでに1921年の臨時法制審議会総会において、家事審判制度の「綱領」が審議された際、履行確保制度の導入の可能性が言及されていたということは、履行確保の歴史上、特筆すべき事実である。そして、家事審判制度の推進派の立場にある鵜沢が、ここで履行確保制度の可能性を簡単に否定し、議論の機会を失わせたことは、極めて重大な問題といわざるを得ない。

鵜沢とのやりとりの後、原は家事審判所の性格について質問している。それに対し、今度は岡野が答弁しているが、そのなかで岡野は不履行ケースへの制裁について、小委員会で議論がなされていたことを明らかにしている。それは、アメリカの家庭裁判所のように制裁を与えてはどうか、という議論であったという。岡野の発言はつぎのとおりである。

岡野敬次郎君 小委員会ニ於キマシテハ先ツ家事審判所ト云フモノカ或ハ調停ヲシ或ハ審判ヲシテサウシテ之ニ服従シナイト云フヤウナ場合ニ於テ其審判所自カラカ司法裁判所ト云フ方面ニ働イテ法律ノ正條ニ依ツテ裁判ヲスルコトニシタラトウテアラウカト云フ意見モ出タノテアリマス、恰モ亜米利加ニ於テ趣旨コソ違ヒマスケレトモ調停ヲシテソレニ服サナケレハ裁判所

トシテ制裁ヲ加ヘル、サウ云フヤウナ意味合ニシタラトウタラウ、斯ウ云フ説カアツタノテアリマス、併ナカラ一方ニ於キマシテハ又此家事審判所ノ審判ト云フモノハ必ラスシモ法律ノ正條ニ基イテ権利義務ノ問題トシテ裁判ヲスルノテナク法律ノ正條ノ命スル通リノ審判ヲ為スノテハナイ、所カ其法律ノ正條ニ拘ハラス円満ナ解決ヲ為サントシタモノヲ今度ハ本人カソレヲ聴カヌカラト言ツテ丸テ正反対ニナツテ今度ハ法律ノ正條ニ基イテ裁判ヲスルト云フコトハ甚タトウモ面白クナイ、所謂開キ直ツテ裁判ヲスルト云フ制度ハ実際ニ実行ハイカヌタラウト云フノテ此家事審判所ハ司法裁判所トシテ働カヌヤウニシタト云フコトニナツタ訳テアリマス

（堀内 1970：733）

このように、調停や審判が不履行となった場合には、家事審判所自らが一般裁判所として法律に基づいて判決を下し、アメリカの家庭裁判所のように調停事項の不履行に対して制裁を与えるようにしたらどうか、という議論が小委員会で実際に行われていたのである。しかし、小委員会としては、円満解決のために調停や審判を行った家事審判所が一転して、法律に基づいて判決を下したとしても履行は見込めないと判断し、その意見を採用しなかった、という。つまり、法的権利義務に基づくのではなく、道徳に基づいて判断するという家事審判所の基本的性格によって、不履行に対する制裁は否定されたのである。ここでもまた、家事審判所が「道徳の引受機関」として構想されたことが、不履行対策を排除する結果となっている。

とはいえ、これほど「道徳の引受機関」であることが重視されているのであれば、パターナリズムの発想から、義務者に対して道徳を全うさせるために、家事審判所が履行確保や制裁に乗り出すことも考えられるはずである。しかし、そうした観点からの議論の兆しはなく、家事審判所による家族への介入は、家族紛争に立ち入って、調停・審判を行うところで止まっている。

このような議論の限界は何によるのだろうか。たしかに、保守派は「法は家庭に入らず」の立場であり、この問題についてパターナリズムに与しないのはいうまでもない。しかも、先にみたように、保守派は家族制度を観念的な家の

継承とみなし、これを規範としている以上、家事審判所が履行確保のために現実の家族に介入することは、受け入れ難いといえる。一方、推進派は家族問題を公的領域に持ち出すことを主張する立場であり、家族内の人格尊重という基本理念からすれば、むしろ、履行確保は家事審判所の使命ともいってよいほどである。また、推進派は保守派と異なり、観念ではなく現実の家族生活を前提にしており、不履行が家族生活に深刻な影響をもたらすことからすれば、履行確保は検討すべき課題といえる。しかし、推進派が規範とするのは、あくまで「淳風美俗たる家族制度」であり、それは一家が仲良くする、というものである。家事審判所はそのような家族制度を規範とし、家族紛争を円満に解決するための裁判所として構想されている。そうすると、義務者に対する履行確保対策や制裁という手段は、家事審判所が行うべき穏やかで円満な解決方法とはいえず、むしろ回避すべきものと考えられる。

　こうして当初の経緯からみてくると、法律と道徳のせめぎあいのなかで、家事審判制度を「道徳の引受機関」としたこと、そして、その判断基準となる道徳に関して、保守派と推進派ではその内実が異なるとはいえ、いずれも「淳風美俗たる家族制度」を規範としたことが、家事審判所による履行確保の議論を閉ざす結果を招いたといえる。

1)　家事審判法の立法過程の経緯については、とくに記載しない限り、堀内（1970）および堀内（1976）によっている。本書の以下の章においても同様である。
2)　「教育ノ効果ヲ完カラシムヘキ一般施設ニ関スル建議」は臨時教育会議（1919：180-194）に掲載されている。
3)　内閣は臨時法制審議会に2つの事項を諮問している。これは諮問第1号で、諮問第2号は陪審制度に関するものである。諮問事項は、堀内（1970：561）の資料4に掲載されている。
4)　臨時法制審議会の名簿は、堀内（1970：560-561）の資料3に掲載されている。ただし、審議会設置後、臨時委員が任命されたり、臨時委員が正式な委員に任命されたりしている（堀内 1970：11）。
5)　「研究会」や幹事会の議事録は残されていないが、堀内（1976：200-254）は池田文書をもとに「調査要目（其1）」の審議過程をたどっている。なお、池田文書とは司法省民事局参事官の池田寅二郎により、幹事会およびこれに続く主査委員会、小委員会の審議要点がメモ風に書きとめられているものである（堀内 1976：2）。

6) 「諮問第1号ニ関スル調査要目（其1）」が、堀内（1970：562-568）の資料6に掲載されている。
7) 第2回総会の議事速記録は、堀内（1970：569-578）の資料8に掲載されている。
8) 主査委員会は、「調査要目（其1）」のほか、その後幹事会から提出された「調査要目（其2）」「調査要目（其3）」の審議も行っている（堀内 1970：19）。主査委員会の議事速記録については、第1回から第3回のみが現存しており、堀内（1970：579-636）の資料10に掲載されている。
9) 池田文書の「諮問第1号ニ関スル審査要項」が、堀内（1976：468-470）の資料8に掲載されている。
10) 家事審判所に関する主査委員会の会議速記録は、堀内（1970：636-664）の資料11に掲載されている。
11) 主査委員長から総裁への報告書は、堀内（1970：664-665）の資料12に掲載されている。
12) 家事審判制度に関する臨時法制審議会総会の会議速記録は、堀内（1970：665-757）の資料14に掲載されている。
13) 臨時法制審議会総裁の答申書は、堀内（1970：665）の資料13に掲載されている。
14) この第2回目の「研究会」には、司法省幹事4名（民事局長の山内確三郎、参事官の飯島喬平、池田寅二郎、地方裁判所所長の牧野菊之助）と法制局幹事1名（参事官の松村眞一郎）が参加している（堀内 1976：24）。
15) 1点目は実質的な家族共同生活が十分に行われるようにすること、2点目は古い家族制度の弊害を除去することが実質的な堅実な共同生活を維持させるための重要な一手段であること、を内容とする（堀内 1976：53）。
16) 池田文書の「諮問第1号ニ関スル調査要目私案」が、堀内（1976：361-365）の資料1に掲載されている。堀内（1976：18）によると、穂積私案は「調査要目（其1）」の作成にあたり幹事から提出された意見書として唯一のものであるという。
17) 川島（1952）が指摘するとおり、穂積は旧来の「家」制度には批判的で、市民的家族観を持っていた人物である。実際、民法改正要綱の「第3」（庶子の入家に対する嫡母の同意）や「第10」（婚姻に対する親の同意）の審議においても、保守派に対抗して、「当時における「左派」の理論」（川島 1952：405）を展開している。
18) 穂積は主査委員会（1919年11月22日）での趣旨説明のなかで、アメリカの家庭裁判所について言及しているが、履行確保制度には触れていない。
19) 答申文では、総会の決議文で「家庭ニ関スル事件」となっていたところが、「家庭ニ関スル事項」に変わっているが、その経緯は明らかではない。

第2章

「家事審判所ニ関スル法律調査委員会」での立法作業

1 委員会設置から起草終了までの経緯

　1922年6月7日に出された臨時法制審議会の答申を受けて、1924年12月9日、司法省内に「家事審判所ニ関スル法律調査委員会」(以下、法律調査委員会)が発足している[1]。答申から法律調査委員会の発足までに2年半の時間が経過しているが、この間、臨時法制審議会の主査委員会では民法改正要綱案が審議されている。1924年12月8日に主査委員会でその要綱案が決定されたことから、翌9日に法律調査委員会の第1回が開催されたというわけである。

　法律調査委員会の委員は13名で、そこには臨時法制審議会で活発な議論を展開した、花井卓蔵、原嘉道、山内確三郎、穂積重遠も含まれている。委員長は平沼騏一郎、副委員長は原嘉道で、委員会は1924年12月9日から1925年7月2日まで、10回開催されている。堀内（1976：238）によると、この委員会の議事について速記録が作成された形跡はないという。ただし、第1回から第10回までの「家事審判所ニ関スル法律調査委員会日誌」（以下、「日誌」）が残されており、これにより審議状況を確認することができる[2]。

　委員会では、まず、臨時法制審議会の主査委員会で決議された「家事審判ニ関スル綱領」（以下、「綱領」）の検討がなされている。「綱領」は前章でも示したとおり、つぎの11項目からなるものである。

家事審判ニ関スル綱領（再掲）
1 温情ヲ本トシ道義ノ観念ニ基キ家庭ニ関スル事件ノ調停及審判ヲ為サシムル為家事審判所ニ設クルコト
2 家事審判所ハ司法大臣ノ所管トスルコト
3 家事審判所ハ単独制トスルコト
4 審判員ハ特別ノ経験アル者ノ中ヨリ採用スルコト
5 家事審判所ハ適当ト認ムル者ヲ選定シ調停ニ参与セシムルコトヲ得ヘキモノトスルコト
6 家庭ニ関スル事件ハ之ヲ法律ニ列挙スルコト
7 家庭ニ関スル事件ハ先ツ家事審判所ノ調停審判ヲ受クヘキモノトスルコト
8 調停事項不履行ノ場合ニ於テハ審判ヲ求ムルコトヲ得ヘキモノトスルコト
9 家庭ニ関スル事件ニシテ訴ヲ提起スルコトヲ得ヘキモノニ付家事審判所ノ審判ニ服セサル者一定ノ期間内ニ訴ヲ提起セサルトキハ審判ハ確定ノ効力ヲ有スルモノトスルコト
10 審判ハ之ヲ公開セサルコト
11 家事審判所ハ区裁判所所在地ニ之ヲ設置スルコト

(堀内 1970：664-665)

 この検討結果を踏まえて、さらに具体的な審議ができるよう、第3回の法律調査委員会（1924年12月24日）で小委員会を設置することが決まり、原嘉道、穂積重遠、池田寅二郎の3名が小委員会の委員に任命されている。小委員会は、審議すべき問題を13項目に整理し、つぎのような「家事審判所法調査事項」（以下、「調査事項」）をまとめている。

家事審判所法調査事項
第1 左記ノ事項ハ家事審判所ノ権限ニ属セシムルヲ可トセスヤ

（1　以下略）
第2　左記ノ事項ハ家事審判所ノ調停ニ附スルコトヲ得ルモノトスルヲ可トセスヤ
　　　（1　以下略）
第3　左記ノ事項ハ家事審判所ノ権限ヨリ之ヲ除外スルヲ可トセスヤ
　　　（1　以下略）
第4　家事審判並ニ調停ノ事務ハ独立ノ機関ヲシテ之ヲ取扱ハシムヘキヤ若ハ裁判所ヲシテ之ヲ取扱ハシムヘキヤ
第5　家事審判所ヲ司法大臣ノ所管トスヘキヤ、又ハ司法大臣、文部大臣及内務大臣ノ所管トスヘキヤ或ハ司法大臣及文部大臣ノ所管トスヘキヤ
第6　家事審判所ノ組織ハ左ノ如ク定ムヘキヤ
　　1　各審判所ニ主任官吏一名ヲ置クコト
　　1　各審判所ニ家庭事情調査ノ為メ調査員ヲ置クコト
　　1　各審判所ニ調停委員ヲ置クコト
第7　家事審判所ノ主任官吏、調査員、調停委員ニハ女子ヲモ採用スヘキヤ
第8　家事審判所ノ手続ハ左ノ如ク定ムヘキヤ
　　1　権限事項中第一ノ事項ハ主任官、調査員ノ意見ヲ聴キ処理スルコト
　　1　権限事項中第二ノ事項ハ主任官及調停委員二名以上ニテ組織シタル委員会ニテ調停ヲ為スコト但シ調査員ノ意見ヲ聴クコトヲ得ルコト
第9　調停ニ強制力ヲ附スルコトトスヘキヤ
第10　調停成ラサルトキハ審判ニ附スヘキヤ又ハ調停委員会調停條項ヲ定メ当事者ニ通知スルコトトスヘキヤ
第11　審判若ハ通知シタル調停事項ハ一定ノ期間内ニ不服ノ申立ヲ為ササルニ因リ確定スルコトトスヘキヤ
　　前項ノ期間内ニ不服ヲ申立ツル手続ハ異議ヲ述フルコトトスヘキヤ又ハ訴ヲ提起スルコトトスヘキヤ
第12　家事審判並ニ調停ニ付出張ノ制ヲ認ムヘキヤ
第13　家事審判所ノ名称ハ之ヲ如何ニ定ムヘキヤ

　　　　　　　　　　　　　　　　　　　　　　（堀内 1970：785-788）

第4回の法律調査委員会（1925年4月25日）でこの「調査事項」の概要が説明され、以後はこれに基づく審議が行われている。ただし、議事の順番については、家事審判所の権限事項である「第1」から「第3」は後に回し、「第4」以降の家事審判所の法的性格のほうから先に審議されている。こうして順次、「調査事項」の審議と決議がすすめられ、第10回の委員会でそのすべての審議を終えている。そして、最後の第10回委員会の閉会にあたり、委員長によって、小委員会委員の原、穂積、池田の3名が法案の起草委員に指名されている。

　その後、この3名で起草作業が行われ、1927年10月21日に110か条からなる家事審判法案（戦前）がまとめられている[3)]。なお、これまでの経過からも予想されることだが、この法案に履行確保の条項はない。

　堀内（1976：255-293）は、池田文書のなかにこの法案草稿、ならびにその後の法案数種を見出し、110か条の家事審判法案（戦前）に至るまでの経過を整理している。しかし、起草作業における審議の議事録や日誌等は残されておらず、起草委員の間でどのような議論がなされたかは明らかでない。よって、本章では「日誌」が残されている法律調査委員会での議論のみとりあげることとし、以下、まず、「綱領」の「調停事項不履行ノ場合」の項目について（第2節）、つぎに、履行確保の観点から注目される「調査員」の項目について（第3節）、それぞれどのような議論がなされたのか検討してみたい。

2　「調停事項不履行ノ場合」の審議

(1)　答申以後の社会変化

　法律調査委員会の「日誌」をみると、法律と道徳の関係をめぐる議論や「法は家庭に入らず」といった理念に関わるような議論は、この委員会では行われていない。もちろん、「日誌」は速記録と異なり、行われた議論が網羅的に記録されているわけではないが、法律調査委員会では家事審判所の組織、権限、手続きなどの実務的な事項の審議が中心で、これまでの臨時法制審議会の主査委員会や総会に比べ、議論はやや低調な印象をうける。それには、この委員会

が臨時法制審議会の答申を踏まえて、具体案を審議するために設置されたものであるという、委員会の性格による面もあるが、それに加えて、答申から委員会発足までの間に生じた、2つの事実の影響が考えられる。

そのひとつは、1922年に旧少年法が制定され、1923年に少年犯罪の保護処分を行う行政機関として、少年審判所が東京と大阪の2か所に設置されていたことである（日本少年保護協会 1933：2）。すでに少年非行問題で審判所が導入されていたことが、家事審判所導入への抵抗感を弱め、むしろ具体案の審議を促進させた面があるのではないだろうか。実際、法律調査委員会でも家事審判所の性格や組織に関しては、少年審判所を参考にした提案や意見が散見される。

もうひとつの事実は、1922年に借地借家調停法が制定され、調停制度が開始されていたことである。このことは、家事審判制度の議論にとりわけ大きく影響したといえる。借地借家調停法は、産業化による都市部への人口移動にともない、土地や家屋の貸し借りに関する紛争が増えてきたことから、これを解決するために制定されたものである。この法律により、1922年10月1日から、裁判官と民間の調停委員からなる調停委員会によって話し合いで紛争を解決する、という調停制度が実施されている。これは導入当初はそれほど利用があったわけではないが、制度導入の翌年、1923年9月1日に関東大震災が起こり、これにより多発した借地借家の紛争処理に、調停が広く利用され、実績をあげていたという（穂積 1949b，安倍 1954）。このように、借地借家の紛争に関して、法律上の厳密な権利義務に基づく裁判所の判決によるのではなく、話し合いで解決するという調停制度が普及していたことから、家事審判制度の導入もスムーズに受け入れられたものといえる。

さらに、家事審判制度の具体案を「調査事項」として提案し、その議論をすすめた小委員会委員の池田寅二郎が、借地借家調停の推進者であった点も見逃せない。池田は、借地借家問題の訴訟手続きによる処理の欠陥を救うために、借地借家調停を発案した人物であり、当時、司法省民事局長の現職として、調停制度の好成績に自信をつけていたという（堀内 1970：91）。また、家事審判制度の当初からの提唱者で、池田と同じく小委員会委員の穂積は、借地借家調停の調停委員としても活躍し、関東大震災後、調停による解決に手腕を発揮し

ている (穂積 1949a：2)。この借地借家調停の実践者としての穂積の経験も、「調査事項」の提案や議論に影響したとみられる。

このように、すでに調停制度が一定の成果をあげていたという社会的事実によって、法律調査委員会で家事審判制度を審議するにあたっても、以前のような「法律と道徳の関係」や「家族への介入」といった調停をめぐる理念的な問題に議論が向かわなかった、という面もあるのではないだろうか。

(2) 「調停事項不履行ノ場合」の消去

第1回の法律調査委員会（1924年12月9日）では、「綱領」の11項目がすべて審議されているが、このうち、臨時法制審議会の主査委員会や総会で議論になった「綱領」の「第8」、すなわち、調停事項不履行の場合は審判を受けられる、という点については、どのような議論がなされたのだろうか。「日誌」をみると、つぎのように記されている。

綱領八ヲ議題トス
　　　朗読
　熊谷委員　調停カ成立シタルトキハ之ヲ強制スヘキヤ調停ニ法律上ノ効果ヲ附スルノ可否ヲ提案ス
　平沼委員長　熊谷委員ノ提案ニ異議ナキヤ
全員異議ナク調停ニ法律上ノ効果ヲ附スルノ可否ヲ考究スルコトニ決ス

（堀内 1970：760）

「調停事項不履行ノ場合」という事項の審議において、委員の熊谷直太が調停に法的効果を与えるか否かという提案をしている。「綱領」では、調停に法的効果を与えるという事項はなく、調停事項が不履行の場合には審判に移行することとし、その審判に法的効力を与えるという構成になっていた。それに対し、この提案は審判に移行するまでもなく、調停に法的効果を与えてはどうか、というものである。法的効力が与えられれば、調停で取り決めた事項は裁判所の判決と同じ効果をもつことになり、不履行の場合には強制執行ができる

ようになる。委員会では、提案に全員異議なく、これを検討事項とすることが決定している。

「日誌」には、「第8」についてほかに記載はなく、結局、これがその後の小委員会の「調査事項」に引き継がれ、「調査事項」の「第9　調停ニ強制力ヲ附スルコトトスヘキヤ」という提案になっている。こうして、「調査事項」では「調停事項不履行ノ場合」という文言が消え、以後、綱領や法案等に「調停事項不履行」の文言が登場することはない。こうしてみると、ここで「調停事項不履行」の文言が消去されたことは、結果として、これ以降の、不履行ケースをめぐる議論の可能性を失わせたことになる。

では、「調査事項」の「第9」の調停に強制力を与えるべきか、という点についてはどのような議論がなされたのだろうか。これが審議された第5回の法律調査委員会（1925年5月30日）の「日誌」をみると、つぎのように記されている。

第九及ヒ第十ヲ議題トス
　　朗読
　花井委員　第九ハ強制力ヲ附スル御考ナリヤ
　池田委員　吾々ハ別ニ如何ニスルヲ可ナリト云フ考ヲ定メタルニハ非スシテ単ニ問題トシテ之ヲ掲ケタルモノニ過キサルナリ
　花井委員　調停ヲ成立シタル以上之ニ強制力ヲ附スルハ当然ノコトナラスヤ
　池田委員　財産関係ニ付テハ然ルヘキモ人事関係ノ如キ強行規定アルモノニ付其ノ規定ニ反スル合意ヲ為シ調停成立シタル場合ノ如キハ之ニ強制力ヲ附スルハ問題ト為ルヘシ
例ヘハ家督相続権ナキ者カ戸主ト為リタル場合ニ調停ニ依リ依然戸主ノ名義ヲ有スル者カ戸主ト為ルコトヲ決セントキノ如キハ違法ノ相続カ調停ニ因リ適法化スヘキヤ問題ナリ
　穂積委員　ソレハ両者間ノ単純ナル合意ノ成果ニ非スシテ調停ト云フ国家機関ノ干与ノ下ニ成立シタルモノナルヲ以テ元ヨリ適法化シタルモノト云フ

ヘシ
　原委員　余ハ「強制力ヲ附スヘシ」トノ動機ヲ提出ス
　　　　　　　　　　　　　　　（ママ）
　池田委員　大体ニ於テ私モ異議ナキモ起草ノ際ノ為ニ相当ノ余裕ヲ存セラレタシ
　平沼委員長　左ノ趣旨ニ決シテハ如何
調停ニ強制力ヲ附スヘシ若考慮スヘキ余地アラハ考慮スルコト
全員異議ナク之ニ決ス

（堀内 1970：772-773）

　審議ではまず、委員の花井が調停に強制力を与えるのは当然、と述べている。それに対し、小委員会委員の池田は、財産関係については当然としつつも、人事関係の調停で民法規定に反する合意がなされた場合について、懸念を示している。しかし、同じく小委員会委員の穂積は、調停で合意したことは単なる両者の合意ではなく、国家機関が関与して成立したものであり、適法化したとみなすべき、と池田に反論し、つづいて同じく小委員会委員の原が強制力を付すべきとの動議を提出している。それで、池田も動議に異議はないが、起草のときのために幅を持たせてほしいと述べ、最終的には提案どおり、調停に強制力を与えるとし、もし考慮すべき余地があれば考慮するとの文言を加えて、これを全員一致で決議している。

　このように、「調査事項」の「第9」の議論は、調停に法的効力を与える点にとどまっており、それによって履行が促進されるか、あるいは、履行されなかった場合に強制執行が利用されるかといった、履行確保に関わる問題に議論が及んだ様子はみられない。「第9」の決定により、審議はつぎの「第10」「第11」へとすすみ、調停が成立しなかった場合の扱いに移っている。

　「第10」は、調停が成立しなかった場合は調停委員会が調停条項を作成し、当事者に通知するという、いわゆる強制調停の規定で、借地借家調停法にならったものである。これについては第5回で終了せず、第6回（1925年6月4日）の委員会でも審議されている。最終的には、提案どおりに決議されているが、当初、穂積は反対意見を述べている。それは、調停が成立しなかった場

第 2 章 「家事審判所ニ関スル法律調査委員会」での立法作業

合、強制調停をしても必ず異議が申し立てられ、また、審判にも服さないため、調停を打ち切って裁判をしたほうが良いという理由による。しかし、第 6 回の委員会の冒頭、委員で判事の和仁貞吉が東京区裁判所の借地借家調停事件について、強制調停の実績を紹介したことで穂積も賛成にまわっている。和仁は、1924年に調停不調で調停条項を通知した117件中、異議が出されずに調停が成立したのが40件というデータを提示し、これを「好成績」と説明すると、穂積のほか、前回は疑義を抱いていた花井もこれに納得し、強制調停の提案が全員一致で決議されている。[4]

つぎの「第11」は、強制調停がなされた後の問題だが、これについては、通知した調停事項は一定期間内に不服申立がなければ確定し、通知に異議を述べた場合は審判となり、その審判に対して一定期間内に異議を述べなければ確定する、という提案がなされている。そして、議論もなく、全会一致で決議されている。

このとおり、「第 9」で調停に法的効力を与えると決定したことで、いったん成立した調停についての議論は尽き、これにつづく議論は、調停が成立しなかった場合の扱いに終始している。そこでも、強制調停や審判に法的効力を持たせること以上の意見は出ていない。「日誌」をみる限り、調停や審判に法的効力を与えるということが、履行確保の問題として議論された様子はなく、結局、履行されなければ強制執行ができる、としておけば十分という考え方のようである。ましてや、家事事件の不履行問題を一般的な民事事件の場合と同様の扱いでよいのか、女性が権利者の場合に強制執行が利用できるかなど、家族紛争の特性を踏まえた不履行問題の議論は一切みられない。

このように法律調査委員会では履行確保の問題は何ら検討されていないが、実は、第 2 回の委員会（1924年12月16日）で、履行確保の観点からみて注目すべき提案が行われている。この第 2 回の委員会では、「綱領」の検討事項のほかに委員会で調査すべき事項はないか、ということが審議されている。その際、委員からの提案のほとんどは、家事審判所の権限事項についてであったが、委員会の最後に、委員の岩崎幸治郎が 2 つの検討事項を提案しており、その 2 点目が「1、家事調停又ハ審判ノ結果ノ実現ヲ期スル為相当ノ制裁ヲ附スルノ可

否」(堀内 1970：765) というものである。これは、調停や審判で決定した事項について、履行を確保するために制裁を科してはどうか、という制裁規定の提案である。

法律調査委員会については、「日誌」のほか、各回の委員会で決議された事項を列挙した「家事審判所ニ関スル法律調査委員会決議」と題する文書が残っているが[5]、それをみると、たしかにこの岩崎の提案を委員会の議題とすることが、第2回の委員会決議として記載されている。しかし、その後の「日誌」をみても、これが委員会で審議された記録はまったくない。結局、「調査事項」の「第9」で調停に強制力を与えることになり、これが履行を促すための措置とみなされたのであろうか。調停に法的効力が与えられても、不履行ケースが生じることは明らかであり、その場合、女性の多くが法的手段に訴えられないまま、泣き寝入りとなることは簡単に想像できる。家事審判制度の骨格を検討する法律調査委員会で、調停事項が履行されない場合の措置について議論されなかったという事実は、立法関係者の履行確保に対する関心の低さを物語っている。

もちろん、家事審判所での調停に法的効力が与えられたこと自体は、家族問題を家事審判所に持ち出すことで得られる大きなメリットであり、問題解決に向けた前進といえる。そうすると、どのような調停がなされるか、とりわけ、弱い立場に置かれている女性の実情に即した調停が行われるかどうかが重要になる。その点に関して、法律調査委員会で画期的といえるのは、参与員、調停員に女性の採用を認める決議をしたことである。

それは、花井と穂積の功績といってよい。第1回の法律取調員会で「綱領」の「第5」の調停委員の選任が審議された際、まず、花井が女子を調停に参加させることの是非について提案し、それに触発された穂積が1つ前の事項に戻って、「綱領」の「第4」の審判員の選任についても女子の採用を提案したのである。結局、この両者の意見がとりいれられ、「調査事項」の「第7」として、家事審判所の主任官吏、調査員、調停委員に女性を採用すべきか、という提案に至っている。

これを審議した第6回の法律調査委員会では、女子を採用すべきという提案

に対して、女子を採用すべきか否かではなく、資格を男性に制限しないという修正提案が委員の松本烝治からあり、その修正案どおりに「家事審判所ノ参与員及ビ調停委員ノ資格ハ之ヲ男子ニ制限セザルコト」（堀内 1970：776）と決議されている。消極的な文言に後退したものの、調停委員に女性の登用が認められたことは、調停による家族内の弱者救済という、穂積が家事審判制度を提唱した際の当初の意図にもかなうものであり、立法作業の初期段階で、女性調停委員の参加を決定したことは評価される。

3 「調査員」の審議

(1) 「調査員」の提案

これまで指摘してきたとおり、「調査事項」のなかに履行確保に関する事項はないが、履行確保の観点からみて、注目される項目が入っている。それは、現在、履行確保制度の担い手となっている家庭裁判所調査官に相当する、「調査員」の導入が提案されていることである。具体的な提案は、「調査事項」の「第6」と「第8」のなかに示されている。

「第6」は家事審判所の組織に関する事項で、1点目に主任官をおくこと、2点目に「家庭事情調査ノ為メ」に調査員をおくこと、3点目に調停委員をおくこととある。また、「第8」は家事審判所の手続きに関する事項で、1点目に審判事件では主任官が調査員の意見を聞いて処理すること、2点目に調停では主任官と調停委員会が調査員の意見を聞くことができることとある。つまり、「第6」で調査員の設置が規定され、「第8」で調査員の意見が審判や調停に反映される仕組みが規定されているのである。

「第6」が審議された第4回の法律調査委員会の「日誌」をみると、小委員会委員の原が、まず、主任官と調停委員の提案は、借地借家調停法に倣ったものと説明したあと、調査員の提案については、「少年審判所ノ保護司ニ該当スルモノニシテ調査員ヲシテ常ニ各家庭ニ関スル事項ヲ注意セシムルヲ可ナリト思料セルニ依ルモノナリ」（堀内 1970：769）と述べている。調査員は少年審判所の少年保護司に該当するもので、調査員には常に家庭の事情に注意させるこ

とができる、ということである。委員会では、詳細な職務内容までは明らかにされていないが、調査員が少年保護司を想定したものであるとすれば、調停、審判後の家族への関与もその職務に含めて想定されていると考えられる。

　実際に調査官（家事調査官）が実現したのは、戦後、家事審判所（家庭裁判所の前身）の創設からさらに3年後の1951年であるが、すでに1925年の委員会で、これに相当する調査員の導入が提案されていたということは、注目に値する。

　しかし、この調査員の提案は、つぎのような家事審判所の性格をめぐる議論のなかで、十分な議論もなく、削除されることになる。

(2)　「調査員」の削除
　まず、第4回の法律調査委員会で「調査事項」の「第4」が議題となり、家事審判・調停を独立の機関で行うか、裁判所の一組織で行うかが審議されている。これについて花井は、「道義ニ本キ温情ヲ以テ家庭ニ関スル事項ヲ解決スル為特別ノ制度ヲ設クルコト」という臨時法制審議会の答申文を引き、このなかに「特別ノ制度」とあることを指摘して、独立の機関とするよう主張している。委員の松本烝治や鈴木喜三郎も花井に同調しているが、花井らの立場は、少年審判所と同様に、裁判所とは異なる組織として家事審判所を設置するというものである。それに対して、池田は裁判所内に裁判官と裁判官以外の者からなる組織を設けて、裁判所らしくないやり方で調停・審判を行うことを主張している。池田の立場は、すでに実施されている借地借家調停と同様に、裁判所内に調停委員会を設置するというものである。

　家事審判制度の提唱者である穂積はといえば、この点について明確な主張をしていない。穂積の発言は、花井が家事審判所の建物は裁判所とは別にし、市町村役場や病院に審判所の看板を出すことにしてもよいと述べた際に、「建物ヲ別ニスルハ賛成ナリ自分ハ民事刑事ニ付テモ別ニスルヲ可トスル位ニ思フ」（堀内 1970：771）と建物のあり方について述べるのみである。

　結局、第4回の委員会では結論に至らず、第5回の委員会で審議が再開されたが、開始直後、池田の提案で議事を止めて委員の懇談に入り、その結果、

「第4」から「第8」までの審議は、次回に持ち越すことが決定されている。そして、第6回の委員会で「第4」について、小委員会委員の原から、つぎのような再提案がなされている。

> **原委員** 第四問ハ左ノ如ク決セラレンコトヲ提議ス
> 家庭ニ関スル事件ノ審判及調停ハ家事審判所ニ於テ之ヲ為ス
> 審判ハ審判主任参与員ノ意見ヲ聴キテ之ヲ為シ調停ハ調停主任及調停委員ヲ以テ組織シタル調停委員会ニ於テ之ヲ為ス
> 審判主任及調停主任ハ判事ノ中ヨリ地方裁判所長之ヲ指定シ参与員（調停委員）ハ地方裁判所長ノ予メ選定シタル者ノ中ヨリ審判主任（調停主任）之ヲ指定ス
>
> （堀内 1970：775）

この再提案の内容を整理すると、1. 家庭事件の審判・調停は家事審判所で行う、2. 審判は審判主任が参与員の意見を聞いて行う、3. 調停は調停主任と調停委員からなる調停委員会が行う、4. 審判主任と調停主任は判事から地方裁判所長が指定する、5. 参与員および調停委員は地方裁判所長があらかじめ選定した候補者のなかから、審判主任および調停主任が指定する、の5点にまとめられる。

こうしてみると、小委員会は家事審判所の組織のあり方について、裁判所とは別に設置するという花井らの案を退け、裁判所内に組織を設置するという池田が主張した案を採用したものといえる。「日誌」には、この再提案に関する議論は一切記録されていないが、原の「第4」の再提案がそのまま全員異議なく可決されている。実は最終回となる第10回の委員会で、この点が再び議題となっており、第10回委員会の「日誌」をみると、すべての審議と決議を終えたところで、委員長によって「先刻延期シタル花井君ノ御意見」の再議がはかられ、結局、「起草委員ニ於テ本会ノ決定案ニ基クモノト外ニ私ノ意見タル家事審判所ヲシテ裁判権ヲ有スル独立ノ機関トスルモノトノ二案を起草セラレンコトヲ望ム」（堀内 1970：784）との花井の提案が決議されている。ようするに、

法案の起草の際には、裁判所内に組織を設ける案と独立機関とする案の両案併記とする、という花井の意見が押し通された形である。

このように、家事審判所のあり方については最後まで決着がつかなかったわけだが、第6回の委員会の時点では、原の「第4」の再提案が可決されたことにより、「調査事項」の「第6」の家事審判所の組織については、1点目の主任官をおくことと、3点目の調停委員をおくことはすでに決定したことになる。そこで、委員長が2点目の調査員をおくことを議題にしたところ、穂積が「調査員ハ第四ノ決議ニ依リ参与員ヲ置クコトト為リタル以上之ヲ更ニ設クル必要ナキニ非スヤ」（堀内 1970：776）と発言している。つまり、原の再提案を決議し、参与員をおくことになった以上、調査員をおく必要はない、ということである。するとこれをうけて、委員の松本から「第6」と「第8」を削除するという提案が出され、全員異議なくこれを決定している。

先にみたとおり、「第6」では家庭の事情を調査するために調査員をおくことが提案され、「第8」では調停委員会は調査員の意見を聞いて調停を行うことや、審判の際にも調査員の意見を聞くことができると提案されていた。しかし、「第6」「第8」ともに十分な議論もされないまま削除され、「調査員」の提案はすべて否定された結果となっている。

結局、穂積の発言によって、調査員の導入案は削除されたわけだが、なぜ、穂積は調査員を不要と簡単に片づけたのだろうか。穂積は参与員を調査員と同等とみなしているが、再提案で参与員について示されているのは、裁判官以外のものから選任されることと、審判主任に意見を述べるというだけである。つまり、調査員のように家庭の事情を調査するという点は示されていない。また、調査員が提案された際、それは少年保護司を想定したものと説明されていたが、参与員については、どこまで家族に関与するのか、何も説明されていない。

以前、穂積は臨時法制審議会の幹事として家事審判制度を提唱した際、その利点として「十分に突っ込んで調べる」ことを主張していた。まさに調査員の導入は、それを実現するための手段として欠かせないものである。それにもかかわらず、穂積が調査員の導入を簡単に否定しているのには疑問が残る。この

点について、堀内（1970：95）も「当時としては機が熟していなかったので、その必要が感じられなかったのであろう。けれども、熱心な家事審判制度の支持者であった穂積博士の発言だけに一寸奇異の感がする」と疑問を呈している。

　しかし、この堀内の「機が熟していなかった」という見方は納得しがたい。民法学者の末弘厳太郎（1925：360）は1925年刊行の論考で、家事審判所が委員会で審議中であることを紹介し、「先づ第一に審判所は恰も今日の少年審判所が保護司を有するが如く、（略）必ずや親しく家庭の事情を探査し具体的に妥当なる審判を為し得るだけの資料を蒐集し得べき有能なる補助機関を有つて居らねばならない。然らざれば縦令家事審判所を設けたとしても其実質は今日の裁判所と多く異なる所がないであらう」と述べている。ここで、末弘が家事審判所に必須と主張している補助機関こそ、少年審判所の保護司に相当するものとして提案された、調査員にほかならない。このような末弘の主張をみると、「機が熟していなかったので、その必要が感じられなかった」とはいいがたい。

　あらためて考えてみると、そもそも小委員会の再提案で、「調査事項」になかった参与員が新たに加わり、調査員が削除されている点が問題といえる。しかし、その経緯については一切説明されていない。再提案の内容には、第5回の法律調査委員会で行われた委員懇談の結果も影響しているとみられるが、その懇談内容についても知ることはできない。よって、再提案で調査員が削除された理由は明らかでないが、保守派への配慮の結果ということも十分に考えられる。

　たしかに、委員会の「日誌」をみても、調査員に関する保守派の意見は示されていないが、家庭の事情を調査するという、まさに家族への公的介入となる調査が実施されることに、保守派が懸念を持たないはずはない。たとえば、花井は臨時法制審議会でも最後まで「法は家庭に入らず」を主張し、家族への不介入を原則とする立場から、親族会による紛争処理を志向していた。それを踏まえれば、花井が調査員導入の提案に賛成するとは考えにくい。

　この点を考えるにあたり、調査員について直接議論されたことではないが、第7回の法律調査委員会（1925年6月11日）での「調査事項」の「第12　家事審

65

判並ニ調停ニ付出張ノ制ヲ認ムヘキヤ」に関する審議をみておきたい。これは出張審判・出張調停を認めるかどうかという議論だが、それについて花井は「本問ノ出張ノ制中ニハ事件ノ生シタル当該ノ家ニ出張スルコト迄モ包含スル趣旨ナリヤ」（堀内 1970：777）と質問している。つまり、個人の家に出張して行うことも含むのか、との確認である。それに対して、原は「出張所ノ意味ナリ」と答え、さらに穂積が「巡回ノ意味モアルヘシ」と述べて、出張所に加えて巡回で行う場合も含むと説明している。そこで花井は、「兎ニ角広キ意味ニ解シテ可ナリヤ」と、出張が「広い意味」であることを念押しするような質問を行い、今度は原のほかに、直接の提案者である牧野菊之助も「私ハ広キ意味ノ考ヘナリ」と回答している。それを聞いて、花井は「此ノ意味ニ於テ出張ノ制ヲ認ムルコトハ賛成ナリ」（堀内 1970：777）と、出張審判・出張調停の提案に賛成している。

このように花井は出張の意味にこだわり、「広い意味」であることを十分に確認したうえで、その限りにおいて賛成の意を表明しているのである。この「広い意味」が何をさすかは曖昧であるが、筆者は、花井は私的な個人の家へ出向くことを「狭い意味」での出張、一方、公的な場所での出張所や巡回で行うことを「広い意味」での主張ととらえて、これに賛成したのではないかと考えている。もちろん、それとは異なる解釈も可能であり、たとえば、出張所や巡回というだけでなく、個別の家をも含めてあらゆる場所に出張することを「広い意味」と解することもできる。堀内（1970：106）はその見解をとっており、当事者やその他の重要参考人が病気等で出頭困難な場合に、家庭等に調停委員会の全員が出張して調停を行うといった、現地調停を認めることを「広い意味」ととらえ、花井がそのことを確認して審判や調停出張に賛成した、と説明している。

しかし、繰り返すとおり、花井は「法は家庭に入らず」の立場であり、臨時法制審議会でも「敬神崇祖」の観念によって、仏壇の前に一家が正座すれば家族紛争を解決できると主張していた人物である。その花井が、裁判所に雇われた調停委員が家を訪問し、ましてや先祖の祀られている家のなかに入って調停を行うことに、賛成するとは考えにくい。むしろ、そのような個人の家への訪

問は行わないことを確認し、出張所や巡回先に当事者が呼ばれて審判・調停が行われると解して、これに賛成したのではないだろうか。そうだとすると、家庭の事情調査を役割とする調査員の提案に対して、花井が否定的であったとしても不思議ではない。そうしたことから、保守派への配慮、あるいは妥協によって、小委員会の再提案では調査員が削除されたのではないだろうか。この点の検証には、さらなる資料が必要であるが、ここでは、調査員の規定が削除された背景に、「家族への不介入」を主張する立場への配慮が考えられるという見方を示しておきたい。

1) 本節で扱う経緯については、堀内（1970：81-132）によっている。
2) 「家事審判所ニ関スル法律調査委員会日誌」は堀内（1970：757-784）の資料15に掲載されている。
3) 「家事審判法案（昭和2年10月小委員会決議）」が堀内（1970：795-805）の資料19に掲載されている。
4) 第5回の「日誌」には記されていないが、第6回の「日誌」をみると、花井も第5回の委員会で修正を提案していたようである。なお、和仁の当初の提案は借地借家調停法と同じく「通知スルコトヲ要ス」であったが、小作調停法にならい「通知スルコトヲ得」とする修正提案がなされ、そのとおりに決議している（堀内 1970：774-775）。
5) 堀内（1970：519）によると、「家事審判所ニ関スル法律調査委員会決議」は、「法律調査委員会」の終了後、司法省事務当局が委員会の議事日誌より決議事項をとりまとめ、日誌と同じくガリ版刷りして部内関係者に配布したと思われる文書だという。これは堀内（1970：789-792）の資料17に掲載されている。

第3章

人事調停法の成立

1 法律制定までの経緯

　前章でみたとおり、司法省の「家事審判所ニ関スル法律調査委員会」は1925年7月2日に終了し、原嘉道、穂積重遠、池田寅二郎によって、1927年10月21日には110か条からなる家事審判法案（戦前）がまとめられている。このように手続法である家事審判法は立法準備が整いつつあったが、肝心の民法改正のほうはかなり遅れ、1925年5月19日に親族編の改正要綱、1927年12月1日に相続編の改正要綱がそれぞれ臨時法制審議会で議決されている。これを受けてようやく、1928年10月に司法省内に「民法改正調査委員会」が設置され、1929年1月から起草作業が開始されたものの、その作業は長期化し、委員会発足から10年を経ても成案を得られないという状況であった。

　そこで、司法省は民法改正を待たず、家事審判制度のなかの調停制度のみを先行して実施することとし、1939年1月28日に人事調停法案を第74回帝国議会に提出している。その約2か月前、法案提出の動きを伝える新聞報道をみると、1938年12月3日の東京朝日新聞と読売新聞のいずれの記事も「家庭事件調停法、来議会に提出」となっており、法律名は議会提出の直前に家庭事件調停法から人事調停法に変更されたようである。片山哲（1939：13）によると、立案者は「人事」とした理由について、すでに人事訴訟法が存在し、民事または商事と区別して親族法・相続法関係の事件を扱う特別の訴訟法となっていたこ

68

とからこれを用い、人事調停法の名称を採用した、と説明しているという。

　提出された人事調停法案は、先ず衆議院で審議されており、1月31日の本会議での趣旨説明を経て、人事調停法案委員会に付託されている。そして、2月2日、3日、6日、8日、10日、15日と2週間のうちに計6回の委員会質疑が行われ、15日の質疑後の討論、採決を経て、翌16日の本会議で満場一致で可決、貴族院へ送付されている。貴族院でも短期間に審議されており、2月20日の本会議での趣旨説明の後、人事調停法案特別委員会に付託、2月21日、22日、23日に委員会質疑、3月1日に討論、採決が行われ、3月4日の本会議で貴族院でも満場一致で可決されている。[4] こうして、人事調停法は法案提出からわずか1か月あまりで成立し、同年7月1日から施行されている。

　スピード成立した人事調停法だが、これは家事審判法案の調停部分を基本としているため、家事審判法案と同様、人事調停法にも履行確保の規定は置かれていない。そして、法案の国会審議でも、履行確保は一切議論になっていない。

　人事調停法については、民法学者からの評価も高く、中川善之助は1939年2月23日の東京朝日新聞で、人事法案の提出を「司法省近来のヒット」と評し、末川博（1939：7）は法律雑誌に寄せた第74回帝国議会の総括記事で、人事調停法の成立を「これは今度の議会で審議せられた司法法規のうちで最も重要なもの」と説いている。これらをみると、人事調停法に対する社会的な期待の大きさが理解できる。

　そして、1939年12月には、司法省に「家事審判制度調査委員会」が設置され、司法大臣から「家事審判制度ニ関スル組織、権限、手続等ハ如何ニ之ヲ定ムベキヤ」（堀内 1970：226）との諮問が出されている。このように人事調停法の成立後に家事審判制度の立法化の動きが進展したのは、衆議院で人事調停法案が可決された際、「家事審判所を設置すること」という希望意見が出され、これに対し、司法大臣が希望に副うよう努力すると答えたことによる。

　この委員会が設置された後、司法省も家事審判所の設置のための調査に動いており、1940年4月には司法省書記官の堀内信之助と東京区裁判所判事の内藤頼博にアメリカ出張を命じ、現地の家庭裁判所を半年間視察させている（内藤

1957:91)。しかし、戦争の長期化により、委員会は第1回を開催したまま休止状態を余儀なくされ、結局そのまま終戦を迎えている。[5] なお、この委員会は戦後、家事審判法の制定に際し、復活することになる。

上記のとおり、人事調停法の成立によって、家事調停が実施されることになったが、なぜ、民法改正を待たずに、家事審判法案のなかの家事調停の部分だけが人事調停法案として提出され、それが議会で異議もなくスピード成立したのだろうか。衆議院で司法大臣は提案理由をつぎのように説明している。

国務大臣（塩野季彦君） 裁判所ノ調停ニ依リ当事者ノ和衷妥協ヲ図リ、家庭ニ関スル事件ヲ円満ニ処理解決スル途ヲ開クコトハ、多年各方面カラ要望サレテ居タ所デアリマシテ、貴衆両院ニモ度々其ノ趣旨ノ請願等ガアッタノデアリマス（略）民法親族編及ビ相続編ノ全般ノ改正並ニ之ニ附帯スル家事審判制度ノ制定ニ付テ予メ調査中デアリマシテ、家事審判制度ヲ制定スル際ニハ、之ニ調停制度ヲ採入レル積リデアッタノデアリマス、然ルニ今日ノ非常時局ニ際会致シマシテ、家庭ニ関スル紛争ノ円満ナル解決ヲ、調停ノ方法ニ依ツテ解決スル途ヲ開キマスコトハ、正ニ焦眉ノ急務トナツテ参ッタノデアリマシテ、民法改正案等ハ未ダ提案ノ運ビニ至ラヌ事情ニ在リマスケレドモ、人事調停ノ制度ハ急速ニ之ヲ確立スベキモノト認メマシテ

（衆議院本会議 1939年1月31日）

法案提出の理由とされているのは、すでに長年、家事調停について「各方面カラ要望」があったこと、そして、「今日ノ非常時局」において、家事調停制度の実施が「焦眉ノ急務」となったことである。まず、1点目の「各方面カラ要望」というのは、主として婦選運動を基盤とする婦人団体によるものである。司法大臣は人事調停法案委員会で、各方面からの要望を示すものとして、「大正十四年以来衆議院ニ三回、貴族院ニ二回其ノ趣旨ノ請願ガアリ、又議員提出案トシテ同趣旨ノ法案ノ提出ヲ見タコトモ、四回ニ及ンデ居ルノデアリマス」と説明しているが（衆議院人事調停法案委員会 1939年2月2日）、これらの請願や議員による法案提出には婦人団体が深く関わっている。

また、2点目の「今日ノ非常時局」とは、1937年7月の盧溝橋事件を契機とした日中戦争の戦時下にあることをさしている。司法大臣は委員会での趣旨説明において、「現下時局ニ於キマシテハ、一層家庭ノ親和ヲ図ルコトガ肝要デアリマシテ、是亦重要ナル銃後支援ノ一ツデアリマス」と述べている（衆議院人事調停法案委員会 1939年2月2日）。つまり、戦時下の銃後支援として、家事調停制度を緊急に実施しなくてはならないということである。

これらの経緯は、人事調停法の制定過程において履行確保が議論されなかったことと、どう関わっているのだろうか。また、こうして制定された人事調停法の性格と実際の運用において、何か履行確保と関わる点はみられるだろうか。そこで以下では、婦人団体による制定運動、ならびに銃後支援の要請について検討し（第2節、第3節）、それを踏まえて、人事調停の性格について確認したうえで（第4節）、人事調停の実践のなかで履行確保と関わる点についてみてみたい（第5節）。

2　婦人団体による立法運動

(1)　先駆的な動き

人事調停法案が帝国議会に提出されたのは1939年だが、それ以前から婦人団体によって家事調停法の制定運動が行われている。児玉勝子（1981：297）によると、1933年2月14日に婦人同志会が「家庭紛議調停裁判所設置に関する建議案」を「民法親族編相続編中改正に関する建議案」とともに衆議院に提出し、両案とも2月23日に可決された、という。

婦人同志会とは、1930年に創立された団体で、同年の5月18日の週刊『婦女新聞』では、「穏健派の新婦選団体生る」（児玉 1981：293）と紹介されている。この団体が「穏健派」と称されるのは、従来の婦選運動団体が急進的とみなされていたことによる。婦人同志会の発起人は、吉岡弥生、井上秀子、山脇房子、嘉悦孝子などの女子教育家で、会員は女子教育界の著名人のほか、閣僚夫人や前閣僚夫人、有名女子大学の同窓生などである。『婦女新聞』の先の記事によると、発起人会では「従来の婦選団体に参加できなかった上流婦人、家庭

婦人等を包含し、従来内的に蓄え来った力を組織して、婦人の政治的自由と向上を期して一路社会に進出する」(児玉 1981：293) との決議がなされている。しかし、実際の婦人同志会の活動は、婦選運動よりも民法改正の要求や家庭問題の相談事業に力点があり、講演会や座談会の開催、家庭問題相談所による相談事業が中心のようである。

さて、先に指摘した1933年の「家庭紛議調停裁判所設置に関する建議案」については、前述の児玉の記録をもとに、白石玲子 (1985：393) も、家事調停制度の要求としては、これが婦人団体からの最初のものであるとしている。しかし、筆者が第64回帝国議会の議事速記録を調べた限りでは、提出されたとされる「家庭紛議調停裁判所設置に関する建議案」と「民法親族編相続編中改正に関する建議案」のうち、後者の民法改正の建議案のほうは議員の守屋栄夫によって衆議院に提出され、可決されているが、家庭紛議調停裁判所の建議案については議事速記録に記載がなく、この建議案の提出および可決について確認することができなかった。

よって、この建議案が実際に議会にかかったかどうかは明らかではないが、児玉 (1981：300-301) には建議案の婦人同志会原案が示されている。これをみると、建議の理由として、「家庭生活に関する紛議は、年と共に増加し来り、現行親族法、相続法並に民事訴訟法、人事訴訟手続法等にては到底その紛争を解決し、将来の幸福を来さしむこと能わざる場合の多々あることを吾人は常に遺憾に思い居れり」とある。さらにつづけて、破綻した夫婦が離婚する際にも裁判離婚によらなくてはならない事があげられ、「法律の判断如何に拘わらず、当事者の互譲と協調の精神、子供の問題等を慎重考慮し、無益なる感情の争いを避くるが為に、借地借家調停法の趣旨を参照し、茲に家庭紛議調停法の制定、同裁判所の設置等の必要を高調せんとするものなり」と述べられている。

建議書の文面には、女性の法的地位や権利という記述はないが、離婚制度がとりあげられていることからもわかるとおり、婦人同志会は民法における女性の不利を最大の問題ととらえ、その救済策として調停制度の導入を求めているのである。

のちに、人事調停法が成立した際、婦人同志会家庭問題相談所員の沖田佐登

子は、東京朝日新聞で同法の解説を行っているが、そこで実際に相談所に寄せられた相談事例として、つぎのような3つのケースを紹介している。1例目は、夫が戦死後、婚家の人々に冷淡に扱われ、居たたまれずに実家に戻ったところ、婚家の戸主に居所指定権に従わないという理由で離籍され、未亡人として受けるはずの戦没賜金や恩給等を奪われたという20歳代の女性のケース、2例目は、夫と30年近く商売に励み、生活も安定した矢先、夫が他女を家に引き入れ、家から追い出された50歳近くの女性のケース、3例目は、会社員の夫と連れ添って40年、実子がなく養子を迎えて平穏な生活をしていたところ、夫が病死するやいなや、その養子がすべての財産を自分名義に書き換え、追い出されて身を寄せるところのない60歳代の女性のケースである。[8]

沖田はこの3ケースをもとに、「実例のすべてが、それぞれ現行の女子と子供には欠陥だらけの民法を以てしては、とても法律で争うて満足な解決は得られず、その上時間と費用を費し、3、4年の長きにわたる法廷の争は普通で、9年、10年を要する例も多い」と指摘している。そして、かかる立場になった婦人が人事調停に事件を持ち込めば、「温情で膝づくめ談合で裁判と同じ結果を得られる」のであり、調停制度によって、女性は「家庭生活の泣寝入りから救はれる」と主張している（東京朝日新聞 1939年3月18日）。まさに、1933年の建議案もこうした婦人同志会の問題認識に基づくものといえる。

白石（1985：393）はこの建議案について、「穂積重遠博士が同志会の講演に呼ばれていることから、その影響をうけたものと考えられる」としている。たしかに、民法改正の建議案を提出した直後にあたる1933年3月13日に、婦人同志会が開催した民法改正講習会では、守屋栄夫の「建議案提出者として」、吉岡弥生の「女性の立場から建議するまで」、山田わかの「女性相談から見て民法改正を要求す」とならび、穂積重遠の「民法改正について」の講演が行われている（児玉 1981：301）。こうしてみると、民法改正の建議案と同時に作成されたとみられる、家庭紛議調停裁判所の建議案についても、穂積が関わっていたものと考えられる。実際、先にみた婦人同志会の建議案原案の内容は、穂積の従来の主張と重なっており、その影響がみてとれる。

(2) 家事調停法の制定運動

それからまもなく、家事調停制度の立法運動は、婦選運動の主流において展開されている（児玉 1981：252-256）。まず、婦人参政権運動の中心的な活動団体である婦選獲得同盟が、1934年5月の総会で同年度の運動方針として、「対議会運動においては、婦人参政権獲得に邁進すると同時に、議会における輿論を婦選に向けしめるため、一般婦人問題、例えば母子扶助法案等のために努力すること」（山高 2001：18）を決定し、その後、1934年9月、この婦選獲得同盟を中心に、母性保護法制定促進婦人連盟（翌年に母性保護連盟に改称。以下、連盟）が結成されている。なお、前述の婦人同志会もこれに参加している。

そして連盟では、母子扶助法と家事調停法という、2つの法律の制定を運動目標に掲げている。その背景には、1930年代の深刻な経済不況のなかで、母子心中が多発していたという事実がある。その実態は、中央社会事業協会の調査で明らかにされており（中央社会事業協会全日本方面委員連盟 1934、今井 2005：305）、その結果によると、1930年7月から1934年6月の4年間に、4つの全国紙の新聞（大阪朝日、大阪毎日、東京朝日、東京日日の4新聞）に掲載された親子心中事件は1,008件である。それは父親によるものより母親によるものが多く、実母による親子心中が773件で、親子心中全体の3分の2を占めている。また、親子心中の原因については、多い順に、生活難324件、家庭不和166件、精神異常105件、自己病苦90件、ヒステリー54件となっている。つまり、生活難だけでなく、家庭不和によっても、親子心中に至っているのである。

連盟も同様の調査を独自に行っており、1934年1月から12月までの1年間の全国新聞における母子心中の記事を分析している（今井 2004：73）。その結果をみると、母子心中168件のうち、死別・離別・未婚をあわせたケースは22件で全体の13％、有夫のケースが127件で全体の76％を占めている（そのほか、不明19件で11％）。つまり、母子心中は母子世帯よりも夫のいるケースのほうが圧倒的に多い、ということである。さらに、母子心中の原因をみると、生活難が40件と最も多いが、家庭不和も26件で、これに夫婦不和合（8件）と離婚の悲しみ（7件）をあわせると合計41件となり、生活難をわずかに上回っている（小栗 1935）。このように母子心中の調査結果によって、生活難とともに家庭不

和も深刻であるという実情が明らかとなっている。

　そこで、連盟は、経済的困窮から母子を守るために母子扶助法を制定すること、そして、家族問題の窮状から母子を守るために家事調停法を制定すること、という２つを運動目標に掲げたのである。ここでなぜ、家族問題から救済するための方策として、家事調停が求められたかといえば、先の婦人同志会の主張にもみられたとおり、これらの家庭不和は、民法が女性の地位を守っていないことに起因し、その解決には調停制度が必要と考えられたからである。

　こうして、婦選運動を基盤とした母性保護運動のなかで、家事調停法の立法運動が展開されていく。具体的には、前述のとおり、1934年９月に連盟が結成され、1935年２月の第１回全国代表者会議において、「我等は第67議会に対し母子扶助法並に家事調停法の制定せられん事を要求す」（児玉 1981：253）との決議がなされている。それで、母子扶助法と家事調停法の制定を目標に、議会に請願や法案を提出することになり、家事調停法については、貴族院に「家事調停裁判所の設置に関する請願」、衆議院に「家事調停法案」が提出されている。

　まず、「家事調停裁判所の設置に関する請願」については、３月１日に貴族院に提出され、３月18日に可決されている。なお、同請願書は第70回帝国議会でも貴族院に提出され、このときも可決されている。請願書をみると、その要旨は「離婚、私生児認知、扶助の請求、婚姻予約不履行に基く慰藉料の請求その他家事関係に関する紛議を法律上に於ける権利義務のみによらず義理人情を加味して調停、和解せしめる為」に特別の裁判所の設置を求める、というものである。[9]ここにある婚姻予約不履行というのは内縁関係の解消のことである。よって、連盟が問題にしている家族紛争とは、請願の要旨のはじめに列挙されているとおり、夫婦の離婚、婚外子の認知、扶養料の請求、内縁夫婦の関係解消に伴う慰謝料の請求などである。これらはまさに、民法が女性の権利を保護していないために起こっている問題である。

　請願の理由については、はじめに「家事に関する紛議は近時益々増加の傾向にあり、これに関する裁判事件の増加は勿論、警察の人事相談、新聞雑誌上に於ける身の上相談の大部分は殆ど家事問題」との認識が示されている。そし

て、これらの家事紛争を公開の裁判所で長年月にわたって争うことは「我国の家族制度の上からみて好ましくないばかりでなく、反って紛争を益々大くする嫌ひがある」と指摘されている。そこで、家事紛争については「少年審判所乃至は借地借家調停委員会等に倣ひ、家事問題に理解のある判事乃至は委員によって、簡易に迅速に、且つ秘密に和解調停の途を講ずる事が最も適切、且つ有効」であるとし、最後に「さきに法制審議会に於て大体同様の趣旨の下に特種の裁判所を設置する事に決定をみたのでありますが、未だ実現をみず甚だ遺憾」として、「何卒一日も早く此種の裁判所を」とその設置が強く主張されている。

　こうしてみると、連盟が求めた家事調停裁判所は、臨時法制審議会で構想された家事審判所とみなされる。請願書の文面からもわかるとおり、連盟による家事調停法の要請は、これまで臨時法制審議会や司法省の委員会で家事審判制度を推進してきた穂積らの考え方が基盤になっている。実際、穂積は連盟の立法運動に関わっており、戦後の座談会で、連盟の委員長であった山田わかは、「民法が婦人のことを考えていないので、その立場を守るために家事調停法を制定してもらおうというので、穂積重遠先生のご指導を頂いたりしてその法律案が議会に提出されることになりました」「家事審判法（筆者注：家事調停法）といったような、それを議会に出しますについては、先ほど穂積先生の御指導を受けるし、また大森さんにも指導を受けた。しじゅう（ママ）連絡があつたのですよ」（座談会 1953：2-5）と語っている。ここで山田が言及している大森とは、のちに人事調停法の成立に尽力した司法省民事局長の大森洪太である。大森は司法省の「家事審判所ニ関スル法律調査委員会」で穂積とともに家事審判制度を推進した池田寅二郎の部下で、池田を恩師と仰ぐ人物である（大森 1941：214-219）。このように、連盟は、起草作業を終えたまま家事審判法が立法化されない状況のなかで、その家事審判法の推進者である穂積や大森と連携して、家事調停法の立法運動を展開している。

　また、衆議院への「家事調停法案」提出については、1935年2月26日に星島二郎ほか4名の議員によって、さらに3月2日に中村三之丞ほか2名の議員によって、それぞれ提出されている。これらはいずれも借家借地法委員会に付託

されているが、一度も審議されないまま第67回帝国議会は閉会している。その後も第69回と第70回の帝国議会に家事調停法案が提出されているが、それらもすべて審議には至っていない。

結局、連盟が制定を求めた家事調停法案は、議会で一切審議されることなく廃案になっているが、それはどのような内容だったのだろうか。法案提出の理由書をみると、つぎのようにある。

> 民法ハ未タ改正セラレス家事紛議ハ愈々複雑化シツツアル現下緊急ノ問題ニ対シテハ、家事調停裁判所ヲシテ之カ調和ヲ図ラシムル為新ニ家事調停法ヲ制定スルコト最必要ニシテ、且適切ナル施設ナリト信ス。本法ハ実ニ時代ノ要求ニ応シ家庭紛議ヲ調停シ之ヲ円満ニ解決セムトスルコトヲ目的トス。
>
> （児玉 1981：256）

家族紛争がいよいよ複雑化しつつある「現下緊急ノ問題」に対して、家事調停制度の必要性が主張されているが、ここでの緊急問題とは、のちに人事調停法案で主張される「戦時下の緊急問題」ではない。第67回帝国議会の衆議院本会議で、家事調停法案の提出者である星島二郎は、提出理由として、はじめに「時勢ノ進化ト社会ノ情勢」から民法の親族編・相続編の改正は「急ヲ要スル」と指摘したうえで、つぎのように述べている。

> **星島二郎君** 近時非常ニ離婚、婚姻予約ノ不履行、或ハ私生子ノ認知、其他之ニ関スル財産上ノ争、斯ウ言ッタヤウナモノガ頻々トシテ起ルノデアリマシテ、（略）是等ノモノヲ、厳シイ、固苦シイ法廷ニ持ッテ行カナイデ調停スル分別ハナイカ、是ガ即チ本案ノ目的デアリマス（略）是ハ全体ノ民法ノ改正案ガ出ル迄待ッテ居ラレナイ、ソレガ本案ヲ提出シタ理由デアリマス
>
> （衆議院本会議 1935年3月14日）

民法改正は急務だが、すでに離婚、内縁関係の解消、私生子の認知、それに伴う財産請求といった家族紛争が多発していることから、これらの家族紛争を

調停によって解決することは、民法改正を待っていられないほど緊急の問題である、というのが法案提出の理由である。

山川菊栄（2012：80）は、『婦人公論』1935年3月号の「社会時評」のなかで、連盟の「家庭紛議調停法」（筆者注：家事調停法）の制定運動についてとりあげ、「いかに家庭不安が増大し、深刻化しつつあるか、また現在の社会の支柱としての男性中心の家族制度の欠陥がいかに覆い難いものとなっているかを思わせ、婦人の隷属を余儀なくしているような組織の根底に手を触れようとする社会運動は喰止められていても、内部的な崩壊過程の進行は喰止められないことが見られる」と記している。

ようするに、家事調停法の提案理由で指摘された緊急問題とは、離婚紛争をはじめ、従来の民法では対処できない家族問題が拡大していることであり、いいかえれば、民法が規定する「家」制度と家族の実態が乖離し、その乖離がもたらす問題が深刻化している、ということである。

提出された家事調停法案は、全23条からなり、第1条には「離婚、私生子ノ認知、扶養ノ請求、婚姻予約不履行ニ基ク慰藉料ノ請求其ノ他家事関係ニ付紛議ヲ生シタルトキハ当事者ハ其ノ住所ヲ管轄スル区裁判所ニ調停ノ申立ヲ為スコトヲ得（略）」とある[11]。法律の条文の冒頭には、離婚にはじまる現下の家族紛争が掲げられており、とくに例示されているこれらの問題をみると、調停が女性や子どもの救済を目的としたものであることがわかる。第2条以下は、臨時法制審議会で決定した家事審判制度の調停部分とほぼ同じ内容となっている。

家事調停法案は、穂積らによってまとめられた家事審判法案をベースにしたものだが、ここには、臨時法制審議会で家事調停制度が提唱されて以来、一貫してみられた「道義ニ本キ温情ヲ以テ」という旨の文言がどこにも入っていない。また、のちに成立する人事調停法の条文にある「淳風美俗」という文言もない。このことは、家事調停法案が婦選運動を基盤にしたものであることを端的に示している。

実際、法案提出者の星島は、前述の衆議院での提出理由の説明の最後に、つぎのように述べている。

第3章　人事調停法の成立

　星島二郎君　近時時勢ノ反映ト致シマシテ、本議場ニ於テ度々起ッタ所ノ婦選トカ、公民権ノ婦人ニ関スル問題ハ、影ヲ没シテ居リマスルガ、地道ニ斯ウ云フ点カラ一点々々ト改正シテ、サウシテ婦人ノ権利ヲ伸バシタイ、斯ウ云フノガ本案提出ノ背面ニ現ハレタ所ノ婦人ノ世論デアリマス

(衆議院本会議　1935年3月14日)

　ここで星島は、婦人選挙権や女性の公民権の問題が議会ではかばかしくないなかで、家事調停法の制定が女性の権利獲得運動のひとつであることを強調している。
　家事調停法の立法運動は、そもそも女性の権利獲得運動を基盤に展開されてきたものであり、家事調停制度についても、離婚をはじめとする家族紛争において、現行法で女性が不利に扱われることを問題にし、このような弱い立場の女性を救済するために要求されたものである。したがって、家事調停法案は家父長的な家族制度に反対する立場から発せられたものといえる。
　連盟では、のちに政府によって提出され、成立した人事調停法について、これを自らの運動の成果と評価している。たとえば、連盟は1939年4月1日に人事調停法の成立記念会を開催しており、そこでは穂積や大森の講演も行われている（山高 2001：76）。しかし、連盟が要求していた家事調停法は、人事調停法の「道義・温情」や「淳風美俗」といった文言に示される旧来の家族制度イデオロギーとは相容れないものである。この点からみると、人事調停法によって家事調停が実現したとはいえ、連盟が求めた家事調停法と、実際に成立した人事調停法とは根本的に性質が異なるといえる。また、人事調停法はあとで述べるとおり、戦争遺家族問題への対処を直接的な提出理由としているが、連盟は遺家族問題については家事調停法とは別に、遺家族だけを対象にした「出征軍人遺家族紛議臨時調停法案」を提出しようとしている（山高 2001：60）[12]。こうした点からも、連盟の家事調停法案を人事調停法と同視することはできない[13]。なお、児玉（1981：286）は人事調停法の成立について、婦人参政権に反対の議員たちが日本の淳風美俗である家族制度を維持するという観点から賛成、協力したものでもあった、との見方を示しているが、基本的には人事調停法を

婦人参政権運動の成果と位置づけている。

さて、人事調停法との関係は別として、ここまでみてきたとおり、家事調停法は現行法における女性の不利を問題とし、女性の救済を主眼としたものである。山川（2012：79）は先に紹介した「社会時評」のなかで、「殊に子供を抱えた妻が夫の裏切りによって生活に窮するような場合、社会がこれに干渉してその利益を擁護することは当然の義務である」と述べている。山川はそれ以上論じていないが、これはまさに、家族への公的介入による弱者救済を要請する、強力な主張である。

連盟の運動が困窮する母子の救済を目的としたものである以上、家事調停法案については、家族への公的介入が必要であり、履行確保の導入も検討されるべき課題といえる。しかし、すでに指摘したとおり、連盟の家事調停法は穂積らによって構想されてきた家事審判制度を基盤としたものである。とすれば、母子の救済を目指した家事調停法とはいえ、この時点でまったく新たに、履行確保制度の導入を法案に盛り込むことは期待しがたい。

こうして本書第1章の臨時法制審議会での提唱から、この婦人団体による制定運動までの経緯をみてくると、かつて、臨時法制審議会で家事審判制度が審議された際、履行確保を論じるチャンスがあったにもかかわらず、それが簡単に逃され、議論の可能性が閉ざされたことは、まさに決定的であったといわざるを得ない。

3　銃後支援の要請

(1)　軍事政策としての人事調停法

上記のとおり、婦人団体による家事調停法の立法運動が展開されていたが、それが人事調停法をもたらしたわけではない。当時、連盟は家事調停法とともに母子扶助法の制定運動を行っていたが、母子扶助法については、1937年2月、政府案が第70回帝国議会に提出され、母子保護法として同年3月に成立している。しかし、家事調停法のほうは成立のめどが立たないままであった。連盟の委員長であった山田わかは、戦後の座談会で、人事調停法の成立経緯につ

いて当時を振り返り、「家事調停法というものができれば、それによつてそういう気の毒な立場に落ち込んでいる婦人たちを救うことができるというわけで、その後も盛んに運動しておつたわけであります。けれども全国の弁護士さんたちが反対するものですから、このままではどうも実現が困難らしいというので、私どもはほんとうにいろいろと苦労して運動をつづけながらも絶望の気持ちでおりましたところ、それが又いろいろなことからひよつとできたのでありました」(座談会 1953：3) と語っている。

　弁護士の反対については後述するが、この山田の回想にあるとおり、1939年に成立した人事調停法は、それまでの連盟の約5年にわたる立法運動に後押しされてできたものではなく、突然、政府案が議会に提出され、そのままスピード成立したものである。

　人事調停法案の議会への提出理由は、先に触れたとおり、日中戦争が激化するなか、銃後支援として、家族紛争の解決のために家事調停制度が必要になった、ということである。委員会では、司法大臣の説明につづき、政府委員として司法省民事局長の大森がつぎのように述べている。

　　大森政府委員　茲ニ人事調停ヲ一日モ忽セニスベカラザル実ニ切実ナル事情ガ、現ハレテ参ツタノデアリマス、御承知ノ事変下デアリマシテ、多数ノ将士ガ支那各地ニ於テ勇戦奮闘シテ居ラレルノデアリマス、私共銃後ノ者ガ其ノ護リヲ堅クスベキコトハ勿論デアリマシテ、其ノ一端ト致シマシテ、家庭内ノ紛争ヲ避ケル、又不幸ニシテ紛争ガ起リマシタ場合ニ、之ニ円満ナ解決ノ途ヲ開クト云フコトハ、正ニ銃後支援ノ赤誠ヲ捧ゲル一ツノ途デアラウト考ヘテ参ツタノデアリマス

　　　　　　　　　　　　(衆議院人事調停法案委員会 1939年2月2日)

　大森も「銃後ノ者ガ其ノ護リヲ堅クスベキコトハ勿論」と銃後の護りを唱えたうえで、銃後支援としての人事調停法の必要性を強調している。当時、出征兵士に後顧の憂いがないように、政府は軍事救護法を軍事扶助法に改正して軍人遺家族の扶助を充実したり、民間の軍人救済団体に補助金を支給したり、ま

た、各市町村に軍人援護相談所を設けたりと、銃後の護りを推進している（片山 1939：8）。

　銃後支援については、人事調停法案の審議でも議論されており、委員会に呼ばれた厚生政務次官の津崎尚武は、厚生省関係の支援について問われた際、つぎのように述べている。

　　津崎政府委員　今回ノ事変ガ日本初ツテ以来ノ大事変デアリマス為ニ国民ノ総力ヲ挙ゲテ此ノ事変ノ解決ニ当ラナクテハナラヌノデアリマス、随テ戦線ニ於テ奮闘シテ居ル勇士ノ家庭、言換ヘマスレバ、其ノ遺族、家族ノコトニ付キマシテハ国家ガ全力ヲ挙ゲテ之ヲ保護スベキハ保護シ、指導シ、奨励スベキハ奨励シテ行ク、有ユル手段ヲ尽サナケレバナラヌコトハ是ハ申スマデモナイノデアリマス

　　　　　　　　　　　　　　　（衆議院人事調停法案委員会 1939年2月6日）

　まさに、国民総動員体制のもと、軍人の家族については国家が全力で保護する、ということである。さらに委員会ではその具体策も示されており、厚生省の銃後支援のうち家族紛争に関するものとしては、全国の市町村に設置した軍事援護相談所において、地方の有力者徳望家を委員に委嘱し、遺家族を積極的に指導することで家族紛争の未然防止に努めている、との答弁がなされている。また、家族紛争については、法律によるのは最後の手段であって、どこまでも情誼に基づいて解決したい、という方針も示されている。そして、軍人遺家族への精神的援助が重要として、厚生省が「銃後遺家族ノ家庭強化運動」を起こし、それに「帝国在郷軍人会、或ハ帝国教育会、愛国婦人会、国防婦人会、国民精神総動員中央連盟、母性連盟、中央教化団体連合会、友ノ会、仏教連合会、全国方面委員連合会」を動員している、と説明されている（衆議院人事調停法案委員会 1939年2月6日）。このように、すでに1939年はじめには銃後支援として、すなわち、戦線の士気高揚策として、国家によるさまざまな家族保護の政策が展開されていたのである。これは軍事政策としての家族政策といえる。

(2) 戦時下の家族問題への対処

 人事調停法もその銃後支援策の一環として制定されたが、法案提出の直接的な要因は、軍人遺家族の扶助料問題である。当時、政府から軍人の遺族に扶助料等が支給されていたが、その受領をめぐって家族間で紛争が続出しており、政府はその対応に迫られていたのである。

 軍人の遺族に対する給付について確認すると、まず、恩給法による扶助料、死没者特別賜金、死亡賜金などがある。また、生活の困難な遺家族に対しては、軍事扶助法による扶助がある（吉富 1938、一ノ瀬 2005）。この軍事扶助は、一般の救護法による扶助とは異なり、「今日軍事扶助を受けているからと云って誰もこれをはづかしいと思ふ者はなく又これをさげすむ者もない。寧ろ一般からは軍人の家族だとして尊敬されている位である」とされている（山崎忠美 1939：153）。実際、夫が出征後、残された家族は生活に困窮することが多く、かなりの家族が軍事扶助を受けていたようである。

 いずれも内縁の妻は給付の対象とならないため、この点も問題になっていたが、主に給付をめぐる遺家族の紛争として指摘されているのは、恩給法が扶助料等の受給者の第1順位を戦没者の妻としていることによるものである。出征兵士の親からみると、自分たちよりも嫁が優先されていることであり、嫁が扶助料を受領してこれを自由に処分することに納得できず、そこから紛争となるケースが多かったという（山崎一郎 1939：26）。たとえば、前述の婦人同志会家庭問題研究所の相談事例（東京朝日新聞 1939年3月17日）にあるように、戸主の居所指定権を使って、嫁を家から追い出し、扶助料や特別賜金を取得するといった事件も起こっている。

 恩給法の規定をめぐっては、人事調停法の審議でも議論になっており、衆議院の第5回人事調停法案委員会（1939年2月8日）では、法制局参事官で前恩給局長の樋貝詮三が呼ばれ、委員の質問に答えている。そのなかで、委員の伊藤五郎との質疑応答につぎのようなものがある。

伊藤委員 日本ノ孝道、忠孝一致ノ原則カラ考ヘ、家族制度ノ本体ヨリ考ヘマシテ、妻以外ニ対シテ、両親ノアル場合ニハ多少之ニ対シテ考慮シテヤ

ルト云フコトガ本当ノ正シイ政治デハナイカト私ハ思フノデス、（略）其ノ戦死者ノ両親ノ心中ヲ察シマシテ、サウシテ国家ハ両親ニ対シテ是ダケノ恩典ヲ与ヘテ居ルノダト云フ、本当ノ美ハシイ所ノ立場カラ、私ハ両親ノ気持ヲ察シテヤツテ貰ヒタイ、斯ウ云ウ意味デ恩給法ヲ改正シテ貰ツタラドウカ

樋貝政府委員 日清、日露ノ例トシマシテハ、逆ニ未亡人ヲ追出スコトニ非常ニ苦心シタ、サウシテ親ガ扶助料ヲ貰フ、ソコデ未亡人ガ居ルト有ユル方法ヲ以テ出ルヤウニ仕向ケテ、ヒドイノニナルト親ガ戸主ノ場合ニ里ヘ帰ラヌカラト云ツテ離籍スル、サウスルト未亡人ガ扶助料ヲ失ウテ親ニソレガ来ル、ソレカラ強ヒテ分家サセテ失権サセルト云フヤウナコトモヤル、是ハ日清日露ノ時ニハ親ノ方ガ権利ヲ掠奪シタト云フヤウナ形ノモノガ非常ニ多カツタ、（略）公平ニ行クト云フ風ナ妙案ガナイノデス、ソコデ所謂淳風美俗ニ信頼ヲシテ行クト云フコトニシイテ居ルノデスガ、其ノ淳風美俗ガ動モスレバ逆ノ方向ニ行クノデス

（衆議院人事調停法案委員会 1939年2月8日）

伊藤は、忠孝一致といった家族制度イデオロギーに依拠する形で、戦死者の両親に給付されないことへの反対意見を述べている。それに対して、樋貝は自分も同感としつつも、日清・日露戦争の際には、親の側が戦死者の未亡人から扶助料を奪う事例が多かったと説明し、公平な解決法が見いだせず、淳風美俗に信頼してやっているものの、そのとおりにならない、と胸の内を明かしている。ここでは、恩給法の担当者からみた実態として、もはや淳風美俗には期待できないことが説得的に語られている。また、つぎの質問者への答弁でも、樋貝はつぎのように述べている。

樋貝政府委員 大正十二年デシタカ、恩給法ヲ制定致シマス時ニ、実ハ相当考ヘタノデス、単ナル西洋制度ノ輸入ト云フウヤナ(ママ)意味デハ無論ナイ訳デアリアマシテ、（略）大正十二年ノ時モ、日本ノ家族制度トノ関係ヲドウシタラ宜イカト云フコトモ考ヘテ見タノデス、（略）日露戦争ナドカラ見ルト、親ヘ行ツタノヂヤ細君ナドハ惨メデアル、子供モ惨メダト云フヤウナコトガ

アリマシテ、其ノ方ノ実例ガ寧ロ日露戦争ナドニハ七割方ヲ占メテ居ツタノ
デス
(衆議院人事調停法案委員会 1939年2月8日)

　樋貝は、恩給法が西洋の制度を真似たものではないことを前置きしたうえ
で、先の答弁と同様、扶助料が親にいくほうが良い場合と同様に、親にいくと
困る場合もかなりあり、日露戦争の時は親にいくと戦死者の妻子が惨めになる
ケースのほうが多く、それが7割を占めていた、と説明している。ようする
に、日清・日露戦争の時代、すなわち1890年代から1900年代はじめ頃までには
すでに、旧来の家族制度のもとで淳風美俗に反する家族の実態があり、そのな
かで遺族間の扶助料をめぐって、妻や子どもが不遇な状況に追いやられてい
た、ということである。
　委員会の審議でも、こうした軍人遺家族の扶助料等をめぐる争いについて
は、たびたび委員から質問が出ており、政府委員がその都度速記を止めて説明
している。日中戦争の長期化により、このような家族紛争が目立つようにな
り、政府としてもその対処に迫られたものとみられる。それで、軍人遺家族の
扶助料問題の解決策として、家事調停制度が求められたのである。
　調停という解決手法が求められた背景には、国民総動員体制のもと、家事紛
争に限らず訴訟自体が抑制されていたという事情もある。出征兵士が敵国と
戦っている時に、日本国内で裁判を起こして国民同士が争うなどもってのほか
で、争いは裁判ではなく調停で片付けよ、との圧力が強まっていた時代であ
る。実際、1942年には戦時民事特別法が制定され、訴訟の代わりに民事に関す
る紛争はすべて調停で解決できるようになる。このような状況について、その
当時、判事を務めていた岩松三郎は、戦時中の「裁判干渉」を回想するなか
で、「戦争中一億が一丸になって戦力を増強しなければならぬ。それだのに国
内において訴訟するなんていうのはけしからんから、訴訟はしないで、争いは
調停で片づけるべきだということを憲兵からいってきた」(座談会 1967:68)と
語っている。
　これまでの経緯を振り返ると、家事調停制度そのものは臨時法制審議会以

来、長い議論を経て構想されてきたものであり、それがようやく人事調停法の成立で実現することになったわけだが、その背景となる社会情勢は当初の構想段階とはまったく異なっている。本来、法律と実態の不整合による家族紛争の解決、ならびに、法的・社会的に不利な女性の泣き寝入りからの救済という意図から構想されてきた家事調停制度だが、結局、銃後支援の名のもとに、家族紛争の平和的解決による軍人の戦意高揚、国内での訴訟回避による戦時下の自国民の団結といった、戦争国家の軍事推進の手段として実現したのである。そのような状況で導入された人事調停について、履行確保が議論されるはずもない。

(3) 司法省の状況判断

このように人事調停法は、軍人遺家族の扶助料問題を早急に解決する必要から制定されたとみなされている。しかし、堀内（1976：304）は、それは「実は口実であった」との見方を示している。司法省が時局に便乗し、以前から導入しようとしていた家事調停を実現させたというのである。堀内（1976：304）はその理由として、人事調停実施後の軍人遺家族による申し立ておよび既済件数が、総件数の1割弱しかないことをあげている。

たしかに、統計で確認すると、軍人遺家族問題に関わる人事調停が少ないのは事実のようである。『大日本帝国司法省第六十五民事統計年報』（司法省調査部）では、1939年分の計5,225件の人事調停事件が280の項目に分けられている[14]。項目数が多く、また、各項目の内容についても判然としないものがあるが、この280項目の分類に基づいて件数の多い順に15項目をあげると表3-1のようになる。

これをみると、「離婚」が830件と最も多く、全体の15％を占めている。ついで、「同居」432件、「慰藉料（筆者注：離縁関係）」341件、「扶養料」289件、「婚姻」263件、「財産分与又は分配」223件で、これ以下は件数が大幅に少なくなっている。一方、軍人遺家族問題に関連する、あるいは関連する可能性があると筆者が判断した項目をすべて抜き出して多い順に並べると表3-2のようになる。

第 3 章　人事調停法の成立

表 3-1　人事調停事件の新受件数：1939年

事件の種類	新受件数
離　婚	830
同　居	432
慰藉料（筆者注：離縁関係）	341
扶養料	289
婚　姻	263
財産分与又ハ分配	223
幼児引渡又ハ引取	124
離縁（筆者注：養子縁組関係）	118
物品引渡又ハ返還	113
私生子認知	106
分家等	106
入籍等	101
離婚並慰藉料	89
養子縁組	89
所有権移転登記	89

注：原表では、計5,225件が280項目に分けて集計されているが、そのうち件数の多い15項目のみを多い順に記載。
出典：司法省調査部『大日本帝国司法省第六十五民事統計年報』（1941年）より作成。

表 3-2　軍人遺家族に関する人事調停事件の新受件数：1939年

事件の種類	新受件数
扶助料	53
賜金分配	28
賜金並扶助料	21
賜金又ハ特別賜金	7
扶助料並勲章年金等	3
下賜金	2
一時賜金下附等	1
一時賜金並恩給金受領	1
一時賜金等保管方法協定	1
戦死ニヨル御下賜金等ニ対スル協定履行	1
恩給証書返還	1
恩給金分与	1
勲章年金等支払	1
遺骨金鵄勲章等引渡	1

注：原表では、計5,225件が280項目に分けて集計されているが、そのうち軍人遺家族問題に関連すると筆者が判断した項目を多い順に記載。
出典：司法省調査部『大日本帝国司法省第六十五民事統計年報』（1941年）より作成。

　このなかでは「扶助料」が53件と最も多く、ついで「賜金分配」28件、「賜金並扶助料」21件で、それ以下は数件程度にすぎず、すべてを合計しても122件にとどまっている。なにぶん事件の類型が系統的とはいえないため正確にはいえないが、この統計をみる限り、実際の人事調停では離婚事件が圧倒的に多く、軍人遺家族の扶助料問題は極めて少ない。しかし、件数が少ないことを根拠に「口実であった」と断定することはできない。

　ただし、司法省がこの時局を長年の構想である家事調停を導入する好機ととらえたとはいえるだろう。第1章でみたとおり、家事調停が最初に提唱されたのは、1919年に臨時法制審議会が設置された際の、司法省側幹事による研究会

においてである。家事調停による家族紛争の解決は当初から司法省の方針であり、その実現が長年待望されてきた。しかし、民法改正案の準備が遅れ、家事審判法案は起草作業を終えたものの、議会に提出されないままであった。その間に、1922年には借地借家調停法と小作調停法、1925年には商事調停法、1932年には金銭債務臨時調停法が施行され、家族紛争以外で調停制度が普及している。こうした状況をみると、司法省が遺家族問題を根拠に時勢をとらえて、長年の構想である家事調停の導入に動くことは十分に考えられる。

実際、司法省民事局長の大森は、衆議院での人事調停法案の趣旨説明において、調停に最も適するのは家庭に関する事件であると説明したあと、「考ヘ方ニ依リマシテハ、在来既ニ実施シテ居リマシタ四種類ノ調停ハ、謂ハバ人事ノ調停ヲ為スベキ準備ノ為メノモノデアッタト申シマシテモ、大シテ誤デハナイト存ズル次第デアリマス」と述べている（衆議院人事調停法案委員会 1939年2月2日）。すでに実施されている4種類の調停制度は人事調停のための準備だった、というのである。この発言には、もともと調停制度の構想は家事調停が最初であること、そして、司法省は遺家族問題が生じるはるか以前から、家族紛争の解決手段として調停制度を評価してきたことへの自負があらわれている。

本来、司法省は民法改正にあわせて家事審判制度を導入する方針であり、借地借家調停などの調停制度が実施された後も、家事調停のみを民法改正より先に実施する考えはなかったといえる。そのことは1935年の「婦人と法律」の座談会での大森の発言をみるとよくわかる。座談会の席上、末弘厳太郎と穂積重遠が家事調停の民法改正前の試行を提案したのに対し、大森はこれを明確に否定しているのである。そのときの3氏の発言はつぎのとおりである。

　末弘　私の考では民法の改正を実行する前に、先づ調停所的な家事審判所を作つた方がいいやうに思ふ。家事調停法といふやうなものが、民法改正より先に出来てよいと思ひます。
　穂積　私もその意見で、婦人団体から出されることにも賛成しました。
　大森　其の問題に付ては、家事審判所に作るのには費用が入る。そして折角作るのですから、矢張出来合ひ、間に合はせ程度のものでは困る。矢張民

法といふ大法典の改正と併せて家事審判所を設けることが至当だと思ひます。尤も万々一民法の成立が非常に遅れるといふことになると考へねばならぬけれども、そういうことはなからうと思ひます。

　穂積　今計画されて居る様な全面的のファミリー・コートは西洋にもないと思ひます。是は可成り難しいことであるから先づ試験的に日本全国でなくてよい、東京に一つ大阪に一つ位でやつて見たらどうかと思ふが。

　大森　私はこれはどうしても全国一斉に施行すべきもので、試験的でなく、確信を以て実施しなければならないと思つて居ます。其の確信の点ですが是は我田引水で恐縮ですが、現に施行して居ます借地借家調停、小作調停、商事調停それから金銭債務の調停、それ等の成績が私共としては非常に良いと思ひます。その経験から推して、家事審判制度に付ても、勿論大に努力はしなければなりませぬが、立派にやり遂げて行けると確信をもつて居ります。殊に家事審判とか家事調停とかいふことに付ては我国の係員は十分の妙味を発揮する資格を具へて居ると思ひます。将来の問題だから今日から確言は出来ませぬけれども、四方八方から御援助を願つて万全を期さねばならぬと希つて居ります。

（座談会 1935：27）

　大森は、この時点では、家事審判所は民法改正にあわせて、予算をかけて全国一斉に開設することが重要だと強く主張している。しかし、その後、戦争の長期化により、国家予算の制約から家事審判所の開設は厳しくなっていく。そのような状況判断から、司法省は本来の方針を修正し、時局に乗じて家事調停の先行実施に踏み切ったものと考えられる。ただし、そのために人事調停法は、それまで構想していた家事調停どおりというわけにはいかず、妥協が図られている。

4 人事調停法の両義性

(1) 司法省が妥協した点

　人事調停法は全12か条しかないが、借地借家調停法の準用規定が多く含まれており、人事調停の仕組みは借地借家調停を踏襲している。よって、当事者が家庭紛争について区裁判所に申し立てると、判事である調停主任と民間から選ばれた調停委員が、双方の事情を聞いて調停を行うことになる。そして、調停で決まったことには、裁判上の和解と同一の効力が認められ、その調書に基づいて強制執行をすることができる。ただし、借地借家調停と異なり、人事調停の場合は身分上に関することが多く、強制的に執行することができない事件も多い。また、現在の家事調停とは異なり、離婚や私生子の認知などは、人事調停で成立しても当事者が戸籍役場に届出をし、受理されなければその効力は生じない。したがって、人事調停法では「本人ノ処分ヲ許サザル事項」に関しては、法的効力を与える規定から除外している（片山　1939：72）。

　人事調停の基本は、それまで司法省が構想していた家事審判制度の調停部分とほとんど同じだが、人事調停法と予定されていた家事審判法案では異なる点もある。そのひとつは、人事調停法の条文には、家事審判法案の条文にもみられる「道義」「温情」という文言のほかに、さらに「淳風」「徳望」といった道徳的な文言が加えられているという点である。このことについては、衆議院の第4回人事調停法案委員会（1939年2月6日）でも委員の古島義英がとりあげている。古島は「此ノ法律位道徳的ノ文字ガ多ク使ツテアル法文ハナイノデアリマス」と指摘し、とくに「道義ニ本ヅキ温情ヲ以テ」や「淳風」の文言をとりあげ、「通俗的ニハ相当使ヒマスガ、（略）此ノ道義トハ何ゾヤト云フコトニナル、是ハ中々解釈ハ出来マセヌ」と批判している。それに対し、大森はつぎのように回答している。

　　大森政府委員　本案ハ在来ノ法律ノ文字ニ比ベマシテ、大分非法律的ノ文
　　字ヲ使ツテアルト云フ御叱リノヤウデアリマス、極メテ御尤ニ存ズルノデア

リマス、譬ヘテ申シマスルト、第一條ノ「家庭ニ関スル事件」、第二條ノ「道義ニ本ヅキ温情ヲ以テ」云々トカ、或ハ第五條ノ「淳風ニ副ハズ」トカ、或ハ第九條ノ「徳望アル者」ト云ツタヤウナ字ヲ用ヒタ点ハ、確ニ在来ノ法律ノ文字ニ照シマシテ、異色ガアルト言フコトガ出来ルノデアリマセウ、(略) 私共ハ故ラニ斯様ナ文字ヲ選ンダノデアリマシテ、在来ノ謂ハバ法律的ノ文字ハ、人事調停ト云フ事柄ニハ相応シクナイ、少クモ道義的ノ文字ヲ以テ之ヲ表現スル方ガ、事案ニ即シタモノデハナイカト存ジタノデアリマス、(略) 今少シク穏カナ、ナダラカナ文字ガアルナラバ、ソレヲ使ヒタイト思ヒマシテ、斯様ナ文字デ以テ表現ヲシタ次第デアリマス

(衆議院人事調停法案委員会 1939年2月6日)

　大森は道徳的文字を多用しているという古島からの批判を、お叱りは極めてごもっとも、とあっさり受け入れ、古島が指摘していない条文まであげて、既存の法律の文字に比べると「異色ガアル」と、その特異性を認めている。そのうえで、これらの道徳的な文言のほうが法律的な文言よりも、人事調停法にはふさわしいと考えて、あえて使用したと説明している。

　大森によれば、法案では意図的に道徳的な文言が選択されたということであるが、そのなかでもとくに注目されるのは、「淳風」の文言である。法案の第5条は「調停申立の却下」に関する規定だが、そこに「淳風ニ副ハズ」とある。そもそも臨時法制審議会における家事審判制度の構想は、「政府ハ民法ノ規定中我邦古来ノ淳風美俗ニ副ハサルモノアリト認ム之カ改正ノ要綱如何」という諮問に答えたものであり、その審議の過程では「淳風美俗」をめぐる議論も行われていた。しかし、家事審判法案の条文に「淳風」の文言は入っていない。それが人事調停法では、条文上に意図的に入れられているのである。

　それについては、衆議院の第6回人事調停法案委員会（1939年2月10日）でも議論されており、そこでは、「公序良俗」でなく「淳風」が用いられている点がひとつの論点となっている。委員の一松定吉は「今マデ我国ノ成文法ヲ見マスルト、淳風トカ云フヤウナ文字ハ何処ニモ使ツテナイ」と述べ、日本法において初めて「淳風」の文言の入った法律になることを指摘している。そして一

松は、法律家は「公序良俗」という文言を使用しているが、人事調停法案において「公序良俗ニ副ハズト云フヤウナ文字ヲ使ハズニ「淳風ニ副ハズ」ト云フ文字ヲ御採用ニナリマシタ理由」は何かと、「淳風」の語を選択した理由を問いただしている。それに対し、大森はつぎのように応じている。

> **大森政府委員** 公序良俗ト云フヤウナ表現ノ仕方デモ、差支ハナカラウト存ズルノデアリマス、併シ私共立案ノ際ニ多少頭ヲ捻リマシタノハ、公序良俗ト云フ文字ハ、御承知ノ通リニ外国語ノ翻訳語デアリマス、サウシテ今デハ法律語ニ成リキツテ居ル訳デアリマス、（略）私共家族主義デアルトカ、或ハ日本固有ノ精神デアルトカ、或ハ我国在来ノ家庭ノ美風デアルト云フヤウナ観念ガ頻ニ強ク高調サレマシタノハ、民法ノ公序良俗ノ文字ガ出テカラ後ノ問題デアリマス、（略）淳風美俗論ガ頻ニ高調セサレマスル前ノ言葉デアリマスルカラ、淳風美俗ト云フ言葉ヲ以テシタ方ガ、公序良俗ト云フ言葉ヲ以テスルヨリモ、吾々ノ言ハントスルモノガ直接深刻ニ現ハレハセヌカト思ヒマシテ、故ラニ公序良俗ト云フ文字ヲ避ケタ次第デアリマス
>
> （衆議院人事調停法案委員会　1939年2月10日）

　大森は、民法に「公序良俗」が規定された後に、淳風美俗論が高まってきたことを理由としてあげている。ようするに、日本の家族主義、日本固有の精神、日本の家庭の美風といった「淳風美俗論」を重視し、これを法律にも明示するために、外国語の翻訳である「公序良俗」ではなく、あえて「淳風」の文言を採用したというわけである。司法省の真意のほどはわからないが、道徳的な文言の意図的な使用は、法案成立にむけて、議会の保守派に配慮したものとも考えられる。

　また文言だけではなく内容面でも、司法省が予定していた家事調停と人事調停法では異なる点がある。その最も大きな違いは、調停が成立しない場合に、調停委員会が調停条項を定めてその調書を当事者に送付するという、いわゆる強制調停が人事調停法では採用されていないことである。

　そもそも強制調停は、臨時法制審議会での「調停不履行ノ場合」をめぐる議

論を契機にまとまったものである。前章でみたとおり、調停不履行の場合には審判を求めることができるという提案があり、その後の議論を経て、最終的に、調停に法的効果を与え、不調の場合は強制調停を行うことになった経緯がある。よって、家事審判法案にはこの強制調停の規定が盛り込まれている。

それに対し、人事調停法では調停に法的効果を与えるという規定はあるが、調停が成立しなかった場合の措置については何も規定されていない。人事調停法は借地借家調停法の規定を多く準用していながら、この規定は準用から外している。ちなみに、借地借家調停を含め、すでに実施されている4種の調停制度ではいずれも強制調停が採用されている。

人事調停に限って、強制調停が除外されている点については、司法大臣の趣旨説明でも触れられており、また、大森も「人事ノ調停ニ於キマシテハ、固ヨリナダラカニ穏カニ素直ホニ之ヲヤラナケレバナラヌモノデアリマシテ、強制調停ハ之ニ適当デナイモノト考ヘマシテ、之ヲ特ニ除イタノデアリマス」（衆議院人事調停法案委員会 1939年2月2日）と説明している。人事調停は穏便に行わなければならないため、強制調停は適さないとの判断から、あえて排除したというのである。

その後、第4回の人事調停法案委員会（1939年2月6日）でも、委員の古島義英がこの点をとりあげ、相手が裁判所の呼び出しに応じない、あるいは裁判所に出て来ても口を開かないといった「剛情ナ者」の場合、この法案では権利者を救済できないと指摘している。それに対し、大森も既存の調停の経験から、「之ニハ実ハ私共モ大変ニ手古摺ツテ居ルノデアリマシテ、甚ダ頑強ナル当事者ニハ殆ド手ノ施シヤウガナイノデアリマス」とその苦労を語っている。そして、強制調停ができない人事調停は、「在来ノ四種類ノ調停ニ比ベマシテ、不出頭ノ場合、又口ヲ箝シテ語ラザル時ハ、非常ニ困ルコトガアルノデアリマス」と、とくに困難に陥ることを率直に認めている。しかしそれにつづけて、大森はつぎのように述べている。

大森政府委員　併シ左様ナ例ト、又調停成立ノ例ト、何レガ多イカト申シマスルト、固ヨリ成立ノ例ノ方ガ多イノデアリマシテ、在来ノ四種類ノ調停

ハ、其ノ成立ノ例ヲ採ツテ見マスルト、先ヅ七割四分カラ八割位ニナツテ居ルノデアリマス、デアリマスカラ左様ナ比較的少イ例ノ為ニ、此ノナダラカナ穏カナ人事調停ヲ、必要以上ニ角ノ立ツタモノニスルコトハ差控ヘタ方ガ宜イ、斯様ニ存ジ、穏カナ規定ヲ以テ臨ンダ次第デアリマス、併シ御指摘ノヤウナ困リマシタ例ハ、決シテ望マシカラヌ例デアリマスカラ、今後人事調停ニ付キマシテハ、特ニ裁判所ナリ調停委員ニ於キマシテ、十分ニ努力ヲ致シタイト存ジテ居ル次第デアリマス

（衆議院人事調停法案委員会 1939年2月6日）

　大森は、既存の4種の調停成立率が7割4分から8割と示し、調停不成立は「比較的少イ」と述べている。そして、少数の不成立のために、必要以上に「角ノ立ツ」ものはさし控えたほうがよいとの考えから、強制調停の規定を省いたと説明している。しかし、調停不調が2割強あるにもかかわらず、これを少数と見切り、強制調停を排除するというのは説得力を欠く説明といわざるを得ない。

　質問者の古島は、裁判所で口をきくと損をするという噂が広がっている実情を紹介し、このような場合には「警察犯処罰令デ行クトカ、何カ厳重ナコトヲシテ置クカ、或ハモウ一寸ヤサシイ意味ノ強制調停ト云フモノヲヤラナケレバ、此ノ救済ハ出来ナイ」と、対処の再考を求めている。しかし、それに対する大森の回答は、相手方が調停に応じない場合、裁判所は軽率に取下げを勧告せずに、念入りに根気強く調停を行う努力を続ける、というだけである。

　この古島と大森との質疑を踏まえて、その後、同日の委員会で質問に立った委員の石坂繁は、強制調停は「角が立つ」という大森の主張に理解を示しながらも、徳望のある調停委員が出ているのであるから、第三者の立場で公平に調停条項を定めて、強制的に調停を成立させるほうが、大局的見地から当事者双方のためになる、という意見を出している。そして、「見様ニ依リマシテハ当座ハ角ガ立チマスケレドモ、結局ニ於テハソレガ親切デハナイカト思ハレル筋ガアルノデアリマス」と主張している。

　しかし、その石坂への大森の答弁も、人事調停に関する限り、なるべく当事

者双方の真意に何ら影響を与えないようにして、その真意のみに基づく調停を行うのが最も適当、というものである。ただし、大森はこれにつづけて、「少クトモ人事調停法実施ノ当初暫クノ間ハ、強制調停ト云フコトヲ交ヘズニ、本当ノ調停、ソレダケヲ執ツテ見タイ」と述べ、当初は様子見であるとの本音をもらしている。

　さらに、第5回の委員会（1939年2月8日）でも、大森は将来導入の可能性について発言している。ここでは委員の伊藤から、強制調停は「伝家ノ宝刀」であって、伝家の宝刀が最後にあるかないかによっては、調停の成績にも非常に影響をきたすので、強制調停の規定は置いておいてもよいのではないか、との意見が出されている。その答弁で、大森は小作調停を例にあげて、小作調停の場合は当初は強制調停を採用していなかったが、実施後に関係官吏からの強い希望を受けて、強制調停を導入したことを説明したうえで、「人事調停モ、実施後数年若クハ十数年ノ経験ニ照シマシテ、強制調停ヲ必要トスルコトニナルカモ知レナイノデアリマス」と、人事調停実施後、時期をみて導入する可能性をにじませている。

　このように、大森の答弁をよくみると、将来的には人事調停に強制調停を導入することが示唆されている。そうすると、家事審判法の起草案に規定されている強制調停を、人事調停法であえて削除したのは、法案成立のための方策とも考えられる。

　これについては、議会の保守派に対してではなく、既存の調停制度に批判的な弁護士会に対して配慮したものとみられる。弁護士会は各種の調停制度に強く反発しており、たとえば、司法省が1934年10月に学界や弁護士会、産業団体に「司法制度改善ニ関スル諸問題」について諮問した際の各団体からの答弁書をみると、諮問事項に調停制度の項目はなかったにもかかわらず、東京弁護士会、東京第一弁護士会、大阪弁護士会のいずれも、借地借家調停法などの既存の調停法の廃止を求めている。

　その理由は、「組織方法不完全にして委員の選定宜しきを得ず之を職業化する結果調停の公正を欠き其の弊害少からざるを以て」（東京弁護士会）、「司法権を尊重し其行政化を防止する為め」（東京第一弁護士会）、「其の弊害多く殊に司

法裁判制度を根本的に錯乱し甚しく法的確信を毀損するものなるを以て」(大阪弁護士会)というものである。ようするに、調停委員の職業化による弊害、司法の行政化、法的信頼への悪影響といった問題から、各種調停法は廃止すべきという主張である[15]。

　司法省はこのような弁護士会の見解を踏まえ、強制調停については裁判を受ける権利に反するという意見があることも警戒して、この問題で家事調停の実現が頓挫しないよう、人事調停法案ではあえて強制調停の規定を削除したものと考えられる。

　しかしその結果、人事調停は調停が不調となった際の措置を欠く制度となったわけである。よって、国家の家族への介入という視点からみると、人事調停は家事審判法案で予定されていた家事調停より、紛争解決のための家族への介入がさらに後退したということができる。

(2) 司法省が堅持した点

　こうして司法省は法案成立のために妥協を図っているが、一方で、譲っていない点もある。それはまず、人事調停法を軍人遺家族問題のための臨時法ではなく、永久法としていることである。衆議院での趣旨説明に対する質疑で委員の江原三郎は、本年度から何年まで、あるいは事変終了までといった法律とすべきではないか、という意見を出している。しかし、司法大臣の塩野は、家庭事件を対象にした一般的な調停の永久法としての提案である、と強調している(衆議院本会議 1939年1月31日)。

　また、委員会での法案審議では、委員の伊藤が、軍人遺家族の紛争を第1順位として優先的に処理するよう求める意見を出しているが、それに対して大森は、遺家族問題に主力を傾注するとの考えを示しつつも、それだけが目的のものではないことから、優先という言葉は適当ではないと述べ、遺家族問題処理のための法律といった見方を否定している(衆議院人事調停法案委員会 1939年2月8日)。このように、司法省は人事調停法の提案理由としては軍人遺家族問題をあげているものの、すべての家事紛争を恒久的に扱う調停法の制定という方針は堅持している。

第 3 章　人事調停法の成立

　そのほか、司法省は人事調停をあくまで司法制度として確立するという点も譲っていない。衆議院での司法大臣の趣旨説明に対して、委員の三田村武夫は「国体ハ言フマデモナク家庭ガ中心ニナリ、部落ガ細胞ニナリ、一ツノ社会体制トシテ国家ヲ形成シテ居ル」として、各町村単位で調停委員会を作ったらどうか、という意見を出している。それに対し、大臣の塩野は、これはどうしても裁判所で行わなくてはならないのであって、民間の調停委員会に最終判断を委ねることはできないと答弁し、裁判所で調停を実施することの必要性を説いている（衆議院本会議 1939年 1 月31日）。

　同様に、大森も委員会での法案説明において、警察が実施している人事相談が警視庁管下だけでも年間 6 万件ほどあり、その多くが人事調停に該当する事件であろうとの認識を示したうえで、警察の努力に敬意を示しつつも、「ヤハリ確ツカリシタ効力ヲ持ツタ調停ノ途ヲ開クニ如クハナイト存ジテ居ル次第デアリマス」と述べて、法的効力が与えられる調停の必要性を主張している（衆議院人事調停法案委員会 1939年 2 月 2 日）。

　たしかに、前述した婦人同志会家庭問題相談所の相談ケースでも、「思ひ余つて警察の人事相談に願出ました。主人を呼出して警察でいろいろ話してくれましたが、主人は却て自分に恥をかかせた女だと、乱暴を加へ食べ物さへ与へぬ始末です」（東京朝日新聞 1939年 3 月17日）とある。執行力のない警察の人事相談では問題が解決するどころか、夫の妻に対する暴力がひどくなる場合もあり、法的効力のある司法制度とすることは重要である。

　さらに、構想されてきた家事審判制度と通底する発想が明確に示されたのは、先にも触れたが、第 5 回の委員会で、委員の伊藤が軍人遺家族問題の優先処理を求めた際の、伊藤と大森のやりとりにおいてである。両者のその発言はつぎのとおりである。

伊藤委員　斯ウ云フ調停法ガ出来マスルト云フト、動トモスレバ眠ツテ居ル所ノ権利ガ、此ノ調停法ニ依ツテ活用セラレ、濫用セラレル傾向ガアルノデアリマス、（略）此ノ人事調停法ガ施行セラレタル場合ニ於テハ、私思フニ相当サウ云フ弊害ガアラウト思フノデアリマス、即チ詰ラナイ所ノ夫婦喧

嘩ノコトマデ、此ノ調停法ニ掛ケル、若シ調停法ガナカツタナラバ其ノ儘円満ニ行クデアラウト云フヤウナ問題マデモ、裁判所ニ持出スヤウナ懸念ガナイデハナイノデアリマス

大森政府委員 只今ノ御懸念ハ全ク御尤ニ存ズルノデアリマス、此ノ人事調停ノ制度ガ実施サレマシタ暁ニ於テ、是マデ斯様ナ制度ガナリシガ為ニ、謂ハバ泣寝入リヲシテ居ツタ者ガ、之ヲ幸ニ顔ヲ出スト云フコトハアリ得マセウ、是ハ寧ロ結構ナ事デアリマス

（衆議院人事調停法案委員会 1939年2月8日）

　伊藤は、軍人遺家族問題の解決のために人事調停法を導入することによって、これまで眠っていた権利が顕在化し、権利の濫用が生じる、と懸念している。とくに、伊藤が「弊害」として指摘するのは、人事調停法がなければ円満解決できる夫婦喧嘩が裁判所に持ち出される、ということである。しかし、こうした否定的な意見に対して、大森は人事調停法の成立によって、泣き寝入りをしていたものがこれを幸いに顔を出す、というようなことは、むしろ結構なことと歓迎している。この大森の発言は、当初の臨時法制審議会の議論を想起させるものである。ここには、出訴できないことによる女性の「泣き寝入り」を問題ととらえ、弱者救済の制度として家事調停を主張していた、穂積の考え方がみてとれる。

　さて、ここまでみてきたとおり、人事調停法は戦時下の遺家族問題への対処を理由に司法省が急遽法案を提案し、全会一致でスピード成立したものである。その内容は、議会の保守派や弁護士会に妥協した部分もあれば、司法省が長年構想してきた家事調停の方針を貫いた部分もある。また、婦人団体は政府の法案提出より5年も前から、家事調停法の立法活動を展開しており、人事調停法の成立をその運動の結実として評価している。

　このような流れから、人事調停制度には軍事政策としての面と、女性解放政策の面の両面があるといえる。銃後の支援を重視する保守的な立場には、人事調停は恩給法における妻の優遇を是正し、老親を保護するものとみなされ、他方、婦人運動を擁護する立場には、民法における女性の法的不利を是正し、妻

や母の保護を実現するものとみなされる。どちらも、人事調停を国家が家族に介入して問題を解決する手段とみる点では共通しているが、家族問題の解決の方向は相反している。こうしてみると人事調停は、国家の家族イデオロギーを補強する手段にも、また、家族内の弱者保護を実現する手段にもなりうることがわかる。そうすると、実際にどのような介入が行われるかが、人事調停の性格を大きく左右することになる。

いずれにせよ、戦前、人事調停法が成立したが、国家の家族への介入という点でみれば、それは紛争を調停するところまでで、履行を確保するために家族に介入するということは、まったく問題にされないまま審議は終了している。

5　人事調停における履行確保

(1)　政策課題に設定されない理由

繰り返しになるが、履行確保については家事審判法案と同様、人事調停法にも規定はない。議会の法案審議の過程でも、履行確保は議論になっていない。

ただし、貴族院において、司法大臣は調停制度の弊害に関する質問をうけた際、それに対する答弁で、すでに実施されている4種類の調停の履行状況について言及している。その際、大臣は「調停ノ結果、即チ調停履行ノ成績ヲ各方面カラ調ベテ見マスルト、完璧トハ申兼ネマスルガ、相当ノ好成績ヲ示シテ居ルノデアリマス」と、完璧ではないが履行状況は好成績をあげていると述べている（貴族院本会議 1939年2月20日）。ここには履行率がどの程度であるのか、それを確認する質問もなく、具体的な情報は示されていない。

また、大臣だけでなく、司法省の大森も同様の認識を法学者の研究会で示している。大森は、人事調停法案について講演した際、1932年の金融債務臨時調停法の実施以来、5年11か月間の事件総数は43万件弱、成功事件は申立件数の7割4分強、成功事件の申立金額は1億円に近いという実績を示し、その履行状況について、「調停條項履行の成績も大体において甚だ良好である」（法理研究会 1939：335）と述べている。

いずれの発言も根拠となる統計が示されていないため、真偽のほどは定かで

はないが、先行する調停において履行状況が良いという認識が共有されたことで、人事調停についても履行確保が議論にならなかったという可能性はある。

しかし、仮に既存の4種の調停の履行状況が良好であったとしても、その結果が人事調停にあてはまるとはいえないはずである。人事調停は義務者と権利者が家族関係にあり、そのことが義務の履行にも影響する。そのほか、そもそも調停条項自体の違いも考えられ、他の調停では、扶養料のような長期の支払債務の取り決めは多くなかったとみられる。大森は講演のなかで、調停批判論に対する反論として、「第一、義務観念の没却であるとの非難に対しては、強制執行によるも満足を得られないのに比すれば、即時に履行を受ける実益がある」(法理研究会 1939：334) と述べているが、ここからも既存の調停では即時の履行で解決する調停条項が一般的であることがわかる。

このように他の調停と人事調停には差異がある以上、先行する調停の履行結果が人事調停にそのまま適応できるかどうか、慎重な検討が必要である。とはいえ、人事調停法案の審議という文脈に則してみれば、司法省側としては、先行する調停事件の履行が好成績であるという説明は、調停制度への疑念を払うために行っているのであり、先行する調停の結果の厳密な議論は人事調停法の成立にはむしろ回避すべきことといえよう。こうした面からも、履行確保の議論は閉ざされていたと考えられる。

さて、大森は前述の講演で、即時履行を調停制度の利点として主張しているが、これは調停制度を擁護するためにあげた根拠であって、大森自身、人事調停が即時履行で解決すると考えていたわけではない。実際、先に紹介した1935年の「婦人と法律」の座談会で、大森は離婚後の扶養料の履行確保について、的確な問題提起をしている。それは、末弘厳太郎、穂積重遠、我妻栄とのつぎのようなやりとりである。

　　大森　「離婚に因る扶養義務」といふのは、民法の問題として又強制執行の問題として大に考へる必要があります。如何にすれば簡易に且的確に扶養料が受取れるかと云ふ問題です。
　　穂積　しかしどうしても扶養料の問題は、裁判所が夫から取上げて、それ

を妻に支払つてやるといふやうなことにして貰ふより他ないでせうね。

　我妻　家事審判所はどうです――。

　穂積　家事審判所がそれだけの力を持ち得るかどうか、それは一寸難しいでせう。しかしま^{（ママ）}アとに角国家が扶養義務者から取立ててやるといふ強行法みたいな風にしなければ――。

　大森　それには予算の問題もあるし、つまり取立機関ですね、なかなかむづかしい事ですが――。

　穂積　取立の機関とかは別として、結局強制法でないといかんでせう。

　大森　外国にはありますね。扶養料を国家で取立ててやる、どうしても出さなければ一種の監獄にぶち込むといふのが。

（座談会　1935：27）

　この座談会は、人事調停法案の提出より3年半ほど前に行われたものだが、すでにその時点で大森は、離婚後の扶養料の簡単かつ確実な履行確保の必要性という問題提起を行っている。それに応じ、穂積は履行確保の唯一の方法として、裁判所による夫からの徴収をあげている。そこで、我妻は家事審判所による徴収を提案しているが、穂積は家事審判所の能力からみて、それには否定的である。家事審判制度の推進者であり、また、家事審判法の起草者でもある穂積がそのように否定する以上、家事審判所による履行確保の可能性はないに等しい。ようするに、もともと家事審判所は、履行確保の機能を果たせるような組織としては構想されていない、ということである。

　穂積は家事審判所による履行確保には否定的だが、国家が扶養義務者から徴収するための強制法の必要性については、これを強く主張している。それに対して、大森は国家による取立というアイデアは否定していないものの、予算上、取立機関の設置が難しいとの見通しを示している。あわせて、大森は海外では国家が強制徴収や投獄という手段によって、扶養料の支払いを強制していることも紹介しているが、この座談会での議論はそこで終わっている。

　このように、民事局長の大森は離婚後の扶養料の履行確保について、これが解決すべき重要な課題であり、その解決には国家による徴収しかないと十分に

認識している。しかし、実際に徴収を担う組織について、家事審判所には期待できず、新たな徴収機関の導入も予算上困難という現実のなかで、打つ手が無いといった状況である。

つまり、履行確保の問題は、政策担当者に問題の所在もそれに対する政策手段も認識されながら、政策実施の資源、端的にいえば予算の制約により、政策課題に設定されなかったということである。とすると、その後の戦時情勢のなかで、いっそう予算制約が厳しくなっていた人事調停法の制定時に、履行確保が政策課題に設定される可能性はまずない、といえる。それにしても、この大森らの座談会はいまから80年前のことだが、あたかも、養育費の履行確保をめぐる現在の政策論議をみているようである。

(2) 調停委員の選任

さて、人事調停法には、調停条項が不履行となった場合の履行確保の規定がないが、それを踏まえると、不履行が生じないよう、いかに双方とも納得のいく調停ができるかが重要となる。その鍵を握るのは、いうまでもなく調停委員である。

人事調停法案の審議でも、調停委員の資質に対する疑念がたびたび出されている。たとえば、衆議院では委員の松本治一郎から、小作調停をあつかう調停委員について、地主が大部分を占め、小作人の立場を理解しない人物が選任されているために、小作人に不利な不公平な調停が行われている、という実態が指摘されている。これに対して、司法大臣は調停委員の人選の重要性を述べ、厳選して誤りのないようにすると答弁している（衆議院本会議 1939年1月31日）。

また、貴族院では委員の岩田宙造から、金銭債務調停の事件をあつかう調停委員について、積極的に調停に出てくるのは日当をあてにする者が多く、本来は素人であるべき調停委員が専門家のようになり、いわゆる「調停屋」と称される者も出ている、といった弊害が指摘されている。これは、先にみた東京弁護士会の調停制度廃止の意見にあった、調停委員の職業化という問題である。これに対し、司法大臣は4種の調停で調停委員が延べ4万人以上になることを示し、そのなかには「多少不適当ナ者モアツタカモ知レナイ」と、不適任者の

存在を認めたうえで、今後は十分に厳選したいと述べている（貴族院本会議1939年2月20日）。

このように、調停委員を厳選する方針が繰り返し示されているが、委員会で大森が調停委員として具体的にあげたのは、まず弁護士、つぎに軍部の長老、さらに教育家、宗教家である（衆議院人事調停法案委員会 1939年2月3日）。弁護士についてはその知識と経験から妥当な判断だといえるが、軍部の長老、教育家、宗教家については、復古的な家族観によって調停が主導されることが懸念される。大森は委員会で、軍部の長老についてはすでに関係方面と了解済みと述べており、制度開始から調停委員として選任されるのは確実とみられ、実際の調停でどのような家族規範が用いられるのか、危惧される点である。

一方、調停委員については期待の持てる点もある。それは、女性の調停委員が認められているからである。女性を採用することについては、議会でも異論がなく、衆議院では委員の松本から、全調停委員の半数位は女性委員が任命されるべきであるがどうか、との質問が出されている。それに対し、司法大臣は女性委員の割合については言及していないが、弁護士をはじめ適任者がいれば委員に選任する、と女性調停委員の採用を明言している（衆議院本会議 1939年1月31日）。

委員会でも女性委員を求める意見が相次いでいる。たとえば、委員の菊地養之輔は民間で行われている婦人相談や身の上相談は女性が携わっていることが多く、とくに新聞紙上の相談欄の担当者は大部分が女性で、そこでは相当の意見が披露されている、と女性回答者の実績を高く評価したうえで、調停委員への女性の登用を求めている。それについて見解を求められた大森も、議会での大臣の答弁のとおりと述べた後、とくに人事調停においては婦人を調停委員に迎える方針をとりたいと述べ、女性の登用に積極的な姿勢を示している（衆議院人事調停法案委員会 1939年2月6日）。

もちろん、中川善之助が「男子と同じく人選が慎重にされなければ何にもならない。女子だから適任だといふ考へ方はよほど警戒を要する」（東京朝日新聞1939年2月23日）と指摘するとおり、女性であればだれでも良いというわけではない。人事調停が法的地位の低い女性の救済に役立つためには、そうした問

題に意識の高い女性を調停委員に登用することが重要である。

　女性調停委員の人選については、家事調停法の立法活動を行ってきた婦人団体も、その重要性を認識しており、人事調停法の成立後、連盟の機関紙である『母性保護』第2巻第3号の論説には、調停委員について、「法相自ら議場において言明もしているが、実際上の人選が適当でなければ、その本来の目的を達することはむずかしい。しかし従来各種の方面に婦人の登用せらるる場合をみるに、往々にして当人の人格識見によるよりも夫の社会的地位その他の外部的条件に律せらるる場合が少なからず、ために所期の効果のあがりがたいことが少なくはないのである。よろしく当路者（ママ）はこの点を省みて新しき憂いを招かざるように適正なる人選を行い、もって立法の精神を十二分に発揚するに努められたい。もしそれ婦人を任用する場合のこれら特別なる配慮をわずらわしとする結果、任用をさけるがごときことがゆめあってはならない。何となれば人事調停の内容はしばしば弱き妻、嫁の立場において、充分に同性の理解ある同情の支持がなければならない場合が少なくないのであって、かかる意味合いを法相もまた議場で言明したと解釈できるからである。同時に婦人側もよろしく力を合わせて推薦運動を起こし、法相いうところの「適任者」の選出に努めるのでなくては、ただたんに法の通過を喜ぶのみでは、座視の責任を問われるであろう」（山高 2001：78）と強い調子で書かれている。

　さらに、1939年5月に開催された連盟の全国委員会でも、同年度の運動方針のひとつに「1　人事調停法の実施に際し、できるだけ多数の適正なる婦人の調停委員を任用せしめること」（山高 2001：80）が掲げられている。このように婦人団体は、人事調停を実質的に女性救済の制度として機能させるため、女性調停委員の適任者の選出に積極的に動いている。実際、つぎに述べるとおり、東京では婦人団体が調停委員の選出に重要な役割を果たしている。

(3)　東京区裁判所の女性調停委員

　東京区裁判所において、人事調停のために最初に選任された調停委員は約150人であり、そのうち25名が女性委員となっている[16]。そして、その25名すべては、東京連合婦人会の副委員長をしていた守屋東が推薦した女性たちである

(座談会 1953：12)。東京連合婦人会は婦人参政権獲得期成同盟会（1924年に結成、翌25年に婦選獲得同盟と改称）の母体となる団体のひとつで、連盟にも参加している（児玉 1981）。当時、東京民事地方裁判所所長の豊水道雲から人選の相談を受けた守屋は、連合婦人会の名簿をもとに25名を選出したという（座談会 1953：12）。それはつぎの女性たちである。

東京区裁判所兼京橋出張所勤務の井上秀子（日本女子大学校長）、岩崎ナオ（産婆）、羽仁もと子（自由学園長）、帆足みゆき（桜楓会）、小笠原嘉子（母性保護連盟）、大浜英子（婦人同志会）、田中孝子（東京市結婚相談所主任）、竹内茂代（医学博士）、山田わか（母性保護連盟委員長）、小口みち（美容師、婦人同志会）、小林珠子（大日本連合母ノ会）、塩原静（清和婦人会幹事長）、守屋東（東京連合婦人会）、麹町出張所勤務の大妻コタカ（大妻高等女学校長）、河崎なつ（文化学院教授）、三輪田繁子（東京連合婦人会）、芝出張所勤務の徳永恕（二葉保育園）、嘉悦孝子（日本女子商業学校長）、山室民子（社会事業家）、下谷出張所勤務の田中芳子（東京連合婦人会）、柘植愛子（産婆）、上中八重野（婦人同志会）、本所出張所勤務の吉見静江（方面委員）、田中もと子（あそか病院主事）、斯波安子（桜蔭会）

(ケース研究資料室編 1959：95-96)

この25名は、教育者や医者、婦人団体の活動家など、いずれも社会的に活躍している女性で、そのなかに家庭婦人はひとりも含まれていない（ケース研究資料室 1959：95）。こうしてみると、東京区裁判所については、まさに理想的な女性委員の登用が実現しているが、地方において女性調停委員がどのように選任されたのか、その人選が適切であったのかは明らかではない。白石(1985：404-405) によると、大阪では法施行時の女性の調停委員は7名で、神社宮司夫人や校長夫人も含まれており、女性の権利擁護に対する考え方も東京の女性委員ほどの積極性がない女性たちであったという。そうだとすると、やはり東京が突出して先進的であったといえる。戦後の調停委員の状況からみても、戦前の地方において、東京同様に問題意識の高い女性が調停委員に選任さ

れていたとは考えにくい。

　また、東京の場合は優れた女性委員が多数いたとはいえ、当然のことながら、東京区裁判所でも女性の調停委員が担当した事件は限られている。人事調停が開始された1939年から1941年で推計すると、東京区裁判所で調停委員会が開催されて成立した人事調停事件のうち、女性委員が関与したのは約半数ということになる。[17]とはいえ、人事調停の調停委員を務めた女性たちの回想記録をみると、女性委員が法的・社会的に弱い立場の女性のために、一定の役割を果たしていたことがわかる。

　そこで、1959年の『ケース研究』に「人事調停よもやま話──婦人調停委員に聴く」と題して掲載されている回想記録から、女性委員の語りをピックアップし、当時の様子をみてみたい。[18]なお、この記録は「ケース研究資料室」がまとめたもので、個別の語りがだれによるものかは示されていないが、語り手は塩原静、荻野貞、佐久千代、平山信子、竹内茂代のいずれかである。この５名は全員、人事調停当時、調停委員を務めた経験があり、戦後も調停委員を務めた女性である。

　まず、調停委員に採用されたことについては、「当時、婦人には参政権もなく、法律的に無能力だつたのです。その婦人を、司法省が男子と同格の日当、同格の尊敬を払つて迎えてくれたのですから、これは大変なことでした。日当は、物価の値上りにつれて、六円から八円にあがり、終戦後一〇円になつたと記憶しています。日当が六円の頃、職人の日当が二円五〇銭、女中さんの月給が三円位だつたといえば今よりずつとよかつたことが判るでしょう」と語られている。ここから、女性調停委員の存在そのものが特別であったことがわかる。それで、「当時、体当りという言葉が流行つていましたが、委員にもやはり、＜自分達は体当りでやつているのだ＞という気持がありましたね」というように、選任された女性たちは責任を自覚して調停にのぞんでいる。

　また、実際の調停については、「一番多いのは家庭のこわれで、＜経済的な問題を解決してもらうこと＞を眼目にしたものでした。当時は収入は皆男がとつてしまつた時代で、女は手も足も出なかつたのですからね。（略）どうしてもうまくいかない時は、離婚後の生活のなりたつようにしてやりました。例え

ば、夫からうつされた淋病の治療費を、離婚後も夫が渡すよう、調停席上で証書をとり交わしたり、子供を預けるため保育園を紹介したりしました」と語られている。このような調停のまとめ方をみると、女性委員が社会経済的に弱い立場の女性の側に立って問題解決に努力しているほか、保育園の紹介など、ソーシャルワーク的な対応も行っていたことがわかる。

　やはり、離婚事件が多く、離婚の際の女性の不利について、「当時は、嫁に行つてから出てゆくのは大変不心得とされていましたし、法律から云つても、女が申立てて財産分与、慰藉料を貰うことは望めなかつたのです」という財産上の問題があげられているが、それより深刻なのが子どもの問題であり、「何といつても当時女として一番泣かされたのは、親権の問題でした。財力がなくて、ただ子供が欲しいというだけでは、女は泣き寝入りせねばなりませんでした」という。

　そのような親権が問題になった調停の体験談として、「音楽家夫婦の間の子の問題で、夫が戦死して後、妻と夫の両親との間に子供のとりあいが起つたのです。妻は、＜子供は引取りたい。子供さえよこせば遺族年金は夫の両親へやつてもよい＞という態度でした。が、夫の両親は、＜この子―三才になる女の子でした―をとられては生きてゆく目的がなくなる＞といつて、頑として渡さないのです。この場合、＜子は家に属する＞という法律にのつとつた考え方と、法律はとにかく、子供の幸福のために母親のもとにおく、という考え方の二つがあるのですが、子供の幸福のために、母親へつけるよう説得するのには、なかなか時間がかかりました。（略）当時は、無理に法律をむこうに廻して調停していたのですから」との語りがある。こうした事例からは、女性の法的権利が十分に保証されていないなかで、女性委員が女性や子どもの福祉を優先して調停をまとめていたことがわかる。[19]

　しかし、必ずしもすべての女性委員が男性委員と対等な態度で調停にあたったというわけではない。それについては、「皆トップレヴェルの人達でしたからね。賛成と反対にわかれて二対一になつても絶対に譲らなかつたものですよ。女性の良識を裁判に反映させたという点でも意義があつたと思います」という語りもあるが、「私は、はにかみ屋だつたもので、男の委員の女房役とし

て、男の委員のお話で抜けている点を補うようにしたり、男の方の発言に質問的に意見を述べるという程度でした」という語りや、「自分の意見はあまり云いませんでしたが、男の委員にいくら話しかけられても発言しない婦人の当事者に話しかけて、色々話をひき出しました」という語りもある。

このように、先進的といえる東京区裁判所でも、「トップレヴェルの人達」と称される女性は別として、それ以外の女性委員は女性当事者の発言を促したり、心情を説明したりする補助的な役割にとどまっていたとみられる。ただし、「はにかみ屋」だったという女性や「意見はあまり云いませんでした」という女性もそれぞれ、「婦人委員のいることにより、身分法と実態のずれを埋めることがいくらかでも出来たのではないかと考えています」「私は、法律については判事や弁護士に任せてタッチしませんでしたが、女でなければもてない豊かな感情と言葉づかいによつて、男女の間を融和させることが出来たと思います」と語っており、控えめな態度であったとしても、こうした女性委員の働きかけが調停の効果を高めていたといえる。よって、東京の場合については、家庭内の弱者である女性や子どもの保護という点で、女性委員が調停に大きく貢献していたとみなされる。

(4) 人事調停の履行状況

人事調停の実態はほとんど明らかにされていないが、全国統計については、最高裁判所事務総局の『わが国における調停制度の沿革』でみることができる。そこには、人事調停が実施されていた1939年からの事件数が、1945年と1947年を除き、1946年まで掲載されている（最高裁判所事務総局 1972）。表3－3をみると、人事調停事件の新受件数および既済件数は1940年をピークに減少傾向にあり、新受件数は年間およそ4,000件から7,000件となっている。調停成立件数も同様の傾向だが、これをみると年間およそ2,000件から4,000件の調停が成立しているのがわかる。しかし、その履行状況については示されていない。

全国統計ではないが、各地域の統計については、堀内（1959）が東京区裁判所の人事調停について、1939年7月から12月までの事件数を離婚、慰藉料、同

表3-3 人事調停事件数の推移：1939-1947年

年度	受理 旧受	新受 申立	新受 職権によるもの	新受 計	合計	既済 調停成立	既済 調停不成立	取下	その他	合計	未済
1939	—	4,917	319	5,236	5,236	2,673	97	1,304	109	4,184	1,052
1940	1,053	6,351	548	6,899	7,952	4,242	310	2,331	160	7,043	909
1941	909	5,074	419	5,493	6,402	3,349	284	1,912	95	5,640	762
1942	762	4,577	311	4,888	5,650	2,917	231	1,616	77	4,841	809
1943	809	4,141	403	4,544	5,353	2,751	219	1,486	88	4,544	809
1944	809	3,360	376	3,736	4,545	2,333	200	1,131	166	3,830	715
1945	—	—	—	—	—	—	—	—	—	—	—
1946	595	3,686	165	3,851	4,446	1,916	175	1,264	61	3,416	1,030
1947	—	—	—	—	—	—	—	—	—	—	—

注1：人事調停法は1939年7月1日より施行。
 2：1945年度は戦災による記録焼失のため、1947年度は裁判所機構変革のため不明。
出典：最高裁判所事務総局『わが国における調停制度の沿革』（1972年）より作成。

居等の種類別にまとめているほか、白石（1985）も1940年と1941年の京都区裁判所の統計、および1939年から1941年まで東京区裁判所の統計から、女性に関係が大きいとみられる事件について、種類別に事件数をまとめている。しかし、いずれも履行状況は示されていない。

また、関弥一郎（1967）は関東地方の農村部、東北地方の山村部、関西地方の都市部という3地域の区裁判所の人事調停事件について、各裁判所（調査時には地裁本庁や支部）に保存中の事件簿ならびに調停調書原本をもとに調査を行い、その結果をまとめている。そこでは、各裁判所の種類別の事件数のほか、申し立て（趣旨・実情）や結果（調停条項）について、各事例の具体的内容が整理されており、人事調停の実態に関する貴重な資料となっているが、履行状況については示されていない。

いずれの調査結果をみても、履行状況の統計を得ることができないが、現在でも、家庭裁判所の家事事件の履行状況について把握されていないことを考えれば、人事調停において統計がとられていないのもうなずける。

そうしたなか唯一、東京区裁判所の調停主任であった山崎一郎による報告

に、人事調停の履行状況についての言及がある。山崎一郎（1939）は東京区裁判所が扱った人事調停事件について、調停が開始された1939年7月1日から8月末日までの2か月間の実態をまとめている。それによると、申立件数は裁判所回付5件を含めて合計393件で、その内訳（事件名）は離婚請求が113件と最も多く、ついで同居請求の40件、慰謝料請求の36件の順となっている。女性が多く利用しており、393件のうち261件は女性による申し立てで、「中には女性より女性に対する申立も存するが、大体は女性より男性に対する申立」（山崎一郎 1939：26）だという。一方、処理した事件の総数は159件で、そのうち調停成立が93件、取下が64件、移送が5件、不調が1件である[20]。

　成立した事件の種類は明らかにされていないが、山崎一郎（1939：27）によると「東京区裁判所は、当事者をして履行の状態を報告せしむる方法を採つて居るが、之によれば人事調停の結果は殆ど全部任意に履行されて居る」という。ただし、調停が成立したとされる93件のうち、裁判所に履行状況を回答した当事者がどれぐらいであったのか、さらに、「殆ど全部任意に履行」という場合の「殆ど全部」とはどれぐらいなのか、ようするに、回答率や履行率などの詳細は示されていない。よって、履行の詳しい実態は明らかではないが、東京区裁判所の実績をもとに、調停主任の山崎が「殆ど全部任意に履行」という表現で、問題なく履行されていると認識しているのは確実である。

　なぜ、このような良好な履行状況が実現しているのだろうか。その理由はわからないが、山崎の調査が人事調停開始からわずか2か月間の結果ということで、事例に偏りがあるかもしれない。もちろん、裁判官と調停委員の熱心な取り組みにより、双方の当事者が納得のいく調停が行われていたことも考えられる。また、前述の女性調停委員の回想のなかには、裁判所は「こわい所、肩のはる所」「菊の御紋章の光つている所」と当事者に思われていたという話があり、そのあとに、「慰藉料などについても、三〇〇〇円のものを一〇回に分けて書記に受渡ししてもらうこともありましたが＜裁判所へ持つて来なさい＞といえば、おそれをなしてもつて来ましたよ」（ケース研究資料室 1959：97-98）との語りがある。こうした裁判所の権威といったものが、義務者に支払いを促した面もあろう。

そのほか、どのような内容で成立した調停が多かったか、という点も要因として考えられる。前述のとおり、山崎のまとめでは、離婚請求事件が圧倒的に多いが、たとえば、「離婚する」というだけで、慰謝料や扶養料などの取り決めがない調停であれば、調停後に離婚届が提出されれば全部履行となる。こうしたケースが多かった可能性もないとはいえない。また、慰謝料や扶養料などの金銭債務を含むケースであっても、どのような支払い方法で調停がまとまったか、という点も履行に影響するといえる。前述の回想事例も3,000円を10回の分割払いとしているが、このように義務者の支払能力を加味し、履行確保に配慮した調停がまとめられていれば、少なくとも当面の履行率は高まるであろう。

　さらにいえば、東京区裁判所の事例にあったかどうかはわからないが、さきに紹介した関（1967：109）の調査結果をみると、関東地方の農村部の区裁判所で成立した調停のなかには、子から親への扶養料の支払いについて、あたかも給与天引きのような方法がとられた事例がある。それは、生活に困窮した老齢の親が見習奉公先から戻らない長男に対して、家に戻って同居するよう求めた事件だが、成立した調停事項には、見習奉公先が子に支払う給料のうち15円を毎月末までに親に送付すること、という内容が含まれている。これについては、関も人事調停開始当時の条項としては極めて興味深いと指摘しており、このような支払い方法がどれほど採用されていたかはわからないが、調停でこのような工夫がなされれば、確実な履行が期待できる。

　東京区裁判所での人事調停開始2か月間の良好な履行状況が、その後どうなったのか、また、他の地域の人事調停の履行状況がどうであったのかはわからないが、書記官への支払いや給与天引きの事例のように、調停委員が家族内の弱者の救済のために家族紛争に介入し、履行を見据えて調停をまとめれば、それが良好な履行状況をもたらす可能性は十分にある。逆に言えば、調停委員の家族観や義務者への働きかけによって、調停の内容もその履行も左右されるということである。

　前述したとおり、人事調停は戦争推進と女性解放というまったく異なる立場から、「国家の家族への介入」が支持されて実現したものであり、実際にど

ような介入が行われるかが、人事調停の性格を大きく左右する。そしてそれは、履行状況にも影響してくるといえる。いずれにせよ、戦前、人事調停が実施されたが、国家の家族への介入という点でみれば、それは紛争を調停するところまでで、履行を確保するために家族に介入するということは、まったく議論にのぼらないままであった。そのような状態は、戦後、変わっていくのだろうか。つぎに、戦後についてみていきたい。

1) 以下、人事調停法の成立経緯については、堀内（1970：212-227、1976：294-305）、片山（1939）によっている。
2) 「人事法案」として編纂作業がすすめられているが、結局、1934年10月、戦争の激化により作業は中止されている。人事法案の起草過程については唄・利谷（1975）を参照。
3) 人事調停法案は、衆議院本会議（1939年1月31日）の速記録による。
4) 帝国議会の本会議、委員会の議事録は、国立国会図書館の帝国議会会議録検索システム（http://teikokugikai-i.ndl.go.jp/）で得ることができる。
5) 堀内（1970：302）は、我妻編（1956：205）がこの委員会は第1回で中断したと記述していることに対して、安藤（1952）の研究において、同委員会は諮問に応じて条文起草をつづけていたが、1932年8月以来中断した旨の記述があること、また、堀内の手元にある民法改正調査委員会作成の人事法案関係資料のうちに、1932年5月15日法印の家事審判制度要綱案があることから、家事審判制度調査委員会はある程度の審議をすすめていたのではないか、と疑問を呈している。しかし、根拠となる正確な資料がないため、我妻編（1956）に従うとしている。
6) 婦人運動の展開については、白石（1985）、児玉（1981、1990）、山高（2001）、海保（2013）による。
7) ただし、可決は3月25日であり、児玉の記録する2月23日とは異なる。
8) 東京朝日新聞の家庭面で、1939年3月16日から19日まで4回にわたり、人事調停法の連載が組まれている。ここで紹介した3ケースはそれぞれ、3月16日、17日、18日に掲載されたものである。
9) 請願書は山高（2001：204）に掲載されている。
10) 第68回帝国議会衆議院議事速記録、および同貴族院議事速記録をみると、第68回帝国議会は、1935年12月26日の開院式、翌27日の本会議後、休会となり、再開された1936年1月21日に解散となっている。
11) 家事調停法案は、衆議院本会議（1935年3月14日）の速記録による。
12) 山高（2001：60）によると、これについては軍部がむしろ反対しているということで、連盟は見合わせたという。
13) 白石（1985：408）によると、このような家事調停法の立法運動をすすめた女性たち

第 3 章　人事調停法の成立

が、その後、戦時体制に組み込まれて、戦争遂行に協力していく結果となったという。本書ではその点については立ち入らない。

14)　『大日本帝国司法省民事統計年報』の1939年分、1940年分、1941年分には、人事調停の全国統計が掲載されているが、種類別の事件数が掲載されているのは1939年分のみである（司法省調査部 1941、1942、1943）。なお、人事調停の事件数については、最高裁判所事務総局（1972）でもみることができるが、これには種類別の件数は掲載されていない。

15)　『法律時報』7巻4号（1935年）には、「司法制度改善に関する弁護士会の意見」として、東京弁護士会、東京第一弁護士会、大阪弁護士会の司法省に対する答申が、諮問事項別に収録されている。

16)　東京区裁判所の女性調停委員の人数は非常に多いといえる。全国的にみると、人事調停における女性委員の人数は極めて少ない。最高裁判所事務総局（1972）には、各種調停の調停委員および女性委員の人数（全国）が掲載されているが、これにより、人事調停について調停委員に占める女性委員の割合を算出すると、1939年はわずか3％、1940年から1944年でも5％から6％にすぎない。

17)　『大日本帝国司法省民事統計年報』の1939年分、1940年分、1941年分を用いて、東京区裁判所の人事調停事件について、調停委員会が開催されて調停が成立した事件に対する、婦人調停委員が関与して調停が成立した事件数の割合を算出すると、1939年が49％、1940年が58％、1941年が50％で、3か年の平均では53％となる（司法省調査部 1941、1942、1943）。

18)　以下、女性調停委員の語りの引用はすべて、ケース研究資料室（1959）による。

19)　もちろん、女性の立場に配慮した人事調停は、一般的なものではない。そのことは、戦後の家庭裁判所の家事調停においてもなお、女性に忍従を強要する事例が多々みられたことを考えれば明らかである（広中 1953、戒能 1956）。

20)　内訳の合計が処理件数の総数159件と合致しないが、その点について、山崎一郎（1939：27）にとくに説明は付されていない。

第4章

家事審判制度の創設

1　法律制定までの経緯

　戦後、新憲法の公布を踏まえ、1946年7月2日、政府は臨時法制調査会を設置し、「憲法改正に伴い、制定または改正を必要とする主要な法律についてその法案の要綱を示されたい」と諮問している。そこで、臨時法制調査会の第3部会が司法部会となり、それを兼ねるものとして、司法省に司法法制審議会が設置され、そのなかの第2小委員会で民法改正の要綱案がつくられている。

　第2小委員会の主査は東京控訴院長の坂野千里、委員は23名で、国会議員、裁判官、行政官、弁護士、学者等から構成されているが、戦前の審議会や委員会と異なり、女性も委員に任命されている。この委員会の女性委員は、久布白落実、村岡花子、河崎なつ、さらに衆議院議員の武田キヨ、村島喜代、榊原千代の6名で、委員にしめる女性委員の割合は26％となる。起草委員は、東京大学教授の我妻栄、東北大学教授の中川善之助、司法省民事局長の奥野健一の3名で、そのほか幹事のなかから起草担当者として8名が任命されている。起草幹事はA班（家、相続、戸籍法）、B班（婚姻）、C班（親子、親権、後見、親族会、扶養）にわかれ、各班の要綱案を起草し、それらをまとめて要綱案が作成されている。

　こうして、起草委員会において要綱案がまとまり、これが7月30日の第2小委員会に提案され、審議の結果、40項目からなる民法改正要綱案が決議されて

いる。しかし、そのなかに家事審判制度に関する項目は入っていない[3]。起草委員会は、家事審判制度を創設すること自体は決めていたが、この時点では、家事審判法の制定を民法改正に間に合わせることはできないと判断し、民法改正後に制定しようと考えていたのである。

　第2小委員会での決定を受けて、この40項目の要綱案が8月14日の司法法制審議会の第2回総会にかけられている。ところがそこで、要綱案の「第1」をめぐり賛否の意見が対立し、総会は16日まで延長され、3日間にわたる審議となっている。問題となった「第1」とは、「第1　民法上の「家」を廃止すること」である。

　起草委員会は総会初日と2日目の議論を受けて、「家」廃止の内容は変えないものの、「「家」を廃止すること」という直接的な表現を改めることとし、修正案を作成している。そして、3日目の総会に、「第1　民法の戸主及家族に関する規定を削除し親族共同生活を現実に即して規律すること」という要綱修正案を提案し、これが決議されている[4]。

　つぎに、この修正要綱案が、8月21日・22日の臨時法制調査会の第2回総会にかけられている[5]。すると今度は、修正された「第1」の「親族共同生活を現実に即して規律する」という点をめぐり、「第1」に対する反対論者と賛成論者、すなわち「家」維持派と「家」廃止派の間で白熱した議論となっている。この総会での議論を経て、その後、起草委員会は2項目の追加要綱案を作成している。そのうちのひとつが「家事審判制度」である。もうひとつは「国家賠償責任」で、この2項目の追加要綱案が9月7日の第3回の第2小委員会に提案され、「国家賠償責任」が41項目、「家事審判制度」が42項目として決議されている。その「家事審判制度」の要綱案とは、「第42　親族相続に関する事件を適切に処理せしむる為速に家事審判制度を設くること」である。

　追加要綱案の決定を受け、9月11日に司法制度審議会の第3回総会が開催されているが、追加された2項目はほとんど問題にされず、やはり議論は要綱案の「第1」に集中している。ここでは「家」維持派から、すでに総会で決定済みの要綱案の再審議を求める提案が出されたが、これは票決により否決、2項目の追加要綱案が可決され、要綱案は全42項目となっている。

そしてつぎに、この42項目の要綱案が、10月24日の臨時法制調査会の第3回総会にかけられている[6]。ここでまたも「家」廃止の反対意見が繰り返されているが、最終的には、42項目の要綱案が原案どおり可決されている。ただし、総会の最後に、「家」維持派の牧野英一から「第1」に関して3点の修正案が出され、そのうちの「直系血族及同居の親族は互に協力扶助すべきものとすること」という1点が、総会の希望条件として決議されている。

こうして、民法改正要綱の42項目に家事審判制度が追加されたことから、改正民法の施行に間に合うように家事審判法を制定しなければならなくなった[7]。そこで司法省は、戦前に設置していた「家事審判制度調査委員会」を活用することにし、1946年10月21日にこの委員会を開催している。家事審判制度調査委員会とは、第3章で述べたとおり、人事調停法の成立を契機に設置され、第1回の委員会を開催したまま、戦争の激化により休止していたものである。急遽、家事審判法を制定する必要が生じたため、司法省は委員を刷新したうえでこの委員会を再開したというわけである。よって、戦後の初回の委員会は、戦前から通算すると2回目となる。以下、本章では通算の回数で記載する[8]。

委員会の会長は貴族院議員の作間耕逸、委員は24名で、国会議員、裁判官、検事、弁護士、行政官、学識経験者等から構成されている。そのうち女性の委員は5名で、衆議院議員の近藤鶴代、山下春江、山崎道子、弁護士の久米愛のほか、東京区裁判所で調停委員を務めている塩原静が加わっている[9]。起草委員会には、委員からは奥野健一、我妻栄、中川善之助らが入っており、幹事からは民事局の村上朝一、判事の長野潔、民法学者の川島武宜らが入っている。

家事審判制度調査委員会で、家事審判法の要綱案が審議されることになるが、家事審判法の立法作業は、委員会が開催される1か月以上も前、具体的には、9月7日の第2小委員会の直後にすでに着手されている。のちの座談会で、起草幹事を務めた村上は、「九月七日の要綱追加案をつくるときに、家事審判法をつくろうと腹をきめたわけですね」「ここで腹をきめて、要綱に追加して、九月十二日から十七日までに熱海で堀内・長野と私の三人で家事審判法要綱案をつくって、そうして山中で条文をつくったわけです」(我妻編 1956：69) と語っている。この「堀内・長野」とは、東京民事地方裁判所上席部長の

堀内信之介、東京控訴院判事の長野潔のことで、いずれも村上と同様、第2小委員会の起草幹事である。なお、この3名は家事審判制度調査委員会にも入っており、堀内は起草委員、村上と長野は起草幹事を務めている。

　こうして第2小委員会の起草委員会で作成された要綱案をもとに、家事審判制度調査委員会で要綱案の審議が行われ、11月28日の第6回の委員会（戦後第5回）で27項目の要綱案が決議されている[10]。この要綱のなかに、履行確保に関連する項目はない。ただし、序章で紹介したとおり、委員会の最後に会長から出された希望意見が決議されており、そこに履行確保に関わる事項が含まれている。

　その後、起草委員によって家事審判法案の起草作業がすすめられ、数回の改訂を経て法案がまとまり、最高司令部（GHQ）との交渉も経て、1947年8月11日に全29か条からなる家事審判法案が第1回国会に提出されている[11]。この29か条のなかにも、履行確保に関する規定はない。家事審判法案は、1947年8月11日に衆議院の司法委員会、8月13日に参議院の司法委員会にそれぞれ付託されている。審議は衆議院で先行し、8月14日に提案理由説明、18日と23日に質疑応答が行われ、25日に原案どおり可決され、28日の本会議でそのまま可決されている。それから、審議は参議院の司法委員会に移り、9月23日に逐条説明、10月14日に質疑応答が行われ、11月6日に原案どおり可決、11月8日の本会議でそのまま可決されている。このように家事審判法は、わずかな委員会質疑が行われただけで、衆参ともに全員一致で成立している。

　さて、履行確保についてみると、家事審判法の要綱や法案に規定がないばかりか、その審議過程において、議論にもなっていない。しかし、第5章で検討するとおり、実際に家事審判法の運用がはじまると、すぐに家事審判官から履行確保対策の必要性が主張されている。そこで以下では、家事審判法の審議過程における議論の状況を確認したうえで（第2節）、履行確保が議論とならなかった理由を探るべく、家事審判法の制定が民法改正要綱の審議過程で急遽決定したという事実に立ち戻り、そこでの議論について検討してみたい（第3節）。

2　履行確保をめぐる議論の不在

⑴　家事審判法要綱の審議
①　家事審判所の性格をめぐる議論

　家事審判法の要綱は家事審判制度調査委員会で審議されているが、残念ながら、その議事録をみることはできない。堀内（1970：330）によると、議事録に関しては、司法省民事局の事務官により「家事審判制度調査委員会議事要録」がまとめられ、そこに委員会の開催毎に行われた議事の要領を筆記したものがあったが、その所在が民事局においても判明しないとのことである。ただし、その要録のごく一部については、1950年度の司法研究員で判事の安藤覚（1952）が紹介している[12]。

　また、堀内（1970：330-386）は、堀内自身が委員会の第3回と第4回を傍聴した際に、家事審判法要綱案とその修正案に自身で書入れをしていたもの、および、最高裁判所家庭局所蔵の「家事審判法制定関係資料」のなかにある、家事審判法要綱案と修正案にその席にいた人が書入れをしたもの、さらに安藤（1952）が紹介している要録の一部を資料として、委員会の審議内容を整理している。それによると、第2回は委員の顔合わせ程度で、審議は第3回から要綱案に即して、家事審判制度の目的や性格、家事審判官の資格、審判・調停の方法と参与員・調停委員の選任、審判・調停の手続、事実の調査と証拠調、家事審判事項、家事調停事項、審判・調停の効力、23条審判、調停に代わる審判、審判に対する不服、参与員・調停委員の秘密保持義務について審議されているが、その過程で、履行確保が議論された様子はない。

　そこでここでは、履行確保が議論されなかったこととの関連として、要綱案の「第1」と「第2」についてみておきたい。これらはいずれも1946年10月28日の第3回（戦後第2回）の委員会で審議されているが、その際の要綱案はつぎのようなものである。

第4章　家事審判制度の創設

家事審判要綱案（1946年10月21日―1946年10月28日）
第1　家事審判の制度は、個人の尊厳と両性の本質的平等とを基本として、家庭の平和と健全な親族共同生活の維持を図ることを目的とするものとすること。
　　家事審判所は、前項の目的のために、家庭に関する事件について、審判又は調停を行ふものとすること。
第2　家事審判所は、下級裁判所の一種として、地方裁判所及びその支部の所在地に置き、必要あるときは出張所を設けることができるものとすること。

（堀内　1970：1049）

「第1」は家事審判制度の目的を規定したものである。この審議で注目されるのは、第1項目の後段、「家庭の平和と健全な親族共同生活の維持を図る」とあるなかの、「維持」という文言をめぐる議論である。堀内（1970：335）によると、「衆議院議員の菊地委員から「維持」とは育成発展という積極性をもたぬのかとの質問が出た。これにたいし直ちに、法制局の鮫島幹事が立上り、積極的なことは行政の分野であるとの否定意見を述べた」という。このように、委員の菊地養之輔が「維持」という文言を引いて、家事審判制度の目的の消極性を問いただしたのに対し、法制局は司法制度の目的を限定的にとらえた回答をしている。ここには、司法と行政の区別を強調し、司法の役割は法的権利の確定であり、それ以上の積極的な施策は行政の役割とみなす、伝統的な司法観がみてとれる。

委員会では、「維持」の表現を改めて、共同生活の発展を含ませるといった希望も出されたようだが、起草委員に一任となり、結局、そのまま「維持」の文言が使用され、それが家事審判法の第1条に引き継がれている。堀内（1970：336）は、この「維持」という表現を用いたことにより、「調停における不出頭当事者にたいする対策、審判調停における強力なる仮処分、審判調停の執行等の問題のいずれにたいしても、実効のある、そして家庭事件の特質に相応しい技術的な方法施策が家事審判法自体の中には存在し得なくなってしまっ

た」と指摘している。

「第1」の「維持」をめぐる議論は、「第2」の家事審判所の性格に関する議論とも関わっている。「第2」は委員会での審議で最も議論になった点で、家事審判所は行政機関とすべきという立場と、裁判所とすべきという立場で論争になっている。安藤（1952：10-11）は行政機関説と裁判所説について、「家事審判制度調査委員会議事要録」からつぎのような発言を紹介している。ただし、すべて発言のみの抜粋となっており、発言者名は記されていない。なお、安藤は裁判所説ではなく、原案支持説と呼んでいる。

行政機関説

「家事審判所は形式に拘泥しないで国民の手近かにあつて気易く行つて解決できるような機関にすることが望ましい。裁判所は反対に厳格な手続でやるべきであつて、家庭事件の如きものをこうした機関でやると、軟い面が等閑になる欠点がある。それで裁判所とは別な行政機関でやることが適当と思います。個人の基本的人権の保護に付ては、最後に司法機関に持つて行つたらよい。尚審判は自由裁量の余地が多いから此点行政監督が必要である。離婚事件の如きものは司法事件として処理する。再審は控訴院迄やるようにしたらよいと思う。それで審判所は司法大臣の監督下に於て手軽く何処にでも置けるようにしたい。」

「身の上相談のように爾後の面倒も親身になつて見てやれるような社会事業的な機関とも関連を持つた機関にして仕事の範囲は狭くしてもよいから、社会的なもののみを取扱はしめ法律的なものは裁判所へもつて行かせるようにしたらよいと思います。」

「…人事に関する処理を一般の社会政策的方面に持つて行くとすれば、その手足を持つた方がよい。その意味では行政機関を適当と考えます。尚裁判所で取扱うとすれば此案では不徹底であると思います。」

裁判所説

「調停や審判を行政機関でやることは不適当であります。和解の仲介の如き

ものは行政機関でよろしいが、強制力を持たせるものは不適当であります。人事相談の様なものは究極の解決にならないで問題が後に残ります。裁判所の性格を持たす方がよろしいと思う。」

「裁判所でも行政機関にしても裁判官が審判官になると思います。若し一般人が審判官になるとしたら必ず情実的な関係が入り悪く行くと審判の権威を失墜するようになると思う。その意味で裁判所を適当と考えます。」

「身の上相談的な解決では終局的な解決にならぬ。よく認知等の事件で調停が成立しても又訴訟を提起する例がある。こんな点を原案では解決したいと考えている。」

「…司法権は厳正であり裃をつけた面も大事であるが、同時に温みのある国民に親しまれるものであつて(ママ)よいではないか末端機関においては裃を脱いでよいのではないかと考えています。……の説に従つても事件を取扱うには法律的知識を持つた人を配置しなくてはならぬとすれば判事の交流も行われるだろうし実質的には裁判機関と行政機関の相違はなくなるのではないかと思う。」

「反対説は裁判所は法律に依る冷静な判断で行動するという裁判の本質的な考え方がその持論になつて居ります。私は之に反対であります。……」

(安藤 1952：10-11)

主として、行政機関説は、裁判所の厳格な手続きは家事事件には適さないと主張しており、他方、裁判所説は、問題を解決するためには法的強制力を持つ決定が必要であると主張している。堀内（1970：338）は、この行政機関説に対して、人事調停の経験が踏まえられていないと批判している。たしかに、すでに区裁判所において人事調停が実施されており、そこでは判事が調停主任として民間の調停委員とともに、事例に即した柔軟な対処を実践しているが、行政機関説の発言には、そのような人事調停の実態がほとんど反映されていない。それに対し、堀内（1970：339）によると、裁判所説の立場から塩原静が、「裁判所は一般人が近寄りにくいというが、一般は裁判所を信用し、裁判所の行なう解決に信頼しているから、人事調停以来多くの事件が申立てられて来たので

ある、裁判所が家事審判所ということになれば、家庭との間は一層近くなる故、原案通り裁判所であることを強く要望する」と述べたという。塩原は東京区裁判所の初の女性調停委員25名のひとりで、人事調停に熱心に関わってきただけに、その経験を根拠に、行政機関説に対して説得的な反論を行っている。

　結局、要綱案「第2」については、審議の結果、裁判所説が採用されている。しかし、履行確保の関心からこの議論をみると、行政機関説と裁判所説のいずれにも問題があるといえる。というのも、どちらも司法と行政をはっきり区別し、裁判所の役割については従来の考え方から脱していないからである。このことは、「第1」で「維持」の表現が採用されたことにも通じている。つまり、この委員会では、裁判所は判決を下すがその執行には関与しないという、いわゆる、裁判と執行の分離原則が前提となっているということである。こうした法理論にとどまっている限り、裁判所たる家事審判所が調停や審判による決定事項の実現にどう関与するか、という履行確保の問題が提起される余地はない。

　堀内（1970）は、家事審判制度調査委員会での要綱の審議をことごとく批判し、身分関係事件の実務経験を有する判事が委員に任命されていないために、法理論だけで議論され、とくに人事調停の経験が家事審判法の立案に反映されなかった、と主張している。堀内（1970：309-311）によると、委員のなかで人事調停の実務経験があるのは塩原ひとり、委員幹事では民事局の内藤頼博が、人事調停開始直後のわずかな実務経験を有するのみであったため、堀内ら実務家が要望を出し、その後、実務経験者である判事の高橋静一が委員に追加されたが、すでに要綱案の大半は議了しており、手遅れであったという。

　堀内（1970：309）は、こうした委員会のメンバー構成を重大な問題ととらえており、「家事審判法要綱の立案にさいして、折角の実務経験が充分にもり込まれなかったため、調停前の強力なる仮処分、不出頭当事者の処置、調停に代わる審判、審判にたいする不服としての覆審或は再審という点などが家事審判法要綱にも取り上げられず、従ってこれらの問題が家事審判法にも條文化されなかった」と主張している。

　第5章で詳しく検討するとおり、家事審判官の要望が履行確保制度の導入の

第 4 章　家事審判制度の創設

原動力となっていることを考えると、法律の骨格となる要綱の審議過程に、人事調停の現実を熟知した判事が不在であったということは問題といえる。もちろん、人事調停に関して、実務家に履行確保に対する問題認識がどれほどあったかはわからないが、人事調停の経験者が一定数参加していれば、つぎにみる会長の希望意見についても、会長の発言を契機に履行確保が議論になったかもしれない。とはいえ、委員会の審議が消極的なものにとどまった原因を、実務家の不在のみに帰するのはやや極端な見方であり、委員会のメンバー構成だけでは説明できない、問題の背景があるのではないだろうか。この点はのちほど考えてみたい。

② 希望決議

前述のとおり、家事審判法要綱の審議では履行確保は議論されていないが、委員会の最後に決議された希望意見のなかには、履行確保対策に関するものが含まれている。その希望意見とは、会長の作間耕逸より出されたもので、堀内[13] (1970：380-381) によると、「その一は立法は解り易くすること、その二は婦人裁判官を任用し家事審判をさせること、その三は夜間開廷の便宜を与えること、その四は不出頭者に科料（ママ）を過するとともに、廷丁等の迎えを出すこと、その五は審判及び調停の執行のため養老院・託児所等の公共団体と連絡することと、調停が実効を挙げたかどうか確かめること」の5項目である。

5点目の後半部分の「調停が実効を挙げたかどうか確かめること」が、履行確保の前提となる履行調査の提案といえる。なお、この文言は堀内（1970：380-381）からの引用であるが、決議された希望意見がそのまま示されたものかどうかは明らかではない。堀内（1970：386）によると、希望決議は最高裁判所家庭局所蔵の「家事審判法制定関係資料」のうち、11月8日付要綱修正案の次のメモ用紙に書き入れされたもので、希望意見（佐久間委員長）とあったものの意見のところを消して決議と訂正されているものだという[14]。堀内はこの資料に依拠して上記5項目を記しているが、それがこのメモ用紙のとおりの文言かどうかはわからない。また、そもそもこのメモ用紙の記載が、だれによってどこまで正確に記録されたものかという点も問題として残る。

というのも、これとは若干異なる文言が、最高裁判所事務総局によって紹介

されているからである。本書の序章でも述べたとおり、1956年7月、履行確保制度の実施にあたり、最高裁判所事務総局は執務者向けの解説書として、『家事債務の履行確保等に関する法規の解説』を刊行している。そのなかの「履行確保に関する家事審判法改正にいたるまでの経緯」と題する論考の「はじめに」の文中に、つぎのような記述がある。

　司法省により設けられた家事審判制度調査委員会が昭和21年に「家事審判法要綱案」の審議を終了するにあたり、同委員会会長が希望意見として最後に述べられた事項の中に「調停後の成績を常に注意して、その始末を見届けてやるために、執行員の如きものを配置して頂きたい。」との発言があるのが注目されよう。

(最高裁判所事務総局 1956：1)

　これは先の堀内が指摘した希望決議の5点目に相当するとみられるが、ここでは調停事項の事後調査の提案だけでなく、「その始末を見届けてやるため」の「執行員」という表現で、まさに履行確保のための執行制度の導入が要望されている。この希望意見の引用について、最高裁判所事務総局は出典を示していないが、司法省民事局作成の「家事審判制度調査委員会議事要録」から会長の発言を引用したのではないかと推測される。前述のとおり、堀内（1970：330）の執筆時にはこの要録はすでに所在不明になっているが、安藤（1952）は要録を参照していることから、少なくとも1950年代はじめまでは、要録の現物が存在していたといえる。この要録以外に会長の発言が記録されたものはないとみられ、やはり最高裁判所事務総局も要録から引用したものと推察される。

　そうすると、この会長の発言を契機に委員会で履行確保が議論になったとすれば、最高裁判所事務総局（1956）の『解説』にも何らかの言及があるはずである。しかし、上記のとおり、そこには会長の発言があったことしか記されていない。よって、会長が希望意見のひとつとして、履行確保対策について発言をしたことは確実だが、それにより、委員会で履行確保が議論されたとは考えられない。

(2) 家事審判法の審議

つぎに、家事審判法をめぐる議論についてみると、法案が国会で実質的に審議されたのは、衆議院では1947年8月18日と8月23日の2回、参議院では10月14日の1回のみである。いずれも司法委員会での審議だが、その議事録を確認しても、履行確保に関する話題はまったく登場していない。

委員会では議員の質問に、司法省民事局長の奥野健一が政府委員として答弁しているが、質問として出されたのは、家事審判制度の性格、家事審判所の設置予定数、審判の方法、参与員の地位、家事審判所の管轄事項、審判や調停の効力、強制調停の性質、審判への不服申立、参与員や調停委員の秘密保持義務違反の罰則などで、質疑応答は法案の内容確認がほとんどである。

唯一、議論になっているのが、衆議院の明禮輝三郎から提起された不出頭問題についてである。明禮は8月18日と8月23日の両日、この問題をとりあげている。明禮は弁護士出身の議員であり、実際の調停での経験から当事者が出てこないという問題を指摘し、「現在において一般の国民感情というか、国民の法律的な考え方は、調停というものは三回や五回放つておいても別にかまわないものであるということをはつきり認識しております。でありますから、調停申立をしたところで、出て行かぬでもよいということをわざわざ言う者がある」と実情を訴え、家事審判法における不出頭者対策について問いただしている（衆議院司法委員会 1947年8月18日）。

それに対して奥野は、調停が成立しない場合の強制調停の規定や、呼び出しに応じない場合の過料の規定をあげているが、明禮はその点に関して、当事者が出てこない場合の強制調停は事実上困難であり、また、過料についても、「罰金とか何とか言うても、罰金を納めることは平気で、罰金の言渡しがあつても、あとからいくらでも取消しをしているし、またやるのであります」と指摘し、「どうしても私は呼び出しても欠席の場合に適当な判決ができるようにしたい。欠席判決、欠席調停、何かそういうようなものをこしらえなければほんとうの活用ができません」と、より強権的な対処を要請している（衆議院司法委員会 1947年8月18日）。そして、明禮から見解を求められた奥野は、つぎのように答弁している。

奥野政府委員　これから家事審判所が家庭事件について特に深く関心をもつて世話をやるという行き方で進むことにならうと思いますから、当事者が出てこない場合には、特に電話をかけたり、あるいは廷丁を走らせたりしてできるだけ出るようにやる。ぜひそういう方法で進まなければならないということは、この家事審判法の委員会の最後に、そういう実際の運営で進むという希望決議もいたしたわけでありまして、そういう意味で従来のごとく消極的ではなく積極的に運営いたしたいと考えております。

（衆議院司法委員会　1947年8月18日）

　奥野は、家事審判所が家族問題に深く関与する方針を示しており、不出頭問題についても、家事審判所から電話や廷吏を差し向けるとして、「従来のごとく消極的ではなく積極的に」運営する意向を示している。ここには、わずかながら家族介入的な対応の方針がみてとれる。なお、廷丁を迎えに出すというのは、奥野も言及しているとおり、家事審判制度調査委員会で決議された会長からの希望意見のなかに含まれていたものである。

　明禮は奥野の説明に納得せず、8月23日の委員会でもこの問題を質問しており、そこでは、正当な事由なく出頭しないときの過料が「五百円以下」となっている点について、「五千円以下くらいに上げてもいいのではないか」と主張している。これには奥野も「この程度でもなお安過ぎるという御意見も相当理由のあるものかとも考えております」と応じている。明禮は経験上、過料の効果には懐疑的で、「実際上は後日に出て来まして、実はこういうわけで出られなかつたということを何か上申をいたしますと、その過料はほとんど取消をしている事実がある」と過料制裁の実態を明らかにしている。この日の明禮との議論でも、結局、奥野は委員会での希望決議を引き合いに、「できるだけめんどうをみて連れてくるようにする」との回答に終始するのみである。（衆議院司法委員会　1947年8月23日）。

　こうして不出頭対策については、委員から経験に基づく質問が出されたことで、家事審判所が問題解決に向けて、わずかながら家族介入的な対応をとることが示され、それを裏付けるものとして委員会での希望決議が紹介されてい

る。しかし、家事審判制度の実効性をめぐる議論は、この不出頭対策についてのみであり、履行確保の問題に関しては、質問にも一切出ていない。そのため議論にもならず、委員会での希望決議に履行確保対策が含まれていたという事実も、国会の議論で引き合いに出されることもなく、法案審議は終了している。

　さて、家事審判法の要綱と法案の審議をみてきたが、履行確保については、要綱案にも法案にも規定がなく、委員会でも国会でもまったく議論になっていない。前述のとおり、堀内（1970）は家事審判法の制定過程における重大な問題として、人事調停の十分な実務経験者が起草に関わっていないことをあげている。たしかに、家事審判法の立法作業は実質的に改正民法の起草委員会が主導し、短期間で決着している。そこには、家事審判制度の創設にあたり、予想される問題を掘り起こし、その対策を立法に取り込もうとする積極的な姿勢はみられない。

　しかし、立法過程が消極的なものにとどまった原因を、起草の人的体制に帰するだけでは問題はみえてこない。そのような人的体制に至ったことも含め、何か問題の背景があるのではないだろうか。そこで考えられるのは、家事審判法が当初の予定と異なり、急遽、改正民法に合わせて制定されることになったという事実である。なぜ、改正民法の要綱案の審議過程で、家事審判制度が要綱案に追加されたのだろうか。その点をつぎにみてみたい。

3　民法改正要綱の審議

(1)　「家」廃止の文言修正

　民法改正の起草委員会は、当初、家事審判法については民法成立後に制定しようと考えていたことから、改正民法のもともとの要綱案に家事審判制度の項目は入っていない。そのため、要綱案には「協議調はざるときは裁判所之を定むるものとすること」というように、「家事審判所」ではなく「裁判所」という文言が使われている。それが一転して、要綱に家事審判制度の創設が追加され、民法改正の施行にあわせて家事審判制度が実施されることになったが、そ

れには要綱案の「第1」の「家」廃止をめぐる議論が深く関わっている。

そこで、どのような経緯で民法改正要綱に家事審判制度の項目が追加されたのか、我妻栄編『戦後における民法改正の経過』（1956年、日本評論社）に収められている、1953年の座談会の記録と立法資料からみてみたい。この座談会は、民法改正の経緯を明らかにする作業の一環として開催されたもので、座談会では立法に参与した、我妻栄（東京大学教授）、中川善之助（東北大学教授）、奥野健一（司法省民事局長）、村上朝一（司法事務官）、横田正敏（大審院判事）、長野潔（東京控訴院判事）が当時の記憶を呼び起こしながら立法の経緯と実際の起草作業について語っている。[15] 以下、本章における彼らの発言部分は、この座談会によるものである。くわえて、中川善之助『新民法の指標と立案経過の点描』（1949年、朝日新聞社）所収の「民法改正覚え書」（以下、「覚え書」）も資料として用いる。

さて、要綱案「第1」の修正が決議されたのは、前述のとおり、1946年8月14日から3日間にわたった、司法法制審議会の第2回総会の最終日においてである。このとき決議された修正要綱案では、「第1」の修正のほか、それまでの「第32」（家督相続の廃止）を「第35」（祭具等の継承）に入れ込み、文言を改めたうえで「第2」に位置づけるという修正もなされている。修正前の「第1」「第32」「第33」と修正後の「第1」「第2」は、それぞれつぎのようなものである。

修正前の民法改正要綱案（1946年7月30日、第2小委員会決議）
第1　民法上の「家」を廃止すること。
第32　家督相続を廃止すること。
第35　系譜、祭具及墳墓の所有権は被相続人の指定又は慣習に従ひ祖先の祭祀を主宰すべき者に専属するものとすること。

修正後の民法改正要綱案（1946年8月16日、司法法制審議会第2回総会決議）
第1　民法の戸主及家族に関する規定を削除し親族共同生活を現実に即して規律すること。

第2　系譜、祭具及墳墓の所有権は被相続人の指定又は慣習に従ひ祖先の祭祀を主宰すべき者之を承継するものとすること。
　其の他の財産は遺産相続の原則に従ふものとすること。

(我妻編 1956：230, 232, 234)

　修正前の要綱案の「第1」は、憲法草案の公表後、民事局長の奥野が民法改正要綱の私案として作成していたものが原案で、それが民事局案となり、そして幹事案に採用されたものである。ただし、「家」廃止の方針は、起草委員や幹事の間では当初から共有されており、村上は「七月十三日に初めて起草委員・幹事が集まって大体の起草の方針を話し合ったときに、家の廃止という方向はきまったように記憶しております」(我妻編 1956：16)と述べている。
　しかし、司法制度審議会の総会では、この「第1」に対して反論が噴出する。「第1」に反対の立場は、憲法草案の第22条(現行第24条)は「家」廃止や「戸主」廃止を求めるものではないと主張し、「家」廃止により扶養義務はどうするつもりか、と訴えている。このような「家」維持派は、法学者の牧野英一のほか弁護士にも多くみられる。
　奥野、我妻、中川の起草委員は、総会での2日間の審議の後、事態を収拾するために「第1」の文言を修正するに至るが、我妻はそのことについて、「牧野先生のサジェスチョン」に基づいて書き直した、という(我妻編 1956：56)。牧野は総会初日の最後のほうで、「家」廃止に理解を示すような発言をしており、中川は「牧野先生もわれわれの案を支持するかのようにこの日は思われましたね」(我妻編 1956：51)と回想している。
　同様に、我妻も「牧野先生は最後にこういうことをいわれたことを記憶しています。この廃止する家がカギのカッコで包んであるのは、いかにもいやな家を廃するという意味で起草委員はお書きになったのだろう。しかし普通の人にはそうはみえない、そこで大体起草委員の意見を伺っていると、道徳的な意味の家族共同生活は尊重しているのだというお考えなんだから、それならこの「家」というのをやめて、何かしかるべきものをお考えになったらどうか、こんな意味のことをいわれた。先生は、後になって、それを根拠としてまたいろ

んなことをいわれたのだが、そのときには、われわれに賛成して、ただ字句さえ改めればこの委員会は通るじゃないかといわんばかりの調子なんだ」（我妻編 1956：51-52）と語っている。このように起草委員としては、牧野の示唆に従い、「第1」の文言を修正したというわけである。

　実際、我妻ら起草委員は、要綱の内容さえ変更されなければ、文言にはこだわらない態度であった。というのも、この民法改正については、短期間で立案しなければならないため、通常のように、要綱を決定し、それから要綱に基づいて条文をつくるという手順をとることができず、民法改正の要綱と条文の作成を並行してすすめていたからである。我妻によると、条文は「要綱案が成立するというおよその見込みをつけて、それを基礎としてどんどんつくっていった」（我妻編 1956：10）という。こうした状況下、とりわけ「第1」の「家」廃止は、民法改正の根幹となるものであり、それが決定できなければ、条文の作成全体に支障が生じることになる。

　この点について、我妻は「要綱案の第一にあった「民法上の『家』を廃止すること」、あれがきまらないことには、一箇条だって手がつけられない。そこで、われわれとしては、あれは譲れない一線として確保するものときめて条文の立案をしたわけだ。だから露骨にいえば、要綱の文字や表現はどうでもよい。皆さんいろいろ議論なさるけれども、こっちですでに作っている条文に影響しない程度なら、どのように文章を変更してくださってもかまわない、というような調子でやっていった」（我妻編 1956：10）と語っている。

　つまり、起草委員会は「第1」の文言を上記のような修正案に改め、「家」廃止の直接的な表現を削除することで、「家」維持派の要望に答えるようにみせて、「家」廃止の内実を得るという戦略をとり、実際に、修正案の決議によってそれを獲得したということである。中川は「覚え書」のなかで、8月16日の総会に修正案を提出した際の様子について、「この刷り物の配布をうけた委員たちは大いに喜び、わざわざ私の席まで来て労を謝した昨日までの論敵さえあるという始末、まことに大風一過(ママ)の感があつた」（中川 1949：9）と記している。

　もうひとつの修正についても、「第1」の修正と同様、総会での2日間の議

論を踏まえて、「家」維持派に配慮したものである。修正前の要綱では、「第32」として、家督相続の廃止が掲げられていた。それは、「家」廃止に伴い当然のこととして要綱案に入っていたものだが、民法改正に関して、「家」維持派が強く懸念していたのは、家督相続と老親扶養の問題である。そこで、起草委員たちは、旧「第32」の「家督相続を廃止すること」という直接的な文言を表面上消去し、旧「第35」の祭具等の継承に統合した形にして、それを「第1」の直後に配置することによって、「家」維持派の反論を防御しようとしたのである。

この要綱案は、臨時法制調査会の第2回総会にかけられているが、総会ではまず、臨時法制調査会第3部会長の有馬忠三郎が、司法法制審議会での審議経過を説明している。そこで有馬は「第1」「第2」について、つぎのように述べている。

　改正の第一は、民法の戸主及び家族に関する規定を削除し、親族共同生活を現実に即して規律することと致した点であります。この問題は我が国の家族制度に重大な影響をもつものでありまして、部会に於ても最も慎重に、かつ熱心に討議されました。即ち当初は民法上の家を廃すというような言葉を用いた意見もあったのでありますが、この表現は我が国古来の家族制度を廃止せんとするものである、又実情にも副わず、国民感情にも反し、行過ぎであるという強い意見がありまして、本要綱の如く改められたのでありますが、本要綱は民法から戸主及び家族に関する規定を削除するので、かく致しても之がため我が国の家族制度を否定することにはならない、ただ民法の戸主及び家族に関する規定は現在既に実情から遊離しており、却って健全な親族共同生活に障碍となるものであるから、之を現実に即して規律する必要があるというのでありまして、之は殆ど全会一致の結論となった次第でございます。

　改正の第二は、家督相続に関するものであります。本案では在来の家督相続に関する規定を改め、財産の相続は総て遺産相続の原則に従うべきものとし、ただ系譜、祭具及び墳墓の所有権に付てだけ祖先の祭祀を主宰する者に

之を承継させることと致しました。この点は第一の戸主及び家族に関する規定の削除と必然な関連をもつ訳であります。

(我妻編 1956：242)

このように有馬は修正に至った経緯について、民法上の「家」は廃止するが、それにより「我が国の家族制度を否定することにはならない」と強調し、「家」維持派を意識した説明を行っている。こうしてみてくると、起草委員としては、この「第1」と「第2」の修正によって、「家」廃止の問題には決着がついたと考えたに違いない。

(2) 家事審判制度の追加

しかし、これで「家」維持派がおさまることはなく、今度は修正した「第1」の「親族共同生活を現実に即して規律すること」という点に議論が集中する。このことに最も強くこだわり、厳しく追求しているのが、牧野英一である。牧野は、有馬の修正経緯の説明後、真っ先に発言し、「『親族共同生活を現実に即して規律すること』という風にお示しになった御苦心の程は了解致す次第でありますが、この各項目の中の、現実に即して規律するということの内容は、既にお示しになっているだけのものでございましょうか、或はそれを離れて、別に新しく立法をなすに付て現実の生活を考慮しなければならぬという御趣旨でございましょうか」(我妻編 1956：244)と質問している。

実際のところ、起草委員は「第1」の修正にあたり、何か考えがあって、このような文言に修正したわけではない。我妻によると、「この「現実に即して規律すること」などというのはどうやっていいのか、さっぱり名案がないのだけれども、こういえば皆満足するならこうしてやろうということで実は書いた」(我妻編 1956：56)という。しかもそれは、牧野の「サジェスチョン」によってのことである。我妻は、「われわれは、文句を直せというから直しただけで、条文の立案ではかくべつ何もしようとは考えていなかったのだが、牧野先生はからんできて、何をするつもりか、といわれるのだ。おそらく、子供は親のめんどうをみなければならんというようなことを積極的に規定することが

第4章　家事審判制度の創設

現実に即した規律だという腹で、何か積極的にやるご意思がないかどうか、そこを伺いたいとやってこられたのだ」（我妻編 1956：64）と語っている。

　そこで起草委員会は、臨時法制調査会の第2回総会の後、9月7日開催の第2小委員会に向け、9月5日・6日に国家賠償責任と家事審判制度の要綱追加案を作成している。「九月七日の要綱追加案をつくるときに、家事審判法をつくろうという腹をきめた」（我妻編 1956：69）というが、残念ながら、どのような議論を経て、起草委員会が「腹をきめた」のかは明らかにされていない。ただし、中川の「覚え書」のなかにその経緯についての記載がある。

　中川は「覚え書」において、第2回総会後、民法改正の主題に関して3つの問題が起こってきたとして、農業資産相続特例法、国家賠償法、家事審判法をあげている。そして、家事審判法に関して、「われわれとしては初めからやりたかつたことであつたのだが、諸般の改正が山積する今日、家事審判所の開設は一応延期し、当分は従来の裁判所をして当らしめることとしていたのであつたところが小委員会や総会のたびに委員側から家事審判所の即時開設を要望する声が強く、しかも次第にその強さを増してくる状態であつたので、起草委員会も遂にこれと同調することとした」（中川 1949：17）と記している。

　はたして、この中川の「覚え書」のとおり、委員からの開設要望の高まりに押されて、起草委員会は家事審判法をつくろうと「腹をきめた」のだろうか。たしかに、審議の過程では、女性委員から家事審判所の開設を求める意見が出されている。司法法制審議会については議事録の有無が判明しないが、委員の久布白落実が審議会の第2回総会の初日と3日目（1946年8月14日、16日）に家事審判所の開設を要求していることは、座談会での我妻と横田のつぎのような発言から確認できる。

　　我妻　では十六日の審議の話にいきましょうか。最初は久布白さんから、家事審判所の急速設置が不可能だとすれば、簡易裁判所の活用等によって簡易適切な方法を考えられたいといわれた。
　　横田　これは十四日に、ぜひ家事審判所をつくってくれということを久布白さんがいったのです。これに対し家事審判所は今回は間にあわぬだろうと

133

答えている。それを受けて、もしそれがだめなら簡易裁判所でやらせてはどうかといわれたわけだ。

　　我妻　これは久布白さんとしてはごもっともな主張だね。それで坂野さんは、家事審判所はできるだけ本調査会に提出するようにしたいから、鋭意努力中だと答えられた。

（我妻編　1956：57）

　このように、久布白は総会初日に家事審判所の開設を求めたが、家事審判所の開設は改正民法の施行に間に合わない、という回答であったことから、再度、総会3日目の冒頭、家事審判所の開設が間に合わない場合には、簡易裁判所の活用等、代替措置を講じるよう要求している。それに対して、第2小委員会主査の坂野千里は、家事審判所の設置は間に合わない、あるいは、できるだけ努力すると回答するにとどまっている。

　その後、久布白は、臨時法制調査会の第2回総会の第1日目（1946年8月21日）でも、家事審判所の開設を要求する意見を述べている。この第2回総会については議事録をみることができるが、それによると、久布白の質問には起草委員の奥野が回答している。そのやりとりはつぎのとおりである。

　　38番（久布白委員）　その次に二十条と二十三条、二十七条などに裁判所裁判所と出ております。之はこの前小委員会の時にも申上げましたが、こういう家庭に関する問題を大きな裁判所に出すということは、出す人も気兼ねでありますから、皆様方も既にお考えになっていらっしゃる通り、将来は家事審判所とでもいうようなことを入れて戴くことは出来ませぬか、どうかしてこの裁判所という意味はそういう意味であるという意思をここに表示しておいて戴くことは出来ないものでございましょうか。小委員会の時から私度々考えてもおり、又御返答も承っておりますけれども、今度初めて御覧になる方々に初めからそういう意思がおありになるということを何等かの方法で示して戴いたら結構だと思います。

　　幹事（奥野健一君）　裁判所を家事審判所という風に変えてはどうかとい

うお話は、小委員会からこの前の部会にもお話がありましたが、お説のように家事審判所を設けて之等のことを家事審判所の管轄にせしめるのが相当と思いますので、そういう方向に進んで参りたいと思っております。現在司法省内に、家事審判所の委員会がなお残っておりまして、その委員会で家事審判所の権限管轄その他のことを研究中でありまして、之には予算等も相当伴うのでありまして、急速に憲法に伴って民法の改正を行っていくというこの際に、果してそれが間に合いますかどうか、非常に危んでおるのでありまして、もし間に合わなければ、やはりこの裁判所ということで一応は参りますが、追て家事審判所にそれらの事項を移すという方向に進みたいと思っております。

(我妻編 1956：254)

　ここで久布白は裁判所の文言が家事審判所の意味であることを表記するよう主張している。それに対し、奥野は家事審判所の開設準備をすすめていることを明らかにするものの、予算の制約という現実的な問題をあげて、改正民法の施行には間に合わないという見通しを示している。この点についての発言は、上記の引用のみで、久布白から奥野にそれ以上の意見や質問は出されていない。なお、奥野が回答のなかで言及している「家事審判所の委員会」とは、家事審判制度調査委員会のことをさすものとみられる。総会初日のこの時点では、起草委員会もまだ家事審判法の制定を決めていないと考えられるが、いずれ制定する際には、この委員会を活用するつもりであったことは、この奥野の発言からみてとれる。

　さて、同日の総会では、久布白につづき委員の村岡花子が発言している。村岡は「家」廃止、扶養義務、婚姻財産、離婚原因の規定等について、女性の立場から進歩的な意見を述べているが、家事審判所自体については論じていない。ただし、「離婚のことでありますけれども、離婚に付ての裁判がある、裁判は総て家庭裁判所(ママ)の意味に使われたいということは私は久布白さんと同じ考えであります」(我妻編 1956：256) と述べ、家事審判所開設の意見に賛同する立場を示している。

村岡の意見に対しては、起草委員の中川が回答している。しかし、中川は村岡が離婚に関して家事審判所に言及したことについては、一切述べていない。また、中川は扶養について回答するなかで家事審判所について触れているが、そこでは奥野と同様、家事審判所は民法改正には間に合わないという考えを示している。

　このように、久布白が小委員会や総会のたびに家事審判所の開設を要求し、村岡もそれに賛同する立場を表明しているが、これらの女性委員からの意見は、起草委員会に家事審判法の制定を迫るほど強力に主張されたものとはいえない。奥野や中川の回答からも、起草委員がこれらの意見によって、家事審判所の即時開設に方針を転換した様子はうかがえない。よって、中川の「覚え書」のように、委員からの家事審判所の開設要求の高まりに応じて、起草委員会が家事審判法の制定を決意し、要綱に追加したとは考えられない。

　中川の「覚え書」の真意はわからないが、委員からの即時開設の要望が高まったというよりも、むしろ、即時開設せざるを得ないという認識が、起草委員会のなかで高まったということではないだろうか。そのように考えると、小委員会や総会での「家」廃止をめぐる議論のなかで、起草委員会がそれを家事審判所の開設と結びつけてとらえていた、とみることができる。つまり、「家」維持派への対処として、家事審判所を民法改正に合わせて開設せざるを得ない、と起草委員会が認識するようになり、家事審判法の制定を決意するに至ったということではないだろうか。

　実際、家事審判制度を要綱に追加した後の審議では、「家」維持派からの質問に対する起草委員の回答のなかで、家事審判所がしばしば引き合いに出されている。とくに、そうした場面は、「第1」の修正によって書き込まれた「親族共同生活を現実に即して規律すること」に関する答弁で目立っている。たとえば、第3回総会では、民法改正要綱の審議の冒頭から、つぎのようなやりとりが行われている。

　　27番（牧野委員）　まず第一に要綱の第一として親族共同生活を現実に即して規律すること、之は結構な御趣旨と考えます。こういう風なことがあり

まして、その中に参照として、(第八、第十六、第十八、第二十五、第三十三等参照)とありますが、之を一つずつ当ってみた訳でありますが、之は現実生活の主なるものを見られているということになるものでございましょうか、それを一つ伺いたいと思います。

　奥野幹事　この参照の中にありますことは勿論でありますが、その外にも今回の要綱の追加にありましたように、家事審判法を急速に制定するということになりましたので、家庭関係の事柄に付ては家事審判所というものが非常に深くタッチすることになりましたので、その家事審判法要綱等におきまして扶養の関係とか色々の関係につきまして懇切親切に家庭の関係にタッチすることになります。それで家事審判法要綱というのは一応今立案しつつあるのでありますが、第一の参照の外に家事審判法の要綱第一と致しまして、家庭の平和と健全なる親族共同生活の維持を図ることを目的として、家事審判の目的をそこにおいて、親族共同生活の現実に即した方向で総て処理したいということになっておりますので、この参照に掲げてある外に色々考えております。

（我妻編　1956：264）

牧野の発言にある、起草委員会が要綱「第1」において参照例としてあげている、要綱の「第8」「第16」「第18」「第25」「第33」とは、つぎのようなものである。

第8　夫婦は共に夫の氏を称するものとすること、但し入夫婚姻に該る場合に於て当事者の意思に依り妻の氏を称するを妨げざるものとすること。

第16　父母が離婚するときは子の氏及子の監護を為すべき者其の他監護に付必要なる事項は協議に依り之を定め、協議調はざるときは裁判所之を定むるものとすること。

第18　子は父の氏を称し、父の知られざる子は母の氏を称するものとすること。

第25　養子は養親の氏を称するものとすること。

第33　氏を同じくする直系姻族の間に於ても扶養の権利義務を認むること。

（我妻編　1956：240-242）

　このように起草委員会による例示には、氏に関する項目が多く、妻や子どもは夫の氏、養子は養親の氏、婚外子は母の氏を称すること、また、氏が同じであれば直系姻族間に扶養の権利義務があることがあげられている。そのほか、離婚後の子の氏や監護者は協議で決めるが、協議で決まらなければ裁判所が判断するという項目があげられている。

　牧野がこれらの項目だけで、親族共同生活を現実に即して規律するという要綱「第1」の内容として十分といえるか、と問いただしたのに対し、奥野は、家事審判法を制定し、扶養の関係などについては、家事審判所によって「懇切親切に家庭の関係にタッチする」と応じている。つまり、前回の総会で議論が集中した「第1」の「親族共同生活の現実に即して規律」という問題への起草委員会からの対応が、家事審判法の制定ということである。

　さらに奥野は、家事審判法の要綱の「第1」に、その目的として「家庭の平和と健全なる親族共同生活の維持を図る」という文言をおき、これに基づいて、親族共同生活の現実に即して家族問題をすべて処理する、と答えている。この奥野の発言が意味しているのは、民法では「家」の規定は廃止するが、健全なる親族共同生活の維持を目的とする家事審判法によって、実質的に「家」は維持される、ということである。こうしてみると、起草委員会が家事審判法の制定を決定したのは、「家」維持派への対処として、それが必要であると判断したためといえる。

　しかし牧野は、家事審判所だけでは親族共同生活の現実という点が明らかにならないと重ねて主張している。牧野と奥野とのつぎのようなやりとりをみると、ようするに、牧野がこだわっているのは成人子と親の関係であることがわかる。

　　27番（牧野委員）　私が第一に心配しておりますのは、両親に対する関係、親子の関係をもう少し我々としては考える必要はないかということでありま

す。(略)今現に行われている憲法の説明を新聞等で見ますというと、要するに夫婦と未成年の子供だけが要点になるというような趣旨のものもございますが、当局としてはそういうお考えでございますか。家族生活の根本は夫婦と未成年の子にあるというお考えでおありになるのか、それとも現実に即する家族生活ということになると、もう少し広い家をお考えになって家事審判等に付ての御考慮があるのか、その辺の心持を伺いたい。

奥野幹事 殊に夫婦の上の所謂尊属としての親の関係に付ては現在規定はでございませぬ(ママ)。それを更に進んでその点を民法の中に規定するという所までは考えておりませぬが、先程申しました家事審判法に依って家庭の平和と健全な親族共同生活の維持ということを目標として、それを維持していきたいという中には、勿論そういう関係も考慮してここに網羅することが出来るという風に考えております。

(我妻編 1956:265-266)

牧野は、現実の家族生活という点について、「もう少し広い家」という言葉で表現し、これを家事審判で考えていくのか、という問い方をしている。それに対して、奥野は「家」という文言は使っていないが、家事審判法によって「そういう関係も考慮してここに網羅することが出来る」と応じている。つまり、家事審判法は「家」維持派に対して提示された、「家」維持を保障するための装置ということである。

それでも牧野の追及は止まず、親子関係について質問をつづけている。そこでは、要綱「第9」の夫婦の同居扶助義務を引き合いに、つぎのようなやりとりがなされている。

27番(牧野委員) 即ち要綱第九は憲法の規定を或る意味からいうと寧ろ更に拡充して、そうして協力扶助ということをお決めになったものと私察しておったのでございます。そういう風に単純な扶養の義務を超えてのものであると致しますと、例えば親に対しては扶養の義務だけでよいというお考えでございまするか、それは家事審判所でよろしくやるから、それで特に要

綱に載せる必要はないというお考えのものでございましょうか。

奥野幹事 その親との関係につきましては現行法にも何等規定がない訳でありまして、更に憲法自体からそれをも特に現行法を修正しなければならないという要求があるようには認められませぬのであります。ただ併し日本古来の親族共同生活というものは維持しなければならないと思いますので、その点につきましては広く慣習一般の目的方針として家事審判法の第一にそれらの意味を含める意味で、それらの規定を設けようとするのであります。

(我妻編 1956：266-267)

牧野は家事審判法だけでは納得せず、民法改正要綱に子が親を扶養するということ以上の内容を盛り込むべきとの考えを主張している。それに対し、奥野はそのような親子関係を民法に規定する考えがないことを明示したうえで、「日本古来の親族共同生活」という「家」維持派に親和的な表現を用いて、今後もそれを維持する必要性を認め、そのことを家事審判法の「第1」に含めると回答している。それでも牧野は納得せず、その後も同じような質疑が繰り返されている。そこで、奥野に代わって今度は中川が牧野に応じている。中川は夫婦と親子の協力扶助の違いを説明するなかで、つぎのように述べている。

中川 夫婦の場合のように強い協力扶助の関係が起るのは親が未成熟の子供を養育する場合だけであると思うのであります。それ以上に法律が親子である以上は、子供が成長しても同じような協力義務を認めなければいかぬといって、それを法律で規定致しますと、却て色々な場合に親子の関係が不都合を生じないとも限らぬのであります。そうでありますから、それらに対しては家事審判所という建前が出来ているのであります。家事審判法の要綱案には家庭の平和と健全なる親族共同生活の維持を図ることを目的とすると冒頭に謳っております、この趣旨に基いて家事審判所が、之は親子であるから、子供として苦しくてもこの程度の扶養をしなければならぬという風に考えるでありましょう、(略) 私はもっと扶養の義務というものの本質的な面から親子の間の強い扶助関係というものを研究したがよい、それらはやはり

家事審判所に任せてよいと思います。

(我妻編 1956：271-272)

　中川は親子間の協力扶助を重視する考えを示しつつ、親子関係については一義的に規定するべきではないという立場から、家事審判所に委ねるべきと主張している。中川の発言からは、起草委員会が家事審判所を、「家」問題に対応するための機関とみなしているのがわかる。牧野は中川の説明にも納得せず、「夫婦のことを協力と考えるのならば、我々としては当然親のことを考えなければなりませぬ。子のことは考えるが、親のことは第二次だというのでは民法の道徳的意味、社会的通念が抹消されます」(我妻編 1956：273) と、持論を曲げていない。

　牧野と起草委員の一連の議論をみると、やはり、起草委員会が家事審判法の制定を決意したのは、女性委員からの家事審判所の開設要求によるのではなく、「家」維持派への対処の必要によるものといえる。つまり、起草委員会としては、要綱「第1」の「民法上の「家」を廃止する」という直接的な文言を削除し、「親族共同生活を現実に即して規律する」と改めたにもかかわらず、「家」維持派からの執拗な追及が止まないことから、民法上の「家」規定の廃止を実現するには、家事審判所によって現実生活上の「家」は維持されるという方向を示さざるを得ない、と判断したものとみられる。まさに、家事審判法の制定は、「家」維持派に対して起草委員会が出した「切り札」といえる。

　以上のように、家事審判制度の創設は、民法改正要綱の議論のなかで「家」維持派対策として急遽決定されたものである。つまり、ここで家事審判制度に託されたのは、「家」制度下の親子の扶養や相続を維持することである。こうしてみると、長年構想されてきた家事審判制度がようやく実施されることになったが、その論理は、かつて穂積が唱えた家族内の弱者救済といったものではない。

　このような経緯で家事審判法の制定が決定したことから、改正民法の施行に間に合うように制定することが最優先となる。そして、いうまでもなく、家事審判法の内容が「家」維持派を刺激するものであってはならない。こうした状

況では、予想される制度の問題を洗い出し、その対策を法案に盛り込むといった積極的な立法作業はまったく期待できない。履行確保についていえば、問題が発生することは起草者にも当然予想されていたはずである。実際、我妻は前章でみたとおり、1935年の「婦人と法律」の座談会で、離婚後の扶養料の履行確保が議論となった際、家事審判所による徴収を提案していた（座談会1935：27）。さらに、我妻はその後、1952年刊行の穂積の追悼論文集に寄せた「家事調停序論」のなかで、「調停の結果定められた扶養料の支払についてさえ、その実行について責任をもたない現在のわが国の家庭裁判所のやり方は、およそ問題外である」（我妻 1952：568）と指摘している。つまり、履行確保の問題は十分認識されていたにもかかわらず、家事審判法の審議過程では議題にあげられなかったということである。

やはり、家事審判法の制定過程で履行確保が議論されなかった背景には、改正民法における「家」制度廃止との関係から、「家」維持派対策として家事審判法が制定された、という歴史的経緯の問題があるといえる。しかし、改正民法の施行にあわせて、全国に家事審判所が開設され、家事審判制度が実施されるとすぐに、制度の問題点が家事審判官から提起されることになる。その様子について、次章で詳しくみてみたい。

1) 以下、民法改正要綱の成立経緯については、我妻編（1956）ならびに中川（1949）によっている。
2) 「司法法制審議会第2小委員会」の委員および幹事氏名は、我妻編（1956：206-207）に掲載されている。
3) 1946年7月30日の第2小委員会で決議された「民法改正要綱案」は、我妻編（1956：230-233）に資料7として掲載されている。
4) 司法法制審議会第2回総会で決議された「民法改正要綱案」は、我妻編（1956：233-237）に資料8として掲載されている。なお、それには日付が1946（昭和21）年の8月15日とあるが、これは8月16日の誤りとみられる。本書では16日と修正して記載する。以下同様。
5) 臨時法制調査会第2回総会については、8月22日の議事速記録の抜粋が我妻編（1956：243-263）に資料14（イ）として掲載されている。
6) 臨時法制調査会第3回総会については、議事速記録の抜粋が我妻編（1956：263-299）に資料14（ロ）として掲載されている。

第4章　家事審判制度の創設

7)　家事審判法の成立経緯については、堀内（1970：297-442）によっている。
8)　第3章でも注記したとおり、堀内（1970：305）は、我妻編（1956：205）がこの委員会は第1回で中断したと記述していることに疑問を呈しているが、根拠となる正確な資料がないため、我妻編（1956）に従うとしている。本書も我妻編（1956）にならい、委員会の通算回数については、戦前に1回開催として記述する。
9)　1946年10月15日付の「家事審判制度調査委員会役員名簿」が堀内（1970：1041-1042）の資料30に掲載されている。
10)　「家事審判法要綱案」（1946年11月28日）が、堀内（1970：1055-1058）に掲載されている。ただし、堀内（1970：386）は、家事審判制度調査委員会の最終回（11月28日）以後の日付の要綱案がみつかっていることから、最後の委員会で確定案となったのかどうかという点につき、疑問を呈している。
11)　家事審判法案は、衆議院司法委員会議録（1947年8月14日）による。なお、1947年5月3日の憲法施行から改正民法が施行されるまでの間の応急措置として、1947年4月19日に「日本国憲法の施行に伴う民法の応急措置に関する法律」が制定されたが、これは全10か条からなる短いもので、そこに家事審判制度についての規定はない。
12)　安藤（1952：10）によると、東京法務局総務課小俣喜一郎の好意により、要録を参照したという。
13)　堀内（1970：380）によると、作間は人事調停の長年の経験があるという。
14)　メモ用紙における「佐久間委員長」の記載は「作間委員長」の誤りとみられる。
15)　参加者の職名は立法参与当時のものである。なお、我妻編（1956）の座談会の記載には、小澤文雄（司法事務官）と来栖三郎（東京大学教授）が紙上参加している。

第5章

家事審判官による履行確保制度の要請

1 全国家事審判官会同における議論の経緯

　家事審判法の成立により、1948年1月から家事審判制度がスタートし、全国の家事審判所で家事調停や家事審判が実施されている。そして、ちょうど制度開始1年後の1949年1月、家事審判所は少年審判所と統合されて家庭裁判所となっている。それから7年半後の1956年7月、履行確保制度が導入されるが、その背景には、実務家や家事事件当事者からの要望、民法学者からの指摘がある（最高裁判所事務総局家庭局 1970：1）。なかでも、制度導入の原動力となったのは、家庭裁判所の家事審判官からの強い要望である。そのことは、全国家事審判官会同での議論を追ってみるとよくわかる。

　全国家事審判官会同（以下、会同）とは、毎年、最高裁判所で開催される家事審判官の会合で、家庭裁判所が当面する立法上、あるいは運営上の重要問題が協議される重要な会議である。1950年代までの協議録をみると、会同は毎年、2日間の日程で開催されており、ほぼ毎回、はじめに最高裁判所長官の訓示、つづいて事務総局家庭局長による所管事項に関する説明があり、その後、協議が行われている。会同にあたり、各裁判所はあらかじめ、協議事項に関する意見を書面で提出しておき、当日の協議は各意見が内容ごとに整理された協議事項集に基づいてすすめられる。具体的には、協議事項集の項目順に、まず意見を提出した裁判所がその趣旨を発言し、それについて質問や意見が自由に

出され、それから、家庭局第１課長が見解を述べるという形式である。

　履行確保制度の法制化を求める意見は、家庭裁判所の創設後、初の1949年の会同から継続的に提出されている。最高裁判所事務総局家庭局（以下、家庭局）が1954年までの６回の会同についてまとめたところによると、1949年の会同では14庁、1950年では17庁、1951年では20庁、1952年では８庁、1953年では12庁、1954年では５庁から意見が提出されており、「六年間を通じてみると、ほとんど全国の家庭裁判所からそれぞれこの点に関する積極的な意見または要望が提出されたことになる」（最高裁判所事務総局家庭局 1970：1-2）という。家庭局はこれらの会同に提出された意見をつぎの５点にまとめている。

1．家事債務について特別の簡易強制執行制度を設けること。
2．家事債務、とくに調停により定められた義務の履行を監督する権限を家庭裁判所に与え、履行状況の調査および履行の勧告が行われるようにすること。
3．家事債務に基づく金銭等の授受に家庭裁判所が関与することができるようにすること。
4．家事債務の不履行者に対しては、家庭裁判所が制裁を科しうるようにすること。
5．審判前の臨時に必要な処分の執行方法を明らかにし、かつ、調停前の措置にも執行力を与えること。

（最高裁判所事務総局家庭局 1970：2）

　このうち、第２点目は履行勧告、第３点目は寄託、第４点目は履行命令に従わない場合の制裁として、その後実際に履行確保制度に導入されている。履行確保制度は、このような家庭裁判所の家事審判官による継続的な訴えにより実現したものである。

　会同での議論は大変活発に行われており、家事審判官からの要求に対して、家庭局が守勢に回る場面も多くみられるが、家庭局は当初から、このような家事審判官による積極的な意見を奨励している。そのことは、1949年の会同での

家庭局長の挨拶に示されている。家庭局長の宇田川潤四郎は、履行確保に関してつぎのように発言している。

　　家事審判についても少年審判における少年保護司のような調査のための専務機関を設置し、或は審判、調停等によつて決定した事項の履行を確保するための機構を確立することなどについては、つとに各方面からその必要性が強調せられているのであります。家庭局といたしましても、これらの点に関し目下鋭意研究を進め、かつその具体化に努力いたしている次第でありますが、国家財政その他の見地から相当の困難が予想せられるのでありまして、その実現には現地審判官各位の実務に則した強力な御支援が絶対に必要であると考えるのであります。各位におかれましては、この点御諒解の上つとめてあらゆる角度にわたる忌憚のない意見や構想を反映せられるとともに、実務の面においては、例えば履行確保の問題について調停條項に慰藉料、扶養料などの支払場所を家庭裁判所と定める等の措置を考慮することによつてできる限り一般の要望に副うよう御配慮をわずらわしたいのであります。

　　　　　　　　　　　　　　　　　　　　（1949年会同a[2]：8）

宇田川は履行確保制度の必要性を認め、制度の導入を目指しているものの、その実現には「相当の困難」が予想されるとみている。その理由として宇田川が指摘しているのは、明示的には「国家財政」だが、それにつづけて「その他の見地」をあげている。これが何を意味するのか、具体的には言及されていないが、その後の議論をみると、裁判と執行の分離といった、法理論に基づく反対のことだと考えられる。

　そのため、宇田川は「実務に則した強力な御支援が絶対に必要」と力説し、家事審判官にバックアップを要請しているが、そこには、原理論からの抵抗を実務からの現実論で乗り越えようとする姿勢が感じられる。また宇田川は、家事審判官に対して、制度化が難航している実情への理解を求めるとともに、運用によって履行確保の実践をすすめるよう要望している。そして、慰謝料や扶養料等の家事債務の支払場所を家庭裁判所とする、といった具体策も示してい

る。このように宇田川の1949年の会同でのあいさつには、家庭裁判所発足当時の履行確保制度導入に対する厳しい情勢があらわれている。

会同での具体的な議論についてはこれから検討するが、当初から履行確保制度を要求する主な意見は、その制度の担い手として調査の専門職員、すなわち、調査官を想定している。よって、履行確保制度の実現は事実上、調査官制度を導入できるかどうか、その調査官の職務にどのような内容を規定できるか、という点が重要な鍵を握ることになる。ようやく1951年、家事調査官が実現するが、実際に導入された家事調査官の制度は、その職務内容から履行確保が除外されたものであった。そのため、会同での履行確保をめぐる議論は、家事調査官の導入前と後ではトーンが異なり、導入される前は履行確保の必要性と履行確保の方法を指摘する意見が中心だが、導入された後は家事調査官制度の批判と改善要求が強くなっている。

よって本章では、会同の協議録をもとに、家事調査官の導入前と後にわけてみていく。ただし、会同での議論をみる前に、家庭裁判所が発足する前、家事審判所当時の主張もみておきたいところである。また、家事調査官の導入後の会同での議論を検討するには、調査官制度導入の際の国会での法案審議を踏まえておく必要がある。そこで以下では、まず、東京家事審判所による建議書を手がかりに、家庭裁判所発足前の家事審判官の主張を確認し（第2節）、それから、家事調査官「導入前」の1949年と1950年の会同について（第3節）、つぎに、家事調査官に関する法案の国会審議について（第4節）、そして、家事調査官「導入後」の1951年と1952年の会同について（第5節）、履行確保に関する議論を検討してみたい。なお、後述するとおり、1952年の会同によって局面が変化し、その後は履行確保の法制化に向かい、会同での議論にとくに変化もみられないことから、検討の対象は1952年の会同までとする。

2 東京家事審判所による建議書

家事審判法の成立により、1948年1月から家事事件はすべて家事審判所で扱われることになり、地方裁判所の支部として、全国276か所に家事審判所が設

けられている（最高裁判所事務局民事部 1948：4）。家事審判官は家事審判所の開設当初から問題に直面していたようであり、東京家事審判所の初代所長を務めた佐伯俊三は、「実際に仕事をして見ると、いろいろ、注文したい事に気が付いた」（佐伯 1959：150）という。そこで佐伯は東京家事審判所諮問委員会委員長として、家事審判所が翌1949年1月から少年審判所と統合されて家庭裁判所となるのを前に、1948年11月2日付で最高裁判所長官あての建議書を提出している。それは「家事審判所の機能拡充についての建議書」と題するもので、前文にはつぎのようにある。

　家事審判制度は施行以来良好な成績を収め、東京家事審判所の実績についていへば、受理件数は当初の予想を遥かに超へて、本年十月末日現在に於て審判事件七一八〇件、調停事件二〇〇四件、法律相談事件二〇六一四件の多きに上つた。これは世間のこの制度に対する異常な期待によるものと考へられるが、他面、その期待が大きい丈けに、若し今にしてその機構を拡充して十全の効果を挙げるように措置しなければ、やがてはその期待は不平と失望に変るであらう。よつて当委員会は、丁度家庭裁判所設立の機運にあるとき、これ等のことを実現するの好機であると思料し、東京家事審判所に於ては左の事項の具体化を希望する次第である。

（佐伯 1959：150-151）

　前文では、まず、予想以上という家事事件の受理件数が示されている。たしかに、東京家事審判所の事件数は、それ以前の人事調停に比べて急増していたようである。建議書の事件数は10か月間のものだが、佐伯は翌年1月に開催された座談会で、東京家事審判所が開設されてから1年間に扱った事件数を明らかにしている。それによると、調停事件は2,471件、審判事件は8,698件、法律相談事件は2万6,079件で、いずれも予想を超える件数であったという。佐伯は、人事調停との比較も示しており、「一昨年の家事審判所施行前の昭和二二年度の調停事件というものは、東京で一年を通じて二五三件しかなかった、まあこれが今度は二、三倍には増加するだろうというような予想でありました

が、結果ははるかに超越致しまして、(略)前年度の殆んど十倍にも達しております」(座談会 1949：12)と述べている。

　予想以上の事件数について、座談会で川島武宜は、「やはり新憲法によってすべてが改ったのだという意識があるところへ、民法や家事審判所について盛んに啓蒙運動をやったことが相当効いているのではないかと思われます。(略)家事審判所の存在や役割なども相当知れ亙って、あすこに行けばなんでも解決して貰えるそうだというくらいに、非常にその知識が普及したということが大きいのじゃないか」(座談会 1949：13)と指摘している。佐伯も川島の指摘に同意し、「川島先生のお話になったように宣伝が効いたからだろうということに我々の間でも話が落着いたわけです。穂積先生のいわれるようにともかく駆込んで行って相談する。こういう気持が一般にできて来たのではないかと思います」と述べたうえで、「そして婦人の申立が多いということも新憲法によって婦人の権利が認められたということにもよりますけれども、家事審判所に行けば財産の分配の請求もできるのだ。お金も貰えるのだということが分ったことにもよるでしょうし、もう一つは親族間の紛争については所謂調停前置主義によって、先ず必ず家事審判所の門を潜らなければならないということになったからだろうと思います」(座談会 1949：13-14)と指摘している。

　どの要因が事件数の増加に効いているのかはわからないが、履行確保の関心からみると、女性が問題の解決を求めて家事審判所に駆け込んで来ていた、という点は注目される。というのも、あとでみるとおり、会同で家事審判官らが履行確保制度を要望した直接的な要因のひとつに、不履行を訴えてくる当事者への対処に家事審判官が苦慮していたという事実があるからである。このような不履行の訴えがなされたのも、家事審判所の開設当初から、女性たちが問題を解決してもらおうと、家事審判所に駆け込んでいたという状況があればこそである。前章でみたとおり、家事審判所は民法改正をめぐる「家」維持派との議論のなかで、いわば「家」を維持するための機関として設置されることになったが、実際に家事審判所が開設されると、かつて穂積が病院とたとえたような家族問題の救済機関として、女性に利用されていたことがわかる。

　さて、建議書では、このような事件の増加を背景に、家事審判制度の機能強

化の必要性が主張されている。具体的には、この前文につづき、6つの事項が要望されている。それは、「1. 相談部(仮称)の確立」「2. 審判及調停事件補助の為めの調査官(仮称)の設置」「3. 監視補導部の設置」「4. 調査官の内一名を首席調査官として調査官の職務を総括せしめる」「5. 出納部の設置」「6. 統計部の設置」である(佐伯 1959：151-152)。このうち、「3. 監視補導部の設置」と「5. 出納部の設置」が履行確保制度に相当する。建議書ではそれぞれについて、つぎのように説明されている。

 3. 監視補導部の設置 事件終結後の履行の確保は実質上家庭事件処理の重点であつて、これが裏付けなき審判調停は画餅に等しい。婦女子青少年に直ちに強制執行の道を指示するが如きは殆んど不能を強いるの感がある。況んや、家庭事件の義務の履行は啻(ただ)に金銭の支払のみにとどまらない。これ等の履行状況を監視又は調査して任意的履行を督促し、事件終了後の家族親族間の実状を調査し、一方、病者、困窮者、娠産婦(ママ)、要保護少年等があればこれを補導し、又は夫々適宜の施設に斡旋し、場合によつては家庭訪問をなし、又は他官公署其の他の施設と交渉連絡するため、前二項とは別に調査官(仮称)五名、事務官五名程度を置く必要がある。

 5. 出納部の設置 金銭の履行、殊に扶養料、慰藉料等の割賦支払については、実績上義務の履行に多分の不安があり、その為めアメリカの制度の如く、家事審判所がその支払を受けて権利者に交付する仕組にせよとの声が強い。よつて、払込及交付を審判所に於て行はしめるよう、法規に於ても機構に於ても制度を完備し、且つ、これについて供託局類似の機構を附置せしめて出納事務を整備し、この為事務官二、三名を置く必要がある。

(佐伯 1959：152)

 まず、監視指導部の設置についてみると、家事事件の処理における履行確保の重要性が指摘され、履行確保の裏付けのない調停・審判は画餅に等しいとの認識が示されている。そして、履行状況の監視、事後調査、履行確保のための

当事者への働きかけ、ケースワークによる権利者の保護などを行うための、調査官の必要性が主張されている。監視補導部の名称からわかるとおり、これは金銭債務以外の履行確保も視野にいれたものであり、ここで要望されている「調査官（仮称）5名」というのも、少年事件の少年保護司のような後見的機能を果たす専門職員が想定されているとみられる。

つぎに、出納部の設置についてみると、これはまさに金銭債務の履行確保のためのもので、アメリカの制度にも言及しながら、現場からの強い声として要望されている。ここで示されている出納部の制度は、のちに実現する寄託制度に相当する内容となっている。

この建議書は東京家事審判所の機能充実という限定された要望だが、これからみていくとおり、家庭裁判所の開設後すぐに、全国の家事審判官からこれと同様の要望が出されている。つまり、家事審判制度の開始当初から、審判官にとって履行確保は切実な問題であり、対策が必要な状態であったということである。

3　家事調査官「導入前」の会同での議論

(1)　1949年の会同
①　「調査に関する機関」の協議

1949年の会同の協議録をみると、履行確保に関わる意見は「執行確保の対策」としてまとめられているほか、「調査に関する機関」として整理された意見のなかにも含まれている。会同での協議の順にあわせて、まず、「調査に関する機関」についてみると、提出された意見のなかで履行確保に関わるものは1つで、その提出庁は9庁となっている。ただし、会同で発言しているのは東京家庭裁判所（以下、家庭裁判所は家裁）のみである。

　　(1)　審判ならびに調停事件の係属中、当事者の家庭状況、財産状態、性格、素行、その他事件の処理に必要な調査をする外、調停成立後の履行状況の調査等を担当する調査機関の設置を考慮されたい。（東京、宇都宮、甲府、

新潟、神戸、和歌山、松江、福岡、秋田)

　東京　審判事件ならびに調停事件を扱いまして痛切に感じますことは、我々がその事件を処理いたします資料をもたないという点でありまして、（略）従つて事件を適正に処理いたします上には、家庭裁判所直属の調査機関というものが必要であり、これはあたかも少年事件における少年保護司に相当するものであると思うのであります。従つてこの際特殊の調査機関を設置するということがもし諸般の事情から困難でありますれば保護司の形でも結構でありますから、家事審判事件についてかような点についての調査を担当する専属の調査機関を御設置願いたいと思うのでありまして、これは大都会におきましては当事者の家庭事情を知ることが困難でありますから、なお必要と考えられます。

(1949年会同 b：23-24)

　提出意見をみると、「調停成立後の履行状況の調査等を担当する調査機関の設置」とあり、履行調査を要求する意見となっている。しかし、東京家裁の発言は、調停や審判のための事前調査の必要から、調査機関を要求するのみで、履行調査については触れていない。発言のなかでは、特殊な調査機関の設置が困難であれば、少年審判の少年保護司と同じ形の設置を求めるとしているが、その際にも事後調査については一切述べられていない。そのため、これに回答した家庭局第1課長の市川四郎も履行確保には言及していないが、調査機関の導入に関して、つぎのような見解を述べている。

　市川課長　家事審判につましても少年審判におけると同様に、少年保護司のような調査機関があればよいということはおそらく皆様方も御異論のない所であると思うのであります。この調査機関をそれではどういう形において設置して行つたならばよいかという点なのでありますが、これには色々御意見があることと思いますのでお互に今後十分検討いたしたいと思います。ただ当座の問題といたしまして、実は本年度の予算の計上の際に私共といたし

まして一人の審判官について二人の調査専門職員を是非認めて貰いたいという要求をいたしたのであり、けれども不幸にして認められなかつたのであります。将来の立法問題といたしまして今東京の方からもお話がありましたように、家庭裁判所に調査部のようなものを設置いたしまして、そこに少年部と家事部に共通の保護司のようなものを設けて調査事務を担当せしめるということも、たしか一つの方法じやなかろうかと考えます。

(1949年会同 b：24-25)

　市川は、調査官の導入に関して、少年保護司のような調査機関の必要性は認めているが、その設置については「今後十分検討いたしたい」との回答にとどめている。また、家庭裁判所に調査部を設置するという案に対しても、「将来の立法問題」としか答えていない。こうした消極的な回答の背景には、調査機関を設置するための予算獲得のめどが立っていないという事情がある。市川が回答のなかで説明しているとおり、すでに1949年度の予算計上で調査専門職員のための費用を要求していたが、「不幸にして認められなかつた」のである。

　実際、市川は調査官の必要性を強く認識しており、その導入に向けて熱心に取り組んでいる。市川はもともと判事だが、戦前、司法省民事局第2課長として親族法・相続法の改正事業を主管し、改正委員の穂積重遠や中川善之助らの議論にも関わり、親族法ならびに家事審判制度についての深い知識を身につけている。戦後は、東京家事審判所の初代所長の佐伯にさそわれ、家事審判官を務めていたが、1948年11月に東京家事審判所から最高裁判所事務局に入り、家庭裁判所の設立に関する法規や予算折衝等の事務にあたっている。そして、家庭裁判所の設立後、家庭裁判所準備室が家庭局に改められた際、第1課長に着任した人物である（市川 1986：92-95）。

　こうした経歴を持つ市川は、家事審判制度の発足当初から調査官の必要性を痛感していたという。それは、改正民法が親族会を廃止し、その機能の大部分を家事審判所に委託したにもかかわらず、いわゆる後見的な役割を実行するのに必要な調査、監督のための機関を考慮していなかったことは立法の重大な不備であり、家事審判や家事調停の基礎となる資料を収集するために調査の機関

が必要である、との考えに基づいている。それで、市川は家庭裁判所の設立にあたり、大蔵省に対して、1949年度の予算要求で調査専門職員の配置を要望したわけだが、それは「予期したことではあつたが、家庭裁判所の裁判官、書記官、少年保護司、事務官等の整備だけで一杯で、新しい職員を認める余地はないということで一蹴されてしまつた」(市川 1959：221) という。

このように1949年の会同の時点では、調査官導入の予算確保の見通しが立たない状況にあったといえる。よって、会同での市川の発言も消極的なものにとどまっていたものと考えられる。

② 「執行確保の対策」の協議

「執行確保の対策」についてみると、意見は5点にまとめられている。このうち、1点目は執行部、執行官の設置、2点目は金銭債務の支払における家庭裁判所の関与、3点目は供託制度、扶養局の設置、4点目は履行確保の規定化、5点目は保護観察制度の導入である。会同では1点目から3点目までは順次、そして4点目と5点目はあわせて協議されている。

(1) 家庭裁判所に執行部を設け、或は執行官を設置し、簡易な手続で調停條項の履行を確保する。殊に金銭の取立等の途を開く要はないか。(東京、神戸、福岡、松江、大分、仙台、秋田)

　福岡　本問題は結局調停をやつても、その結果がどういう風になつているか結果が解らんというのでなく最後までお世話したい。なんとかその方法があるまいかということから提出したのであります。

(2) 調停条項中、金銭の支払等の履行場所を家庭裁判所とし、当事者が裁判所に支払い、又は裁判所から受領するようにしてはどうか。(前橋、青森)

　前橋　調停が成立して慰藉料なりその他の名義で金銭等の授受が行われる場合に、その金銭等をどこで受渡しをするかという点になりますと、直接債務者が債権者のところにもつて行くのは従来の経緯から気拙い感じがする。

そうかといつて郵便為替で送るのも地方の交通不便な所では却つて手数がかかるというので、遂に履行し悪くなるということになり勝ちなのでありまして、さような場合には、実際には仲人のところにもつて行つて仲人から先方に渡して貰うという方法で実際はやつておるのでありますが、もし慰藉料を裁判所の係に払込みまして、その係の方から債権者の方に引渡すという方法がとれますと大変都合が好いのじやないかというのでありまして、本問題を提案いたした次第であります。

長野 裁判所が金銭の支払とか、或は受領にまで関係するということは私は考えものであると思います。調停調書のできたその日に偶々金をもつて来ていて裁判所で支払うという程度のことは許されると思いますが、後々まで裁判所が金の授受に携るということは余り面白くないと思います。そこで先程の保護観察制度を採用して裁判所の機関としてその履行面を確保されたらどうかと思うのであります。

(3) 審判又は調停の履行の確保のために供託制度、又は扶養局のような特別の機関を設けること。（大阪、和歌山、宮崎）

和歌山 執行確保について裁判所が中に入りますと、長野の仰せられたように非常に危険の場合を起す余地があるのであります。預つた物を紛失の虞がありますし、職員の監督を十分にしなければなりません。又当事者が病気、その他でとりに来ないときは会計が保管しておりますが、会計も忙しいのでいやがります。どうしても下に一局を設けて保管につき万遺漏なきようにしたいというのであります。

(4) 事件終結後の履行を簡便に確保するため、適当な規定を設けること。（浦和、釧路）
(5) 家事審判や調停の成果に対して保護観察制度のようなものを設けてはどうか。（水戸、長野、松江）

松江　松江の出しました問題は少し内容を異にしております。家庭裁判所は調停成立後当事者について調停條項履行の状況を調査し、もつて調停事務に関する参考資料を得るとともに、他面間接的に当事者の履行を促す方法がないか、これが松江の提案であります。
　大津　金銭の授受についての執行確保の外、たとえば離婚調停におきまして色々話合つた結果、円満に夫婦生活を継続するということに調停ができました後、その家庭がどうなつているかということは家庭裁判所といたしまして関心をもつべきであると思います。家庭裁判所の職員が行つて様子を見るというようなことも一つの方法だと思います。そういう調査が徹底的にでき、またどうも仲がうまくいかないようなときには、更に適当な方途で世話して行くことができれば非常に結構だと思うのであります。大津でもそういつた事件では葉書でその後の模様はどうだということを問い合せたり、関係人を呼んでその後の模様を聞いたり、暫定的にやつております。それにもつと徹底した調査員のような設備が欲しい。しかし調査員は人を得なければ却つて悪い結果になりやせんかということも心配するのでありまして、その点につきまして十分に考慮を煩わした上でそういつた制度のできますよう御尽力をあらんことをお願いしておきます。

（1949年会同 b：26-28）

　家事審判官の発言は、いずれも履行確保を求める意見だが、その根拠としては、家庭裁判所の特性から、審判や調停の結果の実現に家庭裁判所自身が関与すべき、と主張されている。たとえば、1点目の執行部・執行官の設置について、福岡家裁はその提出理由として、調停後の結果を問わない現行制度を批判し、「最後までお世話したい」と述べている。また、5点目の保護観察制度に関する協議でも、大津家裁が夫婦関係調整の調停事件を例にあげ、調停後の家庭の状況について、「家庭裁判所といたしまして関心をもつべき」と述べている。これらは、家事事件の特殊性、家庭裁判所の性格を重視し、アフターケアの必要性から履行確保制度の導入を主張するものである。
　協議録をみると、1点目の執行部、執行官について、具体的な議論は行われ

ていないが、意見の最後に「殊に金銭の取立等」と記されている。また、2点目、3点目の意見も金銭債務の履行確保に関するものである。会同では金銭債務に関し、前橋家裁が支払場所を家庭裁判所とし、金銭の授受について家庭裁判所が仲介する方法を提案しているが、これはすでに家庭局が各裁判所に実施を推奨している手法であり、この意見はその制度化を求めているものとみられる。前橋家裁は提案理由として、債務者が債権者のところに持参するのは「従来の経緯から気拙い」として、近親者間の紛争という家事事件の特殊性から、当事者による直接的な金銭授受の困難をあげている。前橋家裁の意見で興味深いのは、郵便為替について、交通が不便な地方では「却つて手数がかかる」ということで、ついに履行しなくなると指摘している点である。ここからすでに当時、当事者が直接対面することを回避する支払い方法として、郵便為替が利用されているのがわかる。しかし、この方法でも不履行に陥るため、「仲人のところにもつて行つて仲人から先方に渡して貰うという方法」がとられているという。結局、第三者が介入しないと金銭債務の義務を履行することは難しいということである。こうした状況から、公的機関である家庭裁判所が金銭授受を仲介する方法が提案されている。

　これに対し、長野家裁は「後々まで裁判所が金の授受に携るということは余り面白くない」と、前橋家裁の提案に異を唱えている。和歌山家裁も同じく、裁判所が金銭授受を仲介することは「非常に危険の場合を起す余地がある」と指摘し、具体的な問題として、「預つた物を紛失の虞」「職員の監督」「当事者が病気、その他でとりに来ない」といった点をあげている。そのような理由から、和歌山家裁は「一局」を設けることを提案している。これが3点目の供託制度、扶養局の設置を求める意見である。一方で、長野家裁は「保護観察制度」による履行面の確保を提案している。この「保護観察制度」とは、前述の「調査に関する機関」の協議で東京家裁と市川課長が言及した、少年保護司のような専門の調査機関をさしている。つまり、長野家裁の提案は、調査官による履行確保ということである。

　第5点目の保護観察制度の導入を求める意見も、長野家裁の提案と同様である。松江家裁は提案理由として、調停成立後の履行状況の調査のほか、「間接

的に当事者の履行を促す」という点をあげている。これは調査官による事後調査と履行勧告の提案といえる。松江家裁につづいて大津家裁も、葉書による問い合わせや関係人の呼び出しを暫定的に行っている現状を紹介したうえで、「もっと徹底した調査員のような設備が欲しい」と述べている。これも履行確保を担当する専門の調査官の導入を求める意見である。

このように「執行確保の対策」の協議において、家事審判官は家庭裁判所によるアフターケアの観点から履行確保の必要性を指摘し、その具体的な方策として、家庭裁判所による金銭授受の仲介や扶養局の設置、ならびに、履行確保のための家庭裁判所専属の執行官や調査官の導入を主張している。これに対し、市川はつぎのように回答している。

> **市川課長** 家事事件の処理にあたりまして強制執行まで行くということはできる限り避けて、そこまで行かない先に何等かの方法を講じて、債務者に対して債務の履行を促すという方法を講じることが望ましいことはいうまでもありません。この点債務者が裁判所に支払い、裁判所が更にこれを債権者に支払う仕組になつているアメリカの家庭裁判所の金銭授受の方法は、大いに参考にすべきであると思つております。将来の問題といたしましては、保護観察制度や調査機関制度を十分に研究しできるだけ実施に移すよう努力して行きたいと考えている次第であります。なお東京や大阪では、2の点につきまして調停條項の中で支払場所を家庭裁判所と指定することが相当効果をあげておられるということを聞いておりますので、この点は局長の先程の説明事項の中にもありましたが、外の各庁でもできるだけこういう面について考慮して戴きたいと思います。
>
> (1949年会同 b：29)

市川は、家事事件についてはできるだけ強制執行を回避し、履行を促す方策を講じることが望ましい、と履行確保制度の必要性を認めている。そして、家庭裁判所が金銭授受に関与するアメリカの方法を「大いに参考にすべき」との考えも示している。しかし、家庭裁判所による金銭授受の仲介という提案につ

いては、何も答えていない。保護観察制度や調査機関制度についても、市川は先の調査機関の協議のときと同様、「将来の問題」と述べるにとどまっている。

結局、市川は、東京家裁や大阪家裁が支払場所を家庭裁判所に指定する方法で効果をあげていることを説明し、各庁に同様の運用を求めるだけで、履行確保の制度化に向けた回答は一切していない。前述のとおり、履行確保を担う調査官の予算獲得のめどが立っていない状況では、実践による工夫を要請するしかなかったものと考えられる。

(2) 1950年の会同
① 「履行確保の対策」の協議

1950年の会同でも、「履行確保の対策」として意見がまとめられているほか、「調査に関する機関」として整理されているなかにも、履行確保に関する意見をみることができる。会同での協議の順番とは逆になるが、先に「履行確保の対策」の協議からみてみたい。1950年の協議録では、提出意見に通し番号が付されており、「履行確保の対策」としては、29番から33番までの5つの意見に整理されている。このうち履行確保の制度化に関わる意見は、29番と30番の2つである[3]。ただし、会同では、30番の関連意見として、「強制執行」の項目に整理されている39番もここで議題となっている。

⑳ 審判、調停の成立後、その条項の履行確保のため各庁が取つておる方策を承りたい。（熊本、東京、千葉、神戸）

熊本 先程論議されました調査機関がありませんために、審判や調停が成立いたしましても、果してその条項が履行せられておるかどうか全然知る術もないのであります。なお、履行確保という点についても何等の規定もありませんために、調停や審判の成立後どうしてやつたらよいかという点につきまして種々苦心するのであります。私の方では別に良い考えがありませんために、不履行を申し立てた事件につきましては関係人を呼び出して履行を勧告しておる程度であります。それも呼出しても仲々出てきませんし、といつ

て警察あたりに対して勧告してもらうということも穏当でないと思つておりますのでやつておらないのであります。何もいつて来ない事件と雖も必ずしも全部履行されておるとは思いませんし、その中に不履行のものもあると思いますが、その場合にどういうふうにやつておられますか、各庁のやつております方策を伺う意味でこの問題を出したのであります。

千葉 夫婦が同居するとか別居するとかという調停ができたけれども、その後相手方において履行しない場合にどういう処置をとるのが適当かという問題なのですが、（略）調停書ができても履行しない場合にその性質上強制執行することができませんので、当事者が訴えてきても何等それに対して処置をとることができない。誠に調停というものは無意味な気持がいたしたので、実は提出いたしたものであります。

長崎 長崎といたしましても格別な方法がないのであります。先ず調停といたしましては、金銭債務の履行のような調停については、履行の場所を裁判所においてする。裁判所が現物を受取つてするわけではありませんが、それによつて心理的に強制することができるのではないかと思うのであります。（略）その他のものは調停成立後に当事者が参りまして、履行して貰いたいと相談にきた場合には、相手方に書面を出すとか、電話をかけるとか、場合によつては品物を裁判所に持つてくるように進めるとかします。そしてこういうことは書記官の方ですべてやるようにしたらよいと考えています。

仙台 主として金銭の支払について調停が成立いたします際に、予め調停の効力をよく当事者にわからせ、履行しない場合には、どうするというようなことを相談いたします。

　それから金銭の支払は多額の場合にはこれは何回かに分割するのが普通であります。なるべく一回又は二回というふうに回数を少くして支払わせるという方法をとります。大体二、三回で履行を終るような場合には、裁判所の調停室を支払場所として同時に日時も決めておきまして、双方とも出頭させて、書記官立会の上でするという方法を現にとつております。それから又調停が成立いたします際に、債権者の方に、もし相手方が履行しなかつた場合には、一応裁判官の方に申し出るようにと申しておきますので、履行しなか

つた場合には、大抵裁判所に相談にくるのであります。そういう場合に債務者を呼出しまして話します。なお、それでも応じない場合には、債務者に対して差押をしたらよかろうということをいつております。大体そういつたような方法で、私共の方ではやつております。

　東京　履行確保の点については、大体相手方が履行してくれないということでもつて、債権者側が家庭裁判所に訴えて参ります。これは非常に多く参りますので、手をやいておる次第であります。この問題については、調停委員が家事審判官の知らない間に、当事者ともみあつていたという場合がありましたが、家事審判官に知らさずにやつて貰つては困りますので、そういう場合はこちらへ連絡して貰うことにしています。そして雑事件として部内で扱うということを考えております。各庁の意見を伺いたいのであります。

　大阪　この問題については第一に適切な調停条項をつくる必要があることは申すまでもありません。例えば支払時期は収穫期を考慮するというような点であります。家屋の明け渡し事件で、しかも親族間の事件でありますが、調停条項を履行してくれないので困るということなので、再調停したら気持よく出てくれたということもあります。

　㉚　家事調停条項、審判の独得の執行方法を考慮して、之に関する制度規定を設けること。（名古屋、東京、横浜、宇都宮、福井）

　㉝　審判および調停に基く債務名義の強制執行を担任する家庭裁判所専属の執行機関を設ける要なきや。（函館）

　宇都宮　執行方法であります。履行確保とも関連してお願いをいたしたいと思います。東京家庭裁判所へ参りましたときに廊下で大衆の声を聞いたのでありますが、そのときの当事者の話によりますと、裁判所は本来の事件については熱心にやつてくれるが、後のことを見てくれないということを聞いたのであります。それから宇都宮に参りましても、調停事件について不履行になると、その後一回しか面倒を見てくれないというので困るという声も聞いております。調停ができあがつたときに、支払については裁判所を通じて

受領してもらいたいという当事者からの要望もありました。従いまして調停や審判をした後の履行確保の方法に力をいれてやらんと仏作つてたましい入れずということになるのではないかと思うのであります。それに家庭事件は大概煩瑣な場合が多いのでありますから、具体的方法といたしましては特殊な家事執行官ともいうべき機関があって、それが家庭事件の性格をよくのみこんで執行に当るということも一案ではないかと思うのであります。又強制執行と合せてアメリカ式の法廷侮辱罪あるいは遺棄罪で拘禁もできるようにしたり又調停成立後、当事者の合意によつて金銭の増減や変更も可能にするというようなことも考慮してはどうか。それから扶養料、慰藉料等は裁判所が金銭の授受について立合うという風にすれば、国民の裁判所に対する信頼が増し、一層家庭裁判所の特長が国民に徹底するのではないかとかように考えるのであります。

　東京　度々恐縮ですが他に御意見がなければ申し上げます。(39)の問題とも関連するし、履行確保の問題とも関連するのでありますが、先に調査官の問題が出ましたが、その権限を如何に定めるかということが問題であります。調査官には人を得べきことは重要であるということは明らかでありますが、執行官としての権力を与えることはどういうものでしょうか。寧ろ任意の取り立てをするということに活躍していただいたらと考えます。

（1950年会同：58-62）

　履行確保の制度化の必要性については、前年の会同でも議論されてきたが、それが実現しないなか、各家庭裁判所は必要に迫られて、運用で履行確保のための対応を行っている。29番は、そのような具体的な方策についての情報を求める意見である。熊本家裁は、履行確保の規定がないために、調停や審判の成立後の対応に「種々苦心する」と述べたうえで、運用の実態を説明している。そのなかで、呼び出しに応じない場合の問題が指摘されており、「警察あたりに対して勧告してもらうということも穏当でない」として行っていないという。ここには、家庭裁判所の運用による履行勧告の限界と、家族問題への公権力介入の抑制との間で、苦慮する家事審判官の心情がみてとれる。そこで、各

庁の方策について伺いたい、というわけである。同じく千葉家裁も、当事者からの訴えに対処できないことから、「誠に調停というものは無意味な気持がいたした」と、調停への失望感から各庁の取り組みを問うている。

千葉家裁が言及しているとおり、家庭裁判所には当事者からの不履行の苦情が寄せられており、東京家裁は不履行の訴えが「非常に多く参りますので、手をやいておる」と述べている。同様の状況は、このあとの会同でもしばしば指摘されている。

会同では、提出意見の求めに応じて、各庁の取り組みが報告されている。長崎家裁は履行の場所を裁判所にするほか、不履行の相談があった場合には、「書面を出すとか、電話をかけるとか、場合によっては品物を裁判所に持ってくるように進める」という方法をあげている。このような不履行者の呼び出しや履行勧告は、前述のとおり、熊本家裁でも行われている。また、大阪家裁は「第一に適切な調停条項をつくる」とし、「支払時期は収穫期を考慮する」という具体例のほか、再調停で成功した経験も語っている。

ここでは、各家裁の対処法が紹介されているが、なかでも注目されるのは仙台家裁の実践である。仙台家裁では、まず調停成立の際に、不履行問題の予防対策として、不履行が生じた場合の対処法を理解させるなど、調停の段階で当事者への働きかけが行われている。そして、調停のまとめ方の点でも不履行対策がとられており、不履行に陥る危険を回避するために、調停条項も工夫され、実際の履行の際にも裁判所職員が関与する仕組みがとられている。また、調停成立の時にあらかじめ、「もし相手方が履行しなかつた場合には、一応裁判官の方に申し出るように」と当事者に伝えている。これも重要な支援となっており、当事者は事前に申し出について知らされているため、実際に履行しなかった場合には、「大抵裁判所に相談にくる」という。そうするとつぎは、家庭裁判所による不履行者の呼び出しと履行勧告が行われている。それでも履行されない場合には、権利者に強制執行をすすめるなど、最後までアフターケアが実践されている。このように、仙台家裁では予防から強制執行の手引まで、調停中から調停成立後の各段階に応じた、丁寧な履行確保対策が積極的にとられている。しかし、こうした対策はあくまで裁判所の運用によって行われてい

るものであり、裁判所による格差はかなり大きいと予想される。

　つぎの30番の意見は、家事事件独自の執行制度を求めるものである。会同では、宇都宮家裁が「特殊な家事執行官」の設置を提案している。前年の会同でも執行官の意見は提出されていたが、具体的な発言はみられなかった点である。宇都宮家裁は、裁判所が履行確保を行っていないことに対する当事者の不満として、「後の事を見てくれない」「不履行になると、その後一回しか面倒を見てくれない」といった声を紹介したうえで、調停や審判後の履行確保に力を入れないことは、「仏作つてたましい入れず」と力説している。この発言には、履行確保の不備を家事審判制度の決定的な欠陥とみなす考えが示されている。

　宇都宮家裁の提案に対し、東京家裁は、これまでの履行確保の議論で求められている調査官に対して、執行官としての権力を与えるのではなく、調査官は「任意の取り立て」という形で履行確保を担うこととし、これとは別に家庭裁判所専属の執行官を設置する、という調査官と執行官の分離を求める意見を出している。

　そのほか、宇都宮家裁からは「アメリカ式の法廷侮辱罪あるいは遺棄罪で拘禁もできるように」という提案もなされている。しかし、この点については他庁から発言がなく、議長も「今後なお研究することにして、先に進みましょう」と、執行制度については議論を先送りし、ここまでの議論に対する第1課長の見解を求めることもせず、つぎの協議事項に移っている。

　② 「調査に関する機関」の協議

　つぎに「調査に関する機関」についてみると、履行確保に関する意見は、13番の調査機関の設置要求のなかに含まれている。前年の会同での意見と内容はほぼ同様だが、ここでは調査機関に仮称として、「家事調査官」の名称が記されている。これは、1950年5月に少年保護司が少年調査官に改められたことを反映したものとみられる。提出庁は12庁におよび、会同でも6庁が発言しているが、履行確保に関する意見を述べているのは、長野家裁のみである。

　⒀　審判、調停事件の係属中資料の調査並びに審判、調停成立後の状況の調査等を担当する調査機関（仮称家事調査官）を設置すること。（長野、浦和、

京都、名古屋、広島、山口、松江、福岡、熊本、札幌、青森、釧路）

　長野　調停成立後において、その履行がどんなふうにされておるかという問題についてでありますが、これは往々にして裁判所の方に、この前お骨折によつて調停ができましたが、相手方が実行してくれないので困りますということを訴えてくる場合があるのであります。かような場合に裁判所といたしましては、相手方を呼んで約束したとおりに履行をするようにという注意を与えることもありますが、ときには裁判所に来ないで調停委員の自宅を訪問いたしまして、調停はできたけれども履行するように相手方になんとか注意してくれないかという事例もあるのであります。こういう場合に調停委員といたしまして、非常に迷惑をするらしいのであります。こういう場合に、調停成立後の状況調査によりどんなふうに履行されておるかを調べ、履行されていない場合には、その履行について、適切なる助言を与えるという必要から申しましても、家事調査官と申しますかそういうものの設置が必要であろうかと思います。そういうような考の下に提出いたした次第であります。

(1950年会同：29-30)

　長野家裁は、家事調査官の設置を要求する理由のひとつとして、当事者からの不履行の訴えに苦慮していることを指摘している。先にみたとおり、こうした状況は千葉家裁や東京家裁などからも指摘されていた。また、仙台家裁では調停成立時に、相手が履行しない場合は裁判官に申し出るよう当事者に伝えており、不履行の場合はほとんど裁判所に相談に来るということであった。これらはいずれも家庭裁判所への不履行の訴えであるが、ここで長野家裁が指摘しているのは、当事者が調停委員の自宅に押しかけて不履行への対処を訴える事例である。長野家裁は当事者からの苦情が家事審判官だけでなく、直接、調停委員に向かっている実情を説明したうえで、不履行の場合に「適切なる助言を与える」ため、すなわち、履行勧告のための専門職として、家事調査官が必要であると主張している。

　こうした調査官設置の要望に対して、家庭局の市川はつぎのように回答して

いる。

　市川課長　家庭裁判所の家事審判部におきましても、調査官を設置してもらいたいという要望は相当強く、会同の度毎に出ている問題でありまして、果してこれが何時実施に移せるかという事が、問題として残つておる点であります。そこで御参考までに、現在までどの程度にこの問題が取り上げられてきておるかということを、御報告申し上げたいと思うのであります。（略）昭和二十四年度予算を計上いたします際には大蔵省といたしましては、その当時まだ家庭裁判所の家事審判部の仕事に対して十分なる認識がありませんでしたので、一蹴せられたのであります。しかし昭和二十五年度の予算を計上いたします際、すなわち昨年、更にこれを大蔵省に折衝をいたしまして、その実情をつぶさに述べ、たとえば東京家庭裁判所等に行つてもらつてその忙がしい状態を見てもらつた結果、大蔵省といたしましても、多少その認識を改めまして、極く少数ではありますけれども、調査専門の職員を事務官としてもらうことになりまして、昭和二十五年度の予算には四十八人の調査事務専門の職員が認められたのであります。ところがその後情勢が変りまして、少年保護司が少年調査官ということに改められました結果、事務官としては、そういう適当な人を選ぶことは困難となりましたので、名称は確定していませんが、仮称家事調査官の制度を認めてもらいたいということで、昭和二十六年の予算について大蔵省と折衝する際強く要望したのであります。その結果色々難関はあつたのであります。例えば新らしい制度を創設することはいかんという反対もあつたのでありますが、結局におきまして、大蔵省が全国の裁判官並びに調停委員の要望を認めまして、予算の上では一応これも極く少数ではありますが、家事調査官として一庁に一人あたり位の人数を計上することを認めてくれたのであります。勿論これは国会に提出されまして議決を経なければ確定しないわけであります。又これについて法制的な措置をとるといたしますれば、これは最高裁判所の裁判官会議の議決を経なければならない問題でもあります。

（1950年会同：33-34）

第 5 章　家事審判官による履行確保制度の要請

　前年の会同で、市川は調査官の設置について「将来の問題」という消極的な回答をしていたが、ここではその後、調査官のための予算獲得に進展があったことを説明している。1949年度予算で要求が「一蹴された」ことは、すでに前年の会同でも述べられていたが、翌年の1950年度予算で48人の調査事務専門の職員が認められたという。その理由として、市川は、大蔵省との折衝のなかで、東京家庭裁判所の忙しい現場を実際にみてもらった結果、大蔵省が認識を改めた、と説明している。実際、この予算は難航の末に得られたもので、市川（1959：221-222）によると、会同での説明のとおり、1950年度の予算要求のまえに大蔵省の係員を家庭裁判所に案内し、調査事務職員の必要性を力説したうえで予算要求したものの、「当初の内示では認められず、第一回、第二回の復活要求も不成功に終り、もう今回も駄目かと思われたのであつたが、最後の第三回復活要求で辛うじて大蔵省の認めるところとなつた」という。復活要求を重ね、最後にようやくついた予算ということである。

　1950年度は調査事務職員の予算枠は得ていたわけだが、会同で市川が説明しているとおり、少年保護司が少年調査官に改められた結果、事務官としての選考が困難となり、採用できないまま、1951年度予算で家事調査官として予算要求するに至っている。市川は、「新らしい制度を創設することはいかんという反対」など、「色々難関はあつた」と発言しており、この際もかなり難航したようだが、最終的には 1 庁につき 1 人の家事調査官の予算獲得に成功している。

　こうした経緯をみると、調査官の導入は、家事審判官からの要請によるだけでなく、家庭裁判所の創設時から調査官の導入を強く主張してきた市川の執念のようなものが根幹にあってこそ、実現できたものといえる。とはいえ、この段階ではまだ予算の裏付けがとれたにすぎず、市川も「これは国会に提出されまして議決を経なければ確定しない」と述べ、さらに家事調査官が法制化されるには、「最高裁判所の裁判官会議の議決を経なければならない」と、慎重な姿勢を崩していない。市川はそれまでの折衝のなかで、家事調査官に対する理解が大蔵省のみならず、裁判所関係者にも家事審判官以外には浸透していないと感じていたのかもしれない。前年の会同で、家庭局長の宇田川は履行確保制

度の導入が相当困難として、その理由に「国家財政その他の見地から」と述べていたが、市川も「その他の見地から」の反対を懸念していたものと考えられる。

4 家事調査官制度の国会審議

(1) 法案審議の経緯

　家事調査官の予算の裏付けがとれたことから、1951年3月、家事調査官の創設を盛り込んだ「裁判所法の一部を改正する法律案」が第10回国会に提出されている[4]。しかし、法案には家事調査官による履行確保がまったく規定されていない。

　法案は衆参ともに法務委員会に付され、いずれも3月13日の委員会で提案理由が説明されている。法案審議は参議院で先行し、3月16日の法務委員会で審議のうえ可決、3月19日の本会議で可決成立している。いずれも全会一致によるものである。また、衆議院では3月22日の法務委員会で審議のうえ可決、3月27日の衆議院本会議で可決成立している。衆議院では賛成多数での可決となっているが、これは一括採決された関連法への反対があったためで、家事調査官制度に反対があったわけではない。

　改正法は3月30日に公布され、1951年4月1日から施行されている。このように改正法は短期間で成立しており、実質的な法案審議は衆参いずれも委員会でわずか1回行われたにすぎない。しかも、参議院では委員の宮城タマヨが調査官の起用方針に関して質問したぐらいで、ほかの委員からは質問も意見も出されていない。衆議院でも調査官の調査範囲について質疑応答がなされたが、家事調査官のあり方についての議論には発展していない。結局、履行確保を欠いた調査官制度の法案が国会に提出され、それがほとんど審議されることもなく成立に至っている。

　では、どのような調査官制度が提案されたのか、衆議院の法務委員会で法務総裁の大橋武夫が説明した提案理由からみてみたい[5]。

第5章　家事審判官による履行確保制度の要請

大橋国務大臣　家事審判及び家事調停の制度は、新民法の理念としておりますところの、個人の尊厳と両性の本質的平等とを基本として、家庭の平和と健全な親族の共同生活の維持促進をはかるべき重大な使命をになつているのでありまして、この制度の発足以来、家庭に関する事件は年々増加の一途をたどり、統計の示すところによれば、その増加の率は毎年前年度の約六割に達している実情であります。しかも、このような現象は、決して終戦後におけるわが国の特殊な社会事情のみに基く一時的なものではないのでありまして、今後国民の日常生活の中に新民法の精神が徹底普及されるにつれて、この種の事件はさらにその数を増加することが予想されるのであります。家事調査官及び家事調査官補の制度は、これら家庭に関する事件の調査を一層十分にし、その処理を一層懇切適正に、しかも迅速にいたすことを期するものであります。家事調査官は、裁判官の命を受けて家庭に関する事件の審判及び調停に必要な調査をつかさどり、家事調査官補は、家事調査官の事務を補助することをその職務といたすのであります。この制度は現在の裁判所調査官並びに少年調査官の制度が収めております成果にかんがみまして、その将来に大きな期待と希望とが寄せられるのであります。

（衆議院法務委員会　1951年3月13日）

　家事調査官の新設については、増加する家事事件の調査を十分に行い、事件の適切迅速な処理を行うため、という理由があげられている。そして、その職務は、裁判官の命令を受けて審判および調停に必要な調査を行うこと、と説明されている。つまり、この法案では、家事調査官は審判と調停のための調査を行うものとなっており、会同で家事審判官らが求めていた履行確保は、調査官の職務に規定されていないのである。その経緯は明らかではないが、1951年の会同で家庭局の市川は、審議の過程で疑義が出たため断念したという趣旨の発言をしている。それについては、後述の「1951年の会同」を検討する際に確認するが、つぎにみる家庭訪問をめぐる国会での議論からもわかるとおり、家事調査官に対する疑義は強く、それが法案作成にも影響したものと想像できる。

(2) 家庭訪問をめぐる議論

　衆議院の法務委員会では、家事調査官の調査範囲に関わる質疑応答がなされているが、その論点は、家事調査官が調査のために当事者の家庭を訪問することの是非である。この家庭訪問は調停・審判のための事前調査についてのことだが、履行確保の問題とも関わることから、どのような議論がなされたのかみておきたい。委員会では、委員の眞鍋勝と上村進がこの問題をとりあげて質問し、それに法務府法制意見第４局長の野木新一、ならびに最高裁判所事務総局総務局第１課長の桑原正憲が回答している。

　眞鍋委員　今回の改正の主たる事項は、家事調査官の設置のようでありますが、（略）家庭まで出かけて調査するのか、あるいは家庭に行くときは身分証明書を持つて行くのかどうか。
　野木政府委員　調査の方法でございますが、これはあくまでも任意の調査でありまして、証拠調べのような強制力を与えた調査はいたしません。なお家庭へ行つて調査をするかどうかというような点は最高裁判所の家庭局の方から、その運用の方針を政府で聞いておるところによりますと、なるべく裁判所に来ていただいて、調査をして、家庭へ出かけて行くということはこれを避けるというような方針に承知しております。
　眞鍋委員　家庭の方までは出かけぬというようなお話でしたが、もし出かけるとすれば、身分証明書なんかを持つて行くのですか。持つて行かなくてよろしいのですか。
　桑原最高裁判所説明員　家事調査官に特別の身分証明書をすぐつくるかどうかということはまだ考えていませんが、現在裁判所につきましては、身分を証明する身分証明書というようなものがつくられておるわけでございますが、こういつたものを持つて、もし必要があれば、当事者の要求に応じて見せるということも考えられるのではないか、現在特別に家事調査官について身分証明書をつくるかどうかということはまだ考えておりません。
　上村委員　家庭裁判（ママ）というものは、新民主憲法にのつとつて設立した司法裁判所としては、特殊の社会性を持つておるものと思いますが、先ほども眞

鍋委員が質問したのですが、調査といえば、それはどこまでも必要だ、こういうことになると、家庭の内部へ行つたり、親戚のところに行つたり、子供のところへ行つたり、嫁入り先へ行つたり、いろいろなことをされるわけですね。こういうふうに発展して来ると、その家庭裁判なるものは、まつたく家庭裁判(ママ)設立の趣旨を無視してしまつて、家庭の平和が、隠密にしなければならぬのが暴露されて、それがためかえつて派生的にいろいろなことになつて、非常に複雑怪奇になつて来ると思います。まあ裁判所が認めて調査するのだから、そう法外なことはないと思いますが、しかし法律できめる以上は、やはりそれらに対するある一つのわくを示しておく必要があろうと思うのですが、その点はどういうふうにお考えでございますか。

　野木政府委員　家事調査官の調査が、御指摘になつたような行き過ぎになることは、まことにこの制度の本旨を没却するものでありまして、従いましてこの制度を立案するにつきましても、そういうことのないようにすべて裁判官が主宰いたしまして、家事調査官が調査を行うにつきましては、全部裁判官の命令に従つてやるということにいたしまして、すべて良識ある裁判官の処置によつて、この制度本来の目的を逸脱することのないようにしておるわけでございます。

　上村委員　その点、たとえば農村あたりでは嫁に行つて出て来たり、兄弟けんかがあつたり、いろいろなことがある。そういう場合に、一方がいよいよ困つて裁判所に出す。そうすると、その裁判所へ出したというだけではよくわからぬのですが、いよいよその事件について裁判所から調査官が来たというようなことになりますと、裁判所が職権で行くのだから何も法律的には問題はないのですけれども、実際には非常に問題になる。（略）結局裁判所というものや検察庁というものは、そう言つてはなんですけれども、人民はあまり歓迎していないわけです。自分のうちへ裁判所から来たとか、検察庁から来たということは、非常な重大問題になるわけです。ですから、その証拠調べと家事調査官の調査というものの、調査事項に対する限界、そういうふうなものはどういうふうになつておるか。これは大事だと思うのです。

　野木政府委員　まず家事調査官の調査は、裁判所で行う、すなわち関係者

に裁判所に来ていただいて、裁判所で行うということを原則的建前といたしますので、家事調査官が随時出かけて行くということは非常な例外な場合であります。その点でまずおつしやるような心配の点は、大体避けられると思います。(略)この家事調査官の調査は、その強制力を用いずに、すべて裁判官の指揮命令に従つて、任意的に書面について、あるいは人の陳述を聞いて調査するという程度でありまするから、まず行き過ぎることはないものと確信しておるわけでございます。

　上村委員　裁判官が賢明だといつても、多数裁判官のうちには、いろいろ間違えることもある。だからどうしてもそこにやむを得ず家庭に臨んで、あるいは争議の当事者のところに臨んで調べるときには、急速を要する場合とか、あるいはやむを得ない場合とか、何か制限をつけなければ、やはり調査官の調査の行き過ぎがあつて、それがために人民が迷惑をすることがあろうと思われる。そういう点に対しては、特に十分な警戒はむろんしてもらわなければならないが、法を制定した以上は、法の明文でそこのところを明らかにすることができないか、こう思います。

　野木政府委員　家事調査官の調査は、先ほど来申し上げておりますように、すべて裁判官の命令に従つてやるわけでありまして、行き過ぎがないということにつきましては、家庭裁判所の裁判官の良識に信頼するわけであります。ことに外に出かけて行くというような場合には、一応裁判官が非常に特別の場合に、そういうことを命ずることがあるとすれば、命令の際にとくと注意するということを期待いたしますので、御懸念のようなことは万々ないと思つておるのであります。

(衆議院法務委員会　1951年3月22日)

　政府委員の野木は、調査官の家庭訪問に関する質問に対して、調査は家庭裁判所で行うことが原則であり、調査官が訪問することは「非常な例外な場合」と回答している。それでも眞鍋は家庭訪問の質問をつづけ、家庭訪問の際には家事調査官に身分証明書を持参させなくてよいのか、と繰り返し確認している。上記の質疑とは別に、眞鍋は家事調査官の採用基準についても質問してお

り、家事調査官の質への懸念から家庭訪問を警戒しているのがみてとれる。

　また、上村は家族問題が家庭の外に知られ、それが問題を複雑化させると指摘し、こうした訪問は家庭裁判所の設立の趣旨を無視することになる、と懸念している。それに対して野木は、調査は「良識ある裁判官」の指示によって行われるため、家庭裁判所本来の目的を逸脱することはない、と回答しているが、上村はそれに納得せず、調査官の行き過ぎが生じれば、「人民が迷惑をする」と主張し、調査官の訪問について法律で明示的に制限するよう求めている。ここでは、調査官が当事者の家庭を訪問することが、国家機関による家族への不当な介入とみなされている。

　このように、家族問題を調査することへの警戒感は非常に強く、調停・審判を行うための調査ですら、調査官の活動を制限する主張が展開されている。こうした国会での議論の様相をみると、家事調査官の職務として、すでに終了した事件に対する履行調査や履行勧告などを法案に盛り込むことが容易でないのもわかる。家事審判官の会同では、家庭裁判所によるアフターケアの必要性が共通認識となっており、そのもとで家事調査官の履行確保が議論されているが、国会では、家族に対する公的介入を排除すべきといった考え方で議論が行われており、それぞれの議論の前提がまったく異なっている。

5　家事調査官「導入後」の会同での議論

(1)　1951年の会同

　1951年11月開催の会同は、同年4月に家事調査官制度が創設されたことから、協議事項として「家事調査官制度の運営について考慮すべき事項」が掲げられている。導入された家事調査官制度では、その職務に履行確保が規定されていないことから、多くの家庭裁判所がこの点の改善を求める意見を提出している。それは「調査命令および調査事項」の26番の意見として整理されているが、会同では協議に入る前に、議長が「出題庁が非常にたくさんある」ので、「なるべく重複を避けてご説明いただきたい」と注意をうながすほどである。なお、この年の会同には高等裁判所の判事も参加している。

⒴　家事調査官には、審判及び調停に必要な調査の外、請求又は職権により審判および調停の履行状況の調査およびその結果により、履行の勧告等をさせることができるようにする要はないか。(高松高等、東京、横浜、浦和、水戸、宇都宮、前橋、長野、新潟、大阪、京都、神戸、奈良、和歌山、津、岐阜、富山、岡山、札幌、函館)

高松高等　この関係の問題は、従来の協議会にもたびたび出た問題でありまして、審判ならびに調停の履行の確保、それをどういうような方法で、いかなる人に扱わしたらよいかということが問題になりまして、それは家事調査官を設置して、それに扱わせたらよいのではないかというように落ち着いたようであります。ところが、家事調査官の制度が設けられて見ますと、審判ならびに調停に必要な事項の調査はできることになつておりますが、履行確保の点については、何等規定が入れられておらないのであります。履行確保ということは、審判ならびに調停を信頼さす上において非常に重要なことじやないかと思うわけでありまして、これらの履行確保を調査官をしてさせる必要があるのじやないか、というように考えておるわけであります。(略)従来ともすると、裁判所は審判ならびに調停が成立するまでは、非常に親切にやつてくれるが、一たびできてしまうというと、あとを見てくれないといわれますが、さきのような方法で、そういつた不評判を避けることができるならば、非常によいのじやないかと思いまして、この問題を出したのであります。

東京　午前中にお手許に差し上げました家事事件の事後調査表を御覧願いたいのでありますが、その一一問に履行状況の調査をいたしましたものが出ております。(略)履行不満三五・七%、調査表には省略いたしましたが、この外にいろいろな意見がつけられております。中には二〇枚くらいの便箋にいろいろの希望が書かれておるのもございます。(略)折角調停ができても、履行が完全に行われていない。ことに東北方面、北海道方面に当事者が行つて、どうしても東京に金を送つてくれない、というのが多うございます。そういつたときに、北海道の方面の裁判官を通じて調査官に調べて貰つ

て、なおもう一遍調停を申出させるとか、義務の履行の勧告をして貰うというように、調査官が活動して貰つたらよいというように感じましたので、このことはいまも十数庁からも御意見が出ておりますから、すでに家庭裁判所の実務家としては、確定的に希望が多いのじやないかと思います。

　横浜　これは法規を改正しなくても、司法行政の運営の面でそういうことはできるのではないかというように考えております。

　浦和　いま横浜からおつしやつたように、別に法規の改正をしなくても、運用によつてこういうようにできるのじやないかと思うのであります。

　水戸　事後調査の必要なことは、審判ならびに調停が強制執行に適しないからだと私は考えるのであります。と申しますのは、家事事件というのは、当事者が能力的にも経済的にも、また環境的にも不平等な人の間の事件が、大多数であるというように考えておるのであります。（略）強制執行を申し立てないでも、こういうようにしなければいけないという勧告をすることによつて、一方の弱い方の人がそれによつて助けられると思います。不平等の間を平等にするために、家庭裁判所が設けられておるとするというと、ぜひともこの事後調査ということが必要であると考えるのであります。（略）勿論運用の面でうまく行けば結構なことでございますけれども、なお明文にはつきりできるということに変えていただいたら、なお結構ではないかと思います。

　宇都宮　大体法規がなくてもいけるのじやないかと思いますが、なお明確にする意味で、規定まで設けられれば、これに越したことはないとかように考えます。

　前橋　たとえば、離婚の問題について、荷物の受け渡しがあとになつて苦情が出るということがよくあるのでありますが、そのような場合に調査官が行つて、事実を調査して、その履行を確保するというような方法をとることは、制度としては家事調停制度を完全にする上で、ぜひ必要なことであると思つて提出した次第であります。

　新潟　これは法規の改正がなくても、さきほど外の庁からも申されましたように、別に禁止規定があるわけでもありませんのですから、事案によりま

しては、無論履行状況の調査、あるいは勧告ということができるのじやないかと考えておるのであります。

長野 長野管内におきましても、調停は成立したけれども、調停条項を履行してくれない、それで期待した結果が得られないというような不満の声をよく聞くのでありますが、それは調停を利用する関係人からだけではなくて、調停委員からも、そういう意見を聞くのであります。裁判所が履行まで確保してやるということは、現在は制度上は確立していないのでありますが、履行を受ける当事者から見れば、じつに不満な気持になると思います。これでは、調停ということの権威の失墜ということにもなりかねないかと思いますので、(略) 葉書による解答式(ママ)の調査をしたのでありますが、(略) 完全に履行しておるというのは六三・八%の二六九件、それから一部しか履行してくれないというのと、一回も履行しないで困るというのが、合せて三六・二%という結果が出たのであります。これで、調停は折角成立したけれども、その履行がないで困るという不満の声にも相当の理由があるということが、数字の上でも実証されたわけなのであります。(略) 家事調査官制度ができましたので、この際家事調査官に、この調停成立後の履行状況の調査、履行の勧告等の仕事を担任させるようにして、そうして、調停の権威というものをたかめるようにしたらよいのじやないか。

大阪 この強制執行をしなければならないという事態が発生した場合において、家事事件の当事者というものの中には、非常に貧困者がある今日、強制執行の手続というものが簡単にはできないということを、私は耳にしております。それで、私の方では、大体こういうような申立があると、家事審判官が家事審判官の名前で相手方と申立人を呼ぶのであります。そういたしますというと、相手方は要件が判つておりますから一部でも履行しようということで金をもつてくることが多いのであります。その際、裁判所が呼んだということだけでも、履行の一部でもできるのでありますが、これを調査官にやらしたら、やはり同じような効果が出てくるのじやないか。それで、こういうような方法を家事調査官にやらせるということ、それはまた審判官の方の手を相当省くことにもなるのであります。じつはこの事項の苦情というも

のが、相当多いのであります。(略)とにかく履行確保についての問題が、非常に多いので、苦情処理部というものを作らなければならないのじやないかということを、冗談でありますがいつておるのであります。家事調査官にそういつた仕事を分担するというと、そういつた仕事が円滑に行くのじやないかということで、出題したのであります。

　京都　京都でも、従来、調停はできたけれども、履行をしてくれないからなんとかしてくれないかということをいつてくるのがあるのでありまして、そのときには呼び出しとか、あるいは書面で照会して適当に処理はしておるのでありますが、調査官制度ができましてからは、どういうわけで履行ができていないかという実情を、調査をさせることがよいのじやないかと思うのであります。しかし、勧告だけは調査官に委せずに、審判官の名義でやるのがよいのじやないかというように考えております。

　岐阜　要するにこの家事調査官制度が創設されるについては、むしろ事後の履行の調査の必要ということから、生まれたものではないかと思うのであります。従つて現在の法文の上で、運用の面でやつて行けるかどうかということについて、事務当局の御意見を承りたいと思つて出題したのであります。

　富山　これは婦人相談をやつておられる婦人の調停委員から、お話を伺つたのでありますけれども、「家庭裁判所の方は調停ができても、あと始末をしないから評判が悪いのだ、ところが、婦人相談は相談を受け取つてから、あとのことまで相談に乗つて片付けてやる、そのために当事者が納得しておる、それで従前はおそらく家庭裁判所に持ち出したであろう事件を、婦人相談にもつて行く件数がかなりあるのですよ」ということでありまして、この点家庭裁判所としては、十分考えなければいけないのじやないかと思つておるのでございます。

　札幌　履行の確保について、でき得れば法制化して強力なものにしていただきたいと思うのでありますが、もしそれができないときには、履行の勧告等をさせる限り、運用によつてするより外ないのであります。履行の確保を、調査官の職務に法制化するという御要望だつたのが、さようにいたしま

すというと、議会の方が通過するかどうか、疑問なので省いたということも仄聞いたしておりますが、成るべくは、この履行を、問題のようでは微温的でありますから、強力に法制化させるようにしていただきたいと思うのであります。

松江 こと更に履行をしないといつたような、はなはだ不都合な者がたまにはおります。これに対してどのようにしたらよかろうか、裁判所としてそれっ切りにしたのでは威信にも関するのであります。

東京 補足さしていただきたいのは、履行確保については、現行法を改正する必要があると思うのであります。(略) 当事者が東京の郊外に住んでいて、職員をそこまで出すときには、出張命令を出さなければならないのでありますが、前にすでに終了した事件について、命令を出すことができれば問題はないのでありますが、やはり法律でもつてそういう権限を与えていただければ、その出張命令を出す場合に気持よく行けるのじやないかということで、改正を希望するのであります。

(1951年会同：54-62)

多くの意見が述べられているが、いずれも調査官が履行確保に関われるよう求める意見である。そもそも履行確保のために家事調査官を設置することになっていたはずが、その期待が裏切られた格好となり、高松高裁や岐阜家裁は率直に不満と失望をあらわしている。東京家裁も「すでに家庭裁判所の実務家としては、確定的に希望が多いのじやないか」と、穏便な言い回しながら、導入された調査官制度を痛烈に批判している。

これまでの会同でも、調査官による履行確保の必要性が述べられてきたが、ここでは、その客観的な根拠として、独自の調査結果を示す意見がみられる。たとえば、東京家裁は会同出席者に履行調査の結果表を配布して、「履行不満」が35.7％と数値を示し、さらに、調査の回答のなかには、20枚くらいの便箋に希望が書かれているものもあったと、当事者が履行確保を強く求めていることを指摘している。長野家裁も独自の調査結果として、「完全に履行」が63.8％、「一部しか履行してくれない」「一回も履行しない」が合わせて36.2％という

データを示し、当事者の不履行の訴えに合理性があることを説得的に主張している。このように、1951年の会同では、履行確保がいかに切実な問題か、その根拠となる不履行の実態を客観的に示しながら議論されている。

　また、家庭裁判所のアフターケアの必要性という点では、とくに弱者保護の観点を強調する意見が出されている。たとえば、水戸家裁は家事事件の大多数は、「当事者が能力的にも経済的にも、また環境的にも不平等な人の間の事件」と述べ、当事者間の平等の実現という家庭裁判所の目的から、事後調査の必要性を主張している。大阪家裁も、家事事件の権利者の貧困という実情をあげて、「強制執行の手続というものが簡単にはできない」と指摘し、家庭裁判所による履行確保の必要性を指摘している。

　さらに、調査官による履行確保を求める根拠としては、調停や審判への信頼を得るため、という点もあげられている。高松高裁は「審判ならびに調停を信頼さす上において非常に必要」と述べ、同じく、長野家裁もこのままでは「権威の失墜ということにもなりかねない」と指摘している。さらに松江家裁も、意図的な不履行者に対して、「裁判所としてそれつ切りにしたのでは威信にも関する」と主張している。そのほか、富山家裁は婦人調停委員から聞いた話として、婦人相談が「あとのことまで相談に乗つて片付けてやる」のに対し、家庭裁判所の調停は「あと始末をしないから評判が悪い」と紹介し、調停への信頼の低下が家庭裁判所利用者の減少を招いているとの見方を示している。

　そのほか、家事調査官による履行確保を要請する理由として、家事審判官の負担軽減という点が指摘されている。大阪家裁は、家事審判官が不履行者を呼出し、履行に効果をあげていることを説明したうえで、これを家事調査官に担当させることで、「審判官の方の手を相当省くことにもなる」と、現実的な問題を率直に述べている。これまでの会同でも、不履行を訴えてくる当事者が多く、その対応に苦慮していることが指摘されていたが、今回も大阪家裁、東京家裁、前橋家裁、長野家裁、京都家裁が、不履行に関する当事者からの不満や苦情について言及している。こうしてみると、家事審判官が履行確保制度を強く要請した直接的な要因として、頻発する当事者からの不履行の訴えに、家事審判官自身が窮していたという事実をあげることができる。

家事審判官からの意見はいずれも、家事調査官が履行確保をできるようにして欲しいというものだが、そのために法改正が必要か、それとも運用で十分か、という点では意見がわかれている。運用でできるという意見は横浜家裁、浦和家裁、新潟家裁、運用でできるが明文規定があれば望ましい、というのが水戸家裁と宇都宮家裁、明文規定が必要であるとして法改正を求めているのが、京都家裁、札幌家裁、東京家裁である。東京家裁は法改正の必要性について、裁判所外に職員を派遣する場合の出張命令の問題をあげて、運用での不都合を指摘している。

　以上のように、会同では導入された調査官制度に対する不満が述べられ、客観的データや、より具体的な事情の説明などによって、家事調査官による履行確保の必要性が主張されている。そのなかには、運用ではなく法制化が必要として、法改正を強く求める意見も出されている。家庭局に対する批判的な多数の意見を受けて、市川課長はつぎのような回答をしている。

　市川課長　家事調査官制度を設けなければならないという、全国の家庭裁判所からの強い要望の大きなねらいの一つは、履行確保の面に、家事調査官というものを協力させなければならない、こういうことであつたことは間違いないのであります。

　この点につきましては、従来の審判官会同の際にも、それからまた裁判官の特別研修の際にも、そういう御意見が述べられたのであります。私どもも、この家事調査官制度の立案の際には、まず履行確保の面に、家事調査官というものを活用するということで出発したのでありますけれども、遺憾ながらその審議の経過におきまして、家事調査官にそういう面まで関与させるということは、現在の段階において果していかがなものであろうかという、こういう疑義が相当強く出てまいつたのであります。その大きな原因となりましたものはなにかというと、履行の状況を調査するということになるというと、必然的に調査官が各当事者の家庭を歴訪して見なければ、本当のことがわからないのじやないか、しかし当事者の自宅を歴訪するということになりますというと、そこにいろいろな弊害が起つてくる。人の面におきまして

家事調査官というものが、果してどういう人がその職に就くかということは、未だ未知数の問題である。十分この制度が確立して、十分信頼できるような人がこれに当るということになつた上ならば差し支えないけれども、いまの段階においては非常にその点について、危惧の念が持たれるという御意見であつたのであります。そういう関係から、非常に私どもといたしましては、残念なことでありましたけれども、一応法制的には履行確保の面の規定を全く家事審判規則の中からは除いたのであります。そういう事情がありますので、従来からブロック会同の際にも、私どもが述べました通りに、履行確保の面についての家事調査官の活用ということについては、全面的にこれに賛成するという意見は申し上げられないと御説明を申し上げてまいつておるのであります。しかし、いまお話のありましたように、各庁では、すでに事件の終了後に葉書で履行状況についての解答を求めておられるところもありますし、また一年に一回まとめてその履行状況を調査されておるところもあります。そういうような履行の状況を書面で調査するというようなことは、従来もやつておつたことでもありますし、今後調査官ができるならば、調査官に専門的にそういう調査を出させるということも、勿論可能なわけであります。要は、一番心配されますのは、調査官が自宅を訪問して生ずるところの弊害を食い止めたいというところにあると、私どもは考えておるのであります。そういう点を十分に御留意の上で、現在、あるいは従来おやりになつておつたような仕事を、家事調査官に取り扱わしめられることは、一向差し支えないとこう考えております。調停事件、あるいは審判事件のあと始末の問題につきましては、これは非常に大きな問題でありまして、裁判所が審判、あるいは調停ができたのちにも、その事件に関与するということは、果してどういうものかという意見もあるのでありますが、家庭裁判所の性格としてはそこまでやらなければ、本当に家庭裁判所の実を挙げるということはできないのだということは、も早や議論の余地のないところではないかと考えます。その対策として、それではどういうように考えるかという点については、従来から会同の際にも申しておりますように、アメリカの裁判所におきましては、たとえば金庫制度のようなものがありまして、家庭裁判所で

それを活用して、家庭裁判所が仲介になつて、債務者から金銭を納入させて、それを債権者に渡してやるという方法を取るということも、一つの考え方でありますし、また、一般の強制執行、執行吏規則につきましても、改正の議が段々進められて行く状況にありますので、そういう執行吏規則のようなものを改正する際に、家事事件の特殊な執行方法を考えるということも、一つの道ではないかと考えます。私どもはこの問題を、そういう面からも考えて行きたいと思つております。

　それからまた、みなさん方から強い要望のありますこの問題についても、立法論といたしまして、今後十分検討いたしまして、できるだけ要望にそうように努力いたしたいとこう考えております。

　またもう一つは、この種の履行ができない、あるいは履行が確実に行われないという一つの原因は、やはり主として調停そのものに、あつたのではないかと考えられるのであります。というのは確実な事実に基かないで行われておつたという面に、その原因があつたのじやなかろうかと考えられるわけであります。従いまして、調停そのものに、その事実の調査機関として調査官制度ができますならば、こういう面で一つやはり履行が不成功に終るというような原因が幾分なりとも除かれるのじやないか、ということも、じつは考えておるのであります。なお、この問題につきましては、こういうように、十数箇所のみなさん方から御意見が出ておる事実にかんがみましても、非常に重大な、しかも重要な問題でありますので、今後ともみなさん方の御意見を参照し、検討して行きたいとこう考えております。

（1951年会同：62-65）

　さすがに多数の批判意見が出ただけあって、回答も長くなっている。そのなかで市川は、家事調査官の事後調査の規定を断念した事情について、立案の際には「まず履行確保の面に、家事調査官というものを活用するということで出発した」と、家庭局としてはこれまでの会同での要望どおりに立案したものの、審議の過程で家事調査官に履行確保に関与させることへ強い疑義が出され、結局、断念したと説明している。そして、疑義の最大の点が家庭訪問によ

る弊害であり、「家事調査官というものが、果してどういう人がその職に就くか」ということが確定していない段階で、家庭局としては、その疑念を払拭することができず、履行確保の規定は取り下げた、と率直に認めている。「遺憾ながらその審議の経過におきまして」「残念なことでありましたけれども」という市川の言葉には、履行確保の規定を断念したことへの悔しさがにじみ出ている。

それで、市川は家事調査官を履行確保に活用することを全面的に賛成するわけにはいかないとしつつ、懸念されるのは家庭訪問による弊害であり、家庭訪問以外は事実上、調査官による事後調査や履行勧告を行って良い、との判断を示している。

さらに市川は、審判・調停後の事件に裁判所が関与することへの批判的意見があることに対して、「家庭裁判所の性格としてはそこまでやらなければ、本当に家庭裁判所の実を挙げるということはできない」とアフターケアの必要性を断言し、その具体的な方法についても発言している。そのひとつは、アメリカの裁判所の金庫制度である。これは会同でもたびたび提案されてきたもので、家庭裁判所が金銭授受の仲介をするという方法である。もうひとつは、一般の強制執行や執行制度において、家事事件について特殊な執行方法を導入するという案である。

そして発言の最後には、「みなさん方から強い要望のありますこの問題」「非常に重大な、しかも重要な問題」と述べ、「できるだけ要望にそうように努力いたしたい」「ご意見を参照し、検討して行きたい」と、家事調査官による履行確保の法制化への意気込みをあらわしている。

(2) 1952年の会同
① 「家事調査官制度の職務」の協議

1952年の会同では、履行確保に関する意見が「家事調査官の職務」と「強制執行」のなかに整理されている。まず、「家事調査官の職務」についてみると、調査官による履行確保の法制化を求める意見が出されている。

(1) 家事調査官の職務を、単に事実の調査に限定することなく、更にその幅員を拡大してこれを法制化すること。(横浜)
(2) 家事調査官の職務の範囲を「事実の調査」にとどまらず「家事相談」「事後の処理」等にまで拡張する必要がないか、又これを明文化する必要がないか。(福井、福岡、仙台)

　福岡　ただ問題は事後の処理についてでありますが、(略) 従つて、積極的に調停の履行状況の調査をするということはどうかと考えまして、その調査をすることを躊躇しておる次第であります。
　しかし、相当たくさんの不履行があるものと想像されます。そこで、家庭裁判所に、履行状況の調査および不履行の場合、債務者に相当の忠告を与える権限を明文をもつて附与していただきますれば、調停の成果も一段と向上するのではないかと思つておるわけであります。またこのことは、私ら裁判所におる者ばかりでなくして、私のところの調停委員一同の熱烈な声であります。なお附言いたしますが、私の方といたしましては、この問題は必要ではないかというような微温的なものではなくて、ぜひそういうようにしていただきたいと強く要望するものであります。
　仙台　この問題は、前回の本会同の席上でもすでに論議を尽されたことではないかと思つております。(略) この点につきまして仙台では、運用の面で家事調査官の活動を広範囲に利用いたしておるのでありますが、相当の実績を挙げておる次第であります。本問題については、現在では、すでに議論の時期を越えて、速かにこれを明文化して家事調査官の法制ある積極的活動をはかる時期が到来しておると信ずるものであります。

　⑽　家事審判規則中、家事審判官(ママ)は、調停成立後履行の状況を調査して、履行その他適当な勧告をすることができる旨の規定をもうけられたい。(広島)

　大阪　事後処理の問題は、年来われわれが希望しております履行確保の根

第5章　家事審判官による履行確保制度の要請

本問題を解決していただかなければならないと思うのであります。この事後を調査する事後処理という問題は、結局履行確保せんがための調査と考えられます。そういたしますと、やはり履行確保の法制化こそ根本的な問題だと考えますので、早急にこの履行確保の法制化を実現されるよう希望いたします。

大分　履行状況の調査、履行の勧告でありますが、これは昨年の会同においても問題が出まして、家庭局市川課長の御説明では家事調査官が設置されたのは、事後の調査、このためもあるのであるからこれらの方面から大いに利用されてよいと、ただ自宅訪問をするということからの弊害を重大視されまして、くれぐれもそれを注意し、その弊を避けたら大いにやつてもよいというように、私は承つたのであります。

東京　みなさんから御意見を伺いまして、全面的にそのままであると申し上げる外に、東京としてはいうことはないのであります。（略）

ただこの中、事後調査の問題に対しましては、明文化を今後も遅らすということは必要ではないという意見をもつておるのであります。それはどういうことかというと、事後調査の問題につきましては、みなさんがおつしやる通りでありまして、もう時は過ぎておると思うのであります。いかんせん法律問題として事件が終了すると共に裁判所を離脱するという建前を考えざるを得ないのでありまして、（略）法律家である限り、運用によつてやるということは、はなはだいかんと思うのであります。既に裁判所に事件がないものをやるということは、裁判官として内心割り切れないものが残るのであります。

もう一つは、実情としては、この問題は今回限りでこの話合いを終るようにして、ただ一途に立法化の面について御相談をしていただきたいと考えるのであります。会同毎にこの問題が繰返されておりまして、時間の経済上も無駄なことであると思うのであります。（略）私ども審判官といたしましては、一日も早く所期の目的を達するように、その立法化によつて、家事調査官が事後の問題にタッチすることができるようにして貰いたいということを常に要望しておりますので、議論としては尽きておると存じます。（略）事

後調査につきましては、もはや理論と、経過と実績によりまして立法化の時期に達しておると考える次第であります。どうか今後のこういう会同におきましては、その立法化の明文をいかにするかということの御研究を願うことにいたしまして、必要であるかどうかということは、今回の会同でやめにしたいという考えをもつております。

　徳島　根本の問題につきましては、家事事件も民事事件だということであると思います。さきほどから少年調査官のことが引合に出されておりましたけれども、少年事件というものは、準刑事事件でありまして、公共の福祉というものが非常に強いのであります。民事事件はこれはいうまでもなく私的自治の原則の許される手続きでありまして、公共福祉的の要素が非常に稀薄な事件であります。従つて、家事調査官の活動にいたしましても、少年調査官の場合と家事調査官の場合とはおのずから差異があると思うのであります。家事調査官の場合は非常に謙虚でなければならないと、私は考えております。この意味におきまして、事前調査、あるいは、事後の処理につきましても強制権を伴わない勧告程度ならよいでしようが、それ以上に外の債権と親族法上の債権とを取扱いを異にする、そういうようなことは認められないというように考えております。

　広島　ただいま反対意見がありましたので、その点について私の意見を申し上げておきたいと思います。なるほど家事事件は民事事件の一種ではございますけれども、家事事件自体が他の民事事件と同じように裁判所を離脱したら単に執行力をもつて執行すればよいといつたようなものとは性質が異なるわけであります。扶養料の請求事件にいたしましても、相手方がしばらく履行しないからということで差押えをするということは、近親者においては到底やり切れないことであり、また夫婦の間における慰藉料の支払において、長い間に分割するということになつておりましても、履行しないから直ちに強制執行をやるということはできないことであり、またやり難い状況にあるのであります。これが近親間の家庭事件の特質でありまして、他の民事事件と、その本質を異にしておる点であります。それ故単なる民事事件は、判決を執行すればよいということでありますけれども、家事事件に限つて、

直ちに執行することには適しない、その後において事情の変更等もある、そういう場合にはよく双方の事情を一応調べ、さらに再調停の申立をさせるなど、履行可能な範囲内におきまして円滑に履行するようにやつてやるのが家庭裁判所の本質的な義務であると考えるのであります。そういうような意味におきまして、家事事件と他の民事事件と同様に考えて、家庭裁判所の事後調査は必要ないということは考えられないのであります。

　徳島　事後の処理をやつてはならないということではないのであります。強制力を伴うような事後処理はいけない、勧告でやる方がよいという趣旨であります。

　仙台　さきほど東京の御説明を聞きしまして、非常に快く感じたのであります。ところが、ただいま徳島の御意見を伺いまして、異様に感じたのであります。(略) さきほど申し上げました通り、議論の時期はすぎており速かに明文化して貰いたいということを強く要望するものであります。

　福岡　この問題につきましては、おそらく今日は反対意見はないであろうと期待してまいつたのであります。ところが意外な発言がありましたが、(略) この履行状況の調査ということはもうすでに昨年、一昨年あたりから強く家庭局の方に要望しておることであります。にもかかわらず、いまだこれを明文化しておられない、会同のたびごとに履行状況の調査をしてよいというようにいつておりながら、いまだ明文化しないというところに、なにかわけがあるのではないかと思う位であります。従いましてその点につきまして、特に家庭局から御説明を願つたら結構と思います。

(1952年会同：1-11)

　提出庁は前年ほど多くはないが、会同での発言をみると、これまでにない緊迫した議論の雰囲気が感じられる。家事審判官たちの厳しい発言には、前年の会同で市川が法制化に強い意気込みをみせていたにもかかわらず、事態が進展していないことへのいらだちがみてとれる。

　たとえば、福岡家裁は、履行調査と履行勧告の法制化を主張したうえで、「この問題は必要ではないかというような微温的なものではなくて」と述べ、

仙台家裁も「すでに議論の時期を越えて」いると切迫感のある発言をしている。さらに、東京家裁も会同毎にこの問題が繰り返されているとして、「時間の経済上も無駄なこと」と停滞している現状を批判し、もはや立法化の時期に達していると主張したのち、「必要であるかどうかということは、今回の会同でやめにしたい」と家庭局に法制化を急ぐよう迫っている。

これらの厳しい発言は、不履行対策に苦慮している現場の家事審判官の切実な訴えといってよい。東京家裁は、前年の会同でも運用で行うことへの抵抗感を示し、法制化を主張していたが、ここでも明文規定を強く求めている。その発言のなかでは運用で行っていることに対して、「裁判官として内心割り切れないものが残る」と、家事審判官としての自身の葛藤を吐露している。

そうした議論の流れのなかで、一転、論調の異なる意見が出ている。家事調査官による履行確保を求める意見では、これまでの会同でも少年調査官を引き合いに主張されてきたが、それに異論が出たのである。異論を唱えたのは徳島家裁である。徳島家裁は「家事事件も民事事件」としたうえで、少年事件は準刑事事件であって公共福祉的な要素が強いが、家事事件はこれとは異なるという考えを示している。そして、民事事件については、「私的自治の原則」によるべきであり、「家事調査官の場合は非常に謙虚でなければならない」と主張している。

しかし、これには即座に反発があがっている。まず、広島家裁は「家事事件は民事事件の一種」という点は認めるものの、扶養料や夫婦間の慰謝料を例に、強制執行が困難な家庭事件の特性を説明したうえで、徳島家裁の主張に異議を唱え、履行確保は「家庭裁判所の本質的な義務」と主張している。それに対して、徳島家裁は、強制力を伴う事後処理についての反対である旨の再反論を行っているが、仙台家裁は「徳島の御意見を伺いまして、異様に感じた」と述べ、福岡家裁も「意外な発言がありました」と徳島家裁の発言に違和感を示している。

徳島家裁の意見は、家事調査官と少年調査官との差異を強調し、家事事件に対する家庭裁判所のアフターケアに消極的な発言であったことから、履行確保の法制化を求める立場からはとうてい受け入れられるものではなかったといえ

る。それで、履行確保の明文化の主張はいっそう強くなり、仙台家裁は再び、「議論の時期はすぎており速かに明文化して貰いたい」と迫り、福岡家裁も「いまだ明文化しないというところに、なにかわけがあるのではないか」と家庭局に説明を求めている。

　家事審判官からの厳しい意見をうけて、家庭局の第1課長の河野力はつぎのように回答している。

　河野課長　特に履行確保、事後調査の点につきましては、これは勿論御承知の通りもう何回も議論となつております。そもそもこの家事調査官を設けるということも大きな眼目の一つが事後調査、履行確保にあつたということは、これは顕著な事実なのでございます。
　然し、立法の過程におきましては、事後調査は家庭裁判所の権限としても疑問があり、また家事調査官の本質的事務は審判及び調停のための事実調査であり、かつ現在の段階においては、調査官にどのような者が採用できるか、十分な自信が持てないという点から、履行確保が遂に家事調査官の権限から削除されたという経過になつております。従いまして、家庭局といたしましては現地の要望にかんがみ、事後調査を含む履行確保一般の問題に関する方策につきまして、研究努力する必要を痛感いたしまして、法政大学の田中教授にお頼みいたしましてこの問題を研究していただいております。
　また、一方本年度の司法研究におきまして福岡の丹羽判事が「家事事件における履行確保制度」という研究をいまやつておられます。こういう研究がやがて近日の中に実を結ぶと思いますが、その結果等も検討いたしまして、履行確保制度の実現につきましては努力いたすつもりでおります。但しこの点、さきほど東京あるいは福岡の方から「なにをやつておるか」というお叱りを受けましたけれども、法務省方面においても多少の法律論的な反対というか、疑問を提出する向きがございますので、相当慎重に臨まなければならないと考えております。

（1952年会同：11-12）

上記の発言では省略したが、河野は家事調査官制度の経緯について、前年の市川と同様の説明をしている。そして、大学教授の田中吉備彦や判事の丹生義孝の研究結果も検討したうえで、履行確保制度の実現に努力すると弁明している[6]。ただし、東京家裁や福岡家裁からの追及に答える形で、「法務省方面」に法律論的な反対があることから、「相当慎重に臨まなければならない」と述べ、法務省の反対が強いことを示唆している。河野はその具体的な内容には言及していないが、会同で徳島家裁が「家事事件も民事事件」と述べて、強制力を伴う履行確保に異議を唱えたように、家庭裁判所が終了した事件の執行に関わることが法律論としてネックになっていたものと考えられる。

　この点は、同年に裁判官特別研究として開催された座談会でも議論となっており、そこでも、家事審判官や調停委員の出席者が、家事調査官の職務に履行確保が規定されていないことを強く批判しているのに対し、元最高裁判所判事の長谷川太一郎と司法研修所教官の石田哲一は、つぎのような反対意見を述べている。

　　長谷川弁護士　予め、調停なり審判なりの効果を挙げるに急にして裁判や審判と執行或は履行ということをくつつけてしまつて——その方式からいうと民事裁判でも事後の履行の方法ということが一番先決問題ですが——どうもそこまでゆくと家庭裁判所の行き過ぎになりませんか。
　　石田教官　昨日もお話が出ましたが執行の問題、裁判所は本来は判断だけで執行は別問題で、別として考えた方がいいということ、皆様の議論に反対する形になるのですが、家庭裁判所がそうした方向に進むことは、裁判所というより行政官庁のようになりはしないかという考え方も出て来ます。裁判所といつても実質的には裁判所とは別個のものであるということになりはしなかという点に触れては来はしないかという気もします。

（司法研修所 1952：14-15）

　長谷川と石田はそれぞれ、「家庭裁判所の行き過ぎ」「裁判所というより行政官庁のよう」と、家事調査官による履行確保に対して疑義を示している。よう

第5章　家事審判官による履行確保制度の要請

するに、裁判と執行の分離原則に反するのではないか、という批判である。これは、家庭裁判所の根本に関わる原理的な問題であるが、長谷川や石田の発言をみると、彼らのような判事の経験がある場合であっても、家庭裁判所に対する認識は家事審判官や調停委員とは異なることがわかる。そのことは、家事審判官自身も実感していたものとみられ、たとえば、当時、東京家庭裁判所判事の堀内節は、1952年に開催された「調停」をめぐる座談会で、つぎのような発言をしている。なお、座談会の発言者の大浜、塩原とは、調停委員の大浜英子と塩原静である。

　　大浜　やはり必ず取立てられるということが、裁判所の権威なのですから──。何かの形でこれらに関与するというふうにはできないものでしょうか。
　　塩原　供託局の設置を幾ら叫んでも、なかなかお取上げになっていただけないのでございますけれども…。
　　堀内　しかし、裁判所は司法権を行うところで、履行の世話をするのは行政の分野だといって理論上の反対もある訳です。その必要なことの叫びかたが足りないのかも知れませんが一つの大きな原因は調停というものに対して裁判官自身に理解が少ないのですね。というのは、調停を経験した判事というものはほんとうに僅少なのです。だからそういう点で声が小さいのかもしれません。

　　　　　　　　　　　　　　　　　　　　　　　　　　　　（座談会 1952：25）

　堀内は、履行確保制度がいっこうに実現しないことに不満を漏らす塩原に対し、裁判と執行の分離という法理論からの反対があることを指摘したうえで、履行確保制度の必要性についての「叫びかたが足りないのかも」と自問しつつも、その最大の原因は、調停を経験する裁判官が極めて少ない点にあると主張している。
　さきほどの会同での河野の発言に戻ると、家庭局が直面している法務省の反対というのも、裁判と執行の分離という法律論によるものと考えられる。会同

での河野の「相当慎重に臨まなければならない」という発言からは、この点について、家庭局と法務省では考え方に大きな隔たりがあることがわかる。こうした認識の相違は法務省だけに限らず、のちの履行確保制度の法案審議においても、国会で激しい議論を呼び起こすことになる。

② **「強制執行」の協議**

2日目の会同では、「強制執行」についての協議のなかで、家事事件の執行制度に関する議論が展開されている。44番の意見は、家庭裁判所書記官が執行文を付した場合の裁判所の管轄に関するものだが、提出庁の熊本家裁の発言を契機に、家庭裁判所独自の執行制度が議題となり、つづけて46番の執行制度についても協議が行われている。

⑷⑷ 家庭裁判所書記官が執行文を付与した場合において（略）地方裁判所、家庭裁判所いずれの所管に属するか疑義があるを以つて明文化する必要はないか。（浦和、大分、熊本、秋田、札幌）

熊本　熊本の出題理由は書かれております事実とやや趣きを異にしております。（略）当事者は一番満足な結果を得るために履行を完了して貰いたいと非常に熱望しております。しかしながら、これを民事訴訟、あるいはそういうような訴訟に基きまして履行を確保しようとまでは思つておりません。何とか簡単な方法ですぐに実行のできるような方法がほしいというのが殆んど大部分の意見でありました。そこでこれらの事実に基きましてこういうような執行文付与に対する異議とか、あるいはそういうことに関する異議等、一貫いたしまして、家庭裁判所独特の方法により履行の確保を明文化してやつたらどんなものであるか、殊に最近におきましては、家事調査官の制度も設けられましたのでありますから、確保の方法を簡易に迅速にできるような方法を明文化していただきたいというような意味で提案した次第であります。

議長　この問題につきまして書いていることより少し拡げまして、熊本のような御趣旨も含めまして、つまりまとまつた事件の履行の最後の結末を家

第5章　家事審判官による履行確保制度の要請

庭裁判所としてどういうふうに見届けるかという問題も含めまして、この問題について御意見を伺います。外の庁の御意見がありましたら伺います。

　徳島　家庭裁判所でやつた債権に特別な執行方法というか、それを設けるということについては私は反対であります。債権のできるまでに家庭の親族関係というようなものは考慮せらるべきであると思いますが、一旦できてしまえば債権でありますから、これを他の債権と区別して取り扱う必要はないではないか、却つてそういうことをすれば、財産権の執行上に非常な困難を感ずるのじやないかというように考えております。

　福井　熊本の提案に対し徳島は、独特の執行方法を設ける必要がないという御意見でございましたが、私は理論的に考えますというと、徳島のおつしやるようなことになると思います。ただ実際問題としまして、私の取扱つた一つの経験ですが、離婚調停ができまして、夫から妻に対して慰藉料を月賦で払うという調停ができたのですが夫の方が払わなかつたために、妻がその調停調書に基いて強制執行をしたのであります。ところが夫の後妻が第三者異議を起しましてそれが事件として係属したわけでありますが、妻は石川県の方におりまして、非常に不便なところにおりました関係で、福井の方に出て来る費用関係で非常に困つた事件があるのであります。そういうことから考えますと、理論的には金銭債務で他の一般民事の事件と別に取扱う必要がないというような一つの考え方も成り立つのでありますが、いまのような事案を考えるというと、家庭事件におる場合はやはり別個の簡易な、あるいはさつきいわれた迅速な特別な執行方法が考えられてよいのではないかというように私は考えております。

　高松　いまの家庭裁判所の特殊性ということはこれは大体判るような気持はするのですが、具体的に債権関係などは、徳島の方でいわれた他の財産関係と特別に考えるということは、ちょつと問題じやないかと思います。家庭事件としては特別な方法というけれども（略）具体的な考えを伺わして貰えれば結構と思いますが……。

　熊本　詳細な具体案というものはございませんが、ただいま家事調査官が設けられております。家事調査官の当るところの職務というものは、それは

193

およそ履行の確保であると思います。(略)これは何らかの方法で成文化して取立てができるようにしてやつたらどうかと考えております。あるいはまた供託金制度のような方法で（略）、便宜な方法でやらせたらどうかというように考えております。

　福井　私も特にこれといつた具体案を考えておりませんが、家庭裁判所で執行面にもう少し関与したらと考えております。これは執行吏の全体の問題になると思いますが、あるいは執行官のような制度も考えられます。いまの執行吏に頼むのでは、執行が遅れるというようなこともありますので、そこで家庭裁判所に執行官のようなものをおいてやつたら、すぐ執行が出来るというように考えます。

(46)　家事審判および調停の執行に付いては、家庭裁判所専属の執行機関を設けては如何。(名古屋)

　名古屋　純粋論からいえばなにも家庭裁判所に専属の執行機関を設けなくても、地方裁判所にあればよいのではないかと一応考えられますが、便宜論からいいますというと、家庭裁判所に専属の執行機関をおいておくということがよくはないかということであります。御承知のように家庭事件は経済的に余裕のない人の事件が多いのであります。従つて調停が成立した事件などでも、慰藉料の支払いといつたようなものは、大抵分割払いになつております。ところが、金がないという関係で、事後の支払を実行せぬ場合が相当にありまして、調停ができたあとで、債権者側から金を払つてくれないがどうしたらよいかというようなことで、相談に来ることが相当あります。事件が済んだあとは関与しなくてもよいのでありますが、やはり家庭裁判所はいわゆる愛の裁判所とかいわれておりまして、事件になる前から相談を受けて、済んだあとも面倒を見てやるというような特殊の性質の裁判所でありますから、やはり相談に来た場合に進んで適切な処置をしてやるのがよいのではないかと思うのであります。また実際そうしておるのであります。そこで、いわゆる執行機関に頼んで執行して貰うということにしても、別の裁判所に執

行機関がある。第一教えるのに非常に困難であります。そういうことから家庭裁判所に専属執行機関をおいておけば事後の執行についても、迅速でかつ円滑に執行が行われ非常に便宜であると思いますので、こういう問題を出したのであります。

　大分　執行についての特別の機関はいまのところ必要がないのではないかと思います。これを設けるくらいならば、家庭裁判所に履行確保についての特別の機関を設置したらどうか、たとえば債務者から金を受け取つておいて、これを債権者に渡すというようにしたらどうかと考えるのであります。このようなことは実際は法的根拠はありませんけれども、私どもの方ではやつておりまして、ただ月賦とかで回数が多く長引くものはやつておりませんが、履行機関の必要性は痛切に感じておるのでありますから、執行機関を設けるくらいならば、履行機関を設けた方がよくはないかと考えるのでありますので、本問に対しては消極であります。

（1952年会同：80-87）

　44番の協議で、熊本家裁が履行確保の明文化について発言したのを受けて、議長が終了した事件の履行について、「家庭裁判所としてどういうふうに見届けるか」と提起したことから、家庭裁判所独自の執行制度について意見がかわされている。

　その論点は、家事事件の金銭債務を特別扱いすることの是非についてであるが、家庭裁判所の意見はわかれている。徳島家裁は家事調査官に関する協議の際と同様、ここでも特別扱いに反対し、一般民事の債権と区別して扱えば、「財産権の執行上に非常な困難を感ずる」と指摘している。一方、福井家裁は、離婚調停で決まった慰謝料を確保できない妻の事例をあげて、理論的には特別扱いの必要はないと考えられるが、実際問題として、家事事件には「別個の簡易な」あるいは「迅速な特別な」執行方法が必要との考えを示している。

　高松家裁は家庭裁判所の特殊性に理解は示しつつも、特別扱いには懸念を示しており、特別扱いの具体例を問うている。それについて、熊本家裁は家事調査官による取り立てや、家庭裁判所が金銭授受を仲介する供託金庫制度をあ

げ、福井家裁は家庭裁判所に執行官を設置するという案を示している。いずれもこれまで、履行確保対策として提唱されてきたものである。

このうち、福井家裁から出された執行官の提案は、46番の「家庭裁判所専属の執行機関」を求める意見と重なるものである。その提出庁の名古屋家裁は、福井家裁と同じく、家庭裁判所専属の執行機関は「純粋論」からいえば設けなくてもよいが、「便宜論」からいってこれが必要と指摘している。そして、不履行の相談が多い実情をあげ、「愛の裁判所」である家庭裁判所は事後対応も行うべきであり、専属の執行機関をおいておけば、「迅速でかつ円滑に執行が行われ非常に便宜」と主張している。

それに対して、大分家裁はその必要性はない、と反論しているが、それは「履行機関の必要性は痛切」という考えによるもので、執行機関を設けるよりも履行機関を設けた方がよいという意見である。よって、大分家裁は名古屋家裁と立場を異にするわけではない。

こうしてみると、徳島家裁だけは法理論から一貫して、家事債務の特別扱いに反対しているが、他の家庭裁判所は従来の法理論とは別に、家事事件の特殊性を重視し、家事債務の特別扱いを認めている。この点はこれまでの会同での議論となんら変わっていない。

これらの意見を受けて、家庭局の河野はつぎのように応えている。

河野課長 熊本の方から御提案になりましたことは、結局履行確保のことを明文化してはどうかということに帰着すると考えますが、その点はじつは(46)問とも関連いたしますが、この会同の協議の最初に、すでに家事調査官の権限としてそのときに十分議論していただきましたが、そのときに私どもの意見を申し上げました通り、履行確保の問題は早速取り上げてこれを考えて見たい、なにかできるならば、成文化のところまで持つて行きたいというように考えております。その履行確保の方法にはいろいろ考えられますが、履行を慫慂するとか、あるいは履行状況を監察する、スーパービージョン（ママ）する、あるいは先程熊本の御提案になりましたような供託金庫制度のようなもの、あるいは更に進んで、簡易執行というようなところまで進

んでまいりますが、(46) 問のようなことも考えて見たいと思います。

(1952年会同：87-88)

　河野は、前日の会同での議論を振り返りながら、履行確保の問題の早期検討と法制化に努力する意向を示している。前日の回答から具体的に大きな進展がみられるわけではないが、前日は法務省の反対を理由に「相当慎重に臨まなければならない」とかなり弱腰であったのに比べ、ここでは履行確保の方法を列挙するなど、その姿勢は明らかに変化している。

　この2日間の会同の発言を通して、家庭局は家事調査官制度の立法過程において、履行確保の導入に挫折したことから、履行確保の法制化に消極的になっていたが、会同での家事審判官からの強力な要求に押され、再度、履行確保の法制化に向けて動きはじめたようにみえる。実際、翌1953年の会同で河野は、「昨年の家事審判官会同において、履行確保の問題が強力に取り上げられましたが」と前置きしたうえで、「本年に入りまして他の局課とも内々相談をした」結果として、家庭局で大綱がまとまってきたことを報告している（1953年会同：25）。こうした発言からも、やはりこの1952年の会同初日の家事審判官らの厳しい追及が、停滞しかけた局面を打開し、履行確保の制度化の原動力となったものと考えられる。家事審判官による強力な制度化要求は、家族問題の解決という家事審判官としての使命感に支えられたものといえるが、より現実的には、不履行を訴えてくる当事者への対処という、家事審判官にとって切実な問題があったからである。そうすると、当事者、とくに問題を抱えた女性による家庭裁判所への直接的な訴えが、履行確保の制度化を前進させたということができる。

1) これは中央会同とも呼ばれるもので、そのほかに各高等裁判所において開催される、いわゆるブロック会同と呼ばれる会同もある（最高裁判所事務総局家庭局 1969：568）。
2) 1949年会同については、協議録のほか、『家庭裁判月報』第6号（1949年9月）にも記録がある。ここでは、『家庭裁判月報』第6号からの引用を1949年会同a、協議録からの引用を1949年会同bと記す。
3) 会同の2日目には、協議事項の「第2　家事調停の運営に関し考慮すべき事項」のな

かで「(11) 履行確保」として、金銭債務の支払い方法に関する意見（99番）と、供託制度ならびに執行制度に関する意見（100番）の2つがあげられているが、いずれも1日目で協議が尽くされたとして、議論は行われていない（1950年会同：143）。
4) 法案は衆議院法案委員会議録（1951年3月13日）による。法案には、1. 家庭裁判所に家事調査官及び家事調査官補を置くこと、2. 家庭裁判所の成人の刑事事件に関する裁判権を拡張すること、3. 裁判所職員の官の級別を廃止すること、4. 裁判官以外の裁判所職員に関する事項について規定を整備すること、の4点が含まれている。
5) 同日の参議院の法務委員会でも政務官の高木松吉によって、同様の説明がなされている。
6) 両者の研究成果はのちに、田中（1953）、丹生（1954）として公表されている。

第6章

履行確保制度の国会審議

1　法律制定までの経緯

　最高裁判所事務総局家庭局（以下、家庭局）では、1951年頃から家事事件の履行確保制度の研究に着手したというが（最高裁判所事務総局家庭局 1970：13）、実際に家庭局が立法に向けて動き出したのは、前章でみたとおり、1952年10月の全国家事審判官会同（以下、会同）での議論を経てからである。翌1953年11月の会同で、家庭局第1課長の河野力は「本年に入りまして他の局課とも内々相談した」と述べており、1953年になってから、家庭局は最高裁判所内の他部局と非公式協議を開始したとみられる。会同での河野の発言によると、その結果、「家庭局が考えている大綱」がまとまったという（1953年会同：25）。
　しかしその後、少なくとも1年は目立った進展がみられず、1954年11月の会同で河野は、「昨年度家庭局で従来の合同等で各庁から提案されたところなどを参考として試案をまとめておりますが、具体的立法の段階までには今一いきの努力が必要という段階であります」（1954年会同：111）と弁明している。なぜ、1年たっても立案に至っていないのか、この発言からは明らかではないが、1955年3月にようやく、要綱試案が最高裁判所の家庭裁判所制度運営調査研究会で検討されているところをみると、裁判所内での合意形成に難航したものと考えられる。家事審判官の間では、家事事件の特殊性や家庭裁判所によるアフターケアの必要性は共通認識となっているが、他の判事にこうした認識が

どこまで浸透していたかは疑問であり、履行確保の法制化になかなか合意が得られなかったものと推察される。

1955年3月と4月の家庭裁判所制度運営調査研究会での要綱試案の検討を経て、1955年6月には法制審議会民法部会の身分法小委員会で履行確保制度の構想が説明され、委員から大方の賛同が得られたという（最高裁判所事務総局家庭局 1970：13）。そして、1955年11月の会同で、河野は進捗状況について、つぎのように述べている。

　　河野課長　これは先程申し上げました家庭裁判所制度運営調査研究会で一応結論をえまして目下立法につき法務省と折衝中であります。そして先程局長の説明にもありましたように、法制審議会の身分法小委員会でも取り上げられております。そこで立法に関する大体の考え方の骨子について申しあげますと、家庭裁判所がアフター・ケアー（ママ）をやることができるように、事後の調査勧告をすることができること、また債務履行のための金銭を家庭裁判所が預つて債権者に支払つてやることができること、などであります。そこで家庭裁判所が履行確保をやるようになつた場合に、これを調査官にやらせるようにするか、どうかということですが、この点については、法律で家庭裁判所に履行確保事務の権限が与えられれば、規則で調査官にやらせるということを規定しようというように考えております。ただいま法務省と折衝している点は、家庭裁判所がこういう履行確保の権限をもつという法律案についてでありまして、目下家庭局は全精力をそれに集中してこの事業をなんとかして成就させたいと考えている次第です。なおこの履行確保につきましては、家庭裁判所が履行の調査、勧告をしても、なお債務者が履行しない場合に、制裁を科することにし、これで調査、勧告をバックアップするというような制度をただいま研究中でございます。一応この次の法制審議会の小委員会でもつて最終的に案の枠が決まると思います。

　　　　　　　　　　　　　　　　　　　　　　　　（1955年会同：44-45）

河野は、履行確保制度の法律案について法務省と折衝中であり、家庭局は

「この事業をなんとかして成就させたい」として、全力で取り組んでいる状況を説明している。「家庭局は全精力をこれに集中して」といった表現には、法務省との厳しい折衝の様子がうかがえるが、河野は「一応この次の法制審議会の小委員会でもつて最終的に案の枠が決まる」と述べており、法案の内容がほぼ固まっていることも明らかにしている。

なお、法制審議会での議論の様子については、のちに衆議院の法務委員会（1956年2月8日）で、法務省民事局長の村上朝一がつぎのように説明している。

> **村上政府委員**　この法案については特に法務大臣も法制審議会に諮問して答申を求めたという事実はございません。ただ、こういう法律案を提案してもらいたいという裁判所側の希望は数年前からございまして、いろいろ重要な問題を含んでおりますので、法制審議会の民法部会で身分法の再検討に着手した後に、その身分法の委員会で技術上各委員の御意見を伺ってからにしたいということで、立案を延ばして参りまして、一昨年の九月から法制審議会民法部会に身分法の小委員会が発足いたしましたので、この小委員会には家庭裁判所側の案を原案といたしまして数回にわたりまして各委員の御意見を伺ったのであります。むしろ、この案につきまして法律技術的にいろいろ疑問を出しましたのは法務省側委員、裁判所側の委員でございまして、学者側その他一般の委員の方はぜひこういう制度は作るべきだという意見が大多数でございました。
>
> （衆議院法務委員会　1956年2月8日）

村上によると、法制審議会の身分法小委員会で家庭裁判所からの原案に問題を指摘したのは、法務省と裁判所から出ている委員であって、民法学者はこれに積極的に賛成していたという。このことからも、履行確保制度の立案が難航しているのは、裁判所や法務省といった家庭裁判所に近いところからの反対によるものと考えられる。

こうした過程を経て、家庭局と法務省民事局（以下、民事局）での協議によ

り、ようやく1956年1月初旬に「家事審判法の一部を改正する法律案」がまとまっている（最高裁判所事務総局家庭局 1970：13）。そして1956年1月31日、履行確保制度の導入を内容とする、「家事審判法の一部を改正する法律案」（以下、政府案）が第24回国会に提出されている。その内容は、家庭裁判所の履行確保制度として、第1に事後調査と履行勧告、第2に履行命令と制裁措置、第3に寄託の制度を導入することである[2]。

　国会に提出された法案は、衆参ともに法務委員会に付託され、まず、衆議院で審議されている。具体的には、1956年2月6日に提出理由、つづいて、2月8日、10日、13日、14日に審議が行われており、そのうち10日と14日は参考人からの意見聴取もなされている。委員会では白熱した議論となっているが、委員の発言のほとんどは法案に批判的である。唯一、女性議員の神近市子が法案を支持する意見を述べているが、他の委員からそれに賛同する発言はみられない。委員とは対照的に、参考人は民事訴訟法学者の中村宗雄を除き全員が法案に賛成の立場で、法案のいっそうの強化を求める意見も多数述べられている。

　こうした状況のなか、2月17日の委員会で自由民主党と日本社会党の共同による修正案が提出されている。修正は「事後調査と履行勧告」の部分で、政府案では家庭裁判所は権利者の申し出の有無にかかわらず、調査や勧告ができる形になっていたが、この点を改め、条文に「権利者の申出があるときは」を挿入する、というものである。つまり、職権による調査や勧告を禁じるための修正である。委員会では、この修正案が全会一致で可決されている。そして、これが同日の本会議においても賛成多数で可決され、参議院へ送付されている。

　また、2月17日の委員会では修正案の議決につづき、自由民主党と日本社会党の共同による附帯決議案が提出され、これも賛成多数で可決されている。附帯決議は2点あり、第1は「家事々件の小額債権については、その執行を容易ならしめ、且つ簡易化するため、政府は速かに適切なる方策をたてること」、第2は「第二十八条の過料制度運用については、慎重を期し適正に行われるよう深く留意すること」である。このうち2点目は、履行命令に従わない場合の過料の制裁について、適正な運用を求めるという内容だが、「慎重」「深く留意」との文言から、これは制裁措置の抑制を意図したものと考えられる。

一方、参議院では、衆議院での修正案の採択前日、2月16日の法務委員会で当初の政府案について、提案理由の説明が行われている。その後、委員会は2月21日、2月23日、3月1日、3月12日、4月18日に開催され、衆議院の修正案が審議されている。このうち、3月1日には参考人の意見聴取も行われている。参議院での議論は、衆議院の論調とは一転、履行確保制度の導入に積極的な意見ばかりである。議論の最大の焦点は、衆議院による修正、すなわち「権利者の申出があるときは」の挿入についてであり、2月21日、2月23日、3月12日の委員会には、衆議院の法務委員長の高橋禎一が出席し、修正案への質問に応じている。そこでは、委員からの批判に高橋が応戦するという場面が多くなっている。参考人も全員が衆議院の修正案に反対の立場である。

　委員会での審議は4月18日に終了し、そこで委員の宮城タマヨが、衆議院の修正で挿入された「権利者の申出があるときは」を削除し、当初の政府案に戻す「再修正案」を提出している。これは採決の結果、可否どちらも8票となったため、国会法の規定により、委員長の高田なほ子の判断で可決となっている。しかし、委員会で可決したこの再修正案は、4月20日の参議院本会議では賛成71票、反対82票で否決となり、最終的には衆議院の修正どおりの法律が成立している。

　このように、履行確保制度の導入においては、当初の政府案が衆議院で修正され、それが参議院でいったん当初の政府案に戻されたものの、再度、衆議院の修正案に戻されて決定するという、複雑な経緯をたどっている。そこで本章では、まず、法案の内容を確認したうえで（第2節）、法案審議において具体的にどのような議論が展開されたのか、衆議院、参議院の順に検討してみたい（第3節、第4節）。

2　履行確保制度の法案

(1) 概要

　履行確保制度の導入を内容とする法案は、政府によって1956年の第24回国会に提出されているが、その際に説明された提案理由はつぎのようなものであ

る。

松原政府委員 家事審判法施行この方、家庭裁判所が家庭の平和と健全な親族共同生活の維持のために大きな成果をあげつつあることは、周知の通りであります。しかしながら、家庭裁判所において審判がなされ、あるいは調停が成立いたしましても、これらの審判または調停で定められました義務の履行が十分に保障されないといたしますならば、家庭裁判所に救済を求める当事者の紛争が終局的に解決されたとは言えないことはもとよりでありまして、家事審判法制定の趣旨の完全な実現にはまだほど遠いものがあると申さねばなりません。

現行法のもとにおきまして、扶養、離婚に伴う財産分与その他いわゆる家事債務につきまして、家事審判法による審判または調停がなされました場合、これらの審判または調停で定められました義務の履行を保障する手段は強制執行であります。しかるに、これら家事債務の従来における履行状況を見まするに、権利者が強制執行の手段によって権利を実行する例はきわめて少く、大部分は義務者の任意の履行に待つのが実情でありまして、そのためせっかく審判または調停によって義務が確定しましても、これが不履行に終る場合が少くないのであります。これは、強制執行が近親者またはかつて近親の関係にあった者相互間における権利の実現の方法としては少しく強力に過ぎるため、当事者は感情上強制執行の手段に訴えることを回避する傾向にあり、また、家事債務においてはその額も僅少である場合が多く、強制執行がこれら少額債権の実行方法としては、必ずしも実際的でないことに基因するところが少くないと考えられるのであります。

右に述べましたような家事債務履行の現状にかんがみまして、従来、家庭裁判所の実務家の間においてはもとより、日本調停協会その他各方面において、強制執行以外に家事債務の履行を確保する制度の創設を要望する声が強く、現に、家庭裁判所におきましても、事実上義務者に対し義務の履行を勧告するなどの措置を講ずることによって義務履行の促進について相当の成績をあげているのであります。

この法律案は、右に述べましたような各方面の要望にこたえるため、従来における家庭裁判所の実務上の経験を基礎といたしまして、家事審判法による審判または調停で定められました家事債務の任意の履行を促進し確保するための新たな手続を同法中に規定しようとするものでありまして、その骨子は次の三点であります。

（衆議院法務委員会　1956年2月6日）

　これは法務政務次官の松原一彦が衆議院の法務委員会で説明したものだが、参議院でも同じ説明が行われている。提案理由としては、家事債務は強制執行に適さないことから不履行に終わるケースが少なくないこと、近親者間での強制執行は実際的ではなく、家庭裁判所の実務家や日本調停協会等から履行確保制度の創設が強く要望されていること、そして現在すでに、家庭裁判所では履行勧告等の措置を講じ、それが実績をあげていること、などがあげられている。

　法案は家事審判法の一部改正案であり、その具体的な内容は、家事審判法の条文につぎの3点を加えるというものである。第1は、家庭裁判所は家事債務の履行状況を調査し、義務者に対し義務の履行を勧告することができる、第2は、家庭裁判所は財産上の給付を目的とする家事債務を履行しない者に対し、その履行を命ずることができ、この命令に従わない者には5千円以下の過料の制裁を科すことができる、第3は、家庭裁判所は金銭の支払いを目的とする家事債務の履行について、義務者の申し出により権利者に支払うべき金銭の寄託を受けることができる、という3点である。ようするに、第1が事後調査と履行勧告、第2が履行命令と制裁措置、第3が寄託制度の規定で、これを家事審判法に追加するという法案となっている。

(2)　家庭局試案の制裁規定

　この政府案で注目されるのは、第2点目の履行命令に従わない場合の制裁措置として、5千円以下の過料のみが採用されている点である。というのも、国会提出前の試案段階では、過料のほかに拘禁規定が入っていたという事実があ

るからである。

　政府案は、家庭局の試案をもとに民事局との協議により作成されたものだが、家庭局の試案には、ある段階まで「10日以下の監置」という文言が入っていたという。そのことは、履行確保制度が実施された翌年、1957年11月の会同において、家庭局の河野によって明らかにされている。この会同で「(60) 家事債務の不履行に関する債務者拘禁制度的立法を考慮するの要なきや」の事項が協議された際、提出庁の福井家裁は、困窮する老母への扶養料について、履行勧告に意図的に応じない息子の事例をあげて、「拘禁制度までいかないことには、履行しないだろうと考えられる」「せめて家事債務のうちでも扶養的性質のものについては、強力な履行確保の制度を設ける方向に行くのがよいのではないか」「履行確保制度を徐々に強化していくことが必要ではないか」(1957年会同：130) と発言している。それに対し、河野はつぎのように回答している。

　家庭局河野課長　これにつきましては、いろいろと立法例がございます。イギリスで現在行われて居るジヤツジメント・サモンズの手続あるいはアメリカでもアリモニーの裁判に対する不服従は法廷侮辱だとされ、やはり拘禁されるという手続もあるようでございます。それらを参考にしまして、私どもの方では十日以下の監置もしくは三万円以下の過料という案を昭和三十年十月頃まで検討しておりましたが、外国にはそういう例はあるかも知れないけれども、債務者拘禁というのは時代逆行ではないかという意見が出て来まして、最後の段階になつてこれが法案から落ちてしまつたという経過がございます。

　ただいま御指摘になりましたように、なかなか過料を取つただけでは効果がないという場合もありましようから、こういう点も、将来家事審判法の改正の機会があつたときに持ち出して見たいと考えておりますが、これも昨年出来たものをすぐ今年というわけにもいかないかと思います。私ども将来の問題としてはこれを考えておきたいと思つております。

(1957年会同：130)

第 6 章　履行確保制度の国会審議

　河野は、1955年10月頃まで、すなわち、法案提出の約 3 か月前まで、家庭局の試案には「10日以下の監置」という具体的な形で、拘禁制度が規定されていたことを明言している。ただし、最高裁判所事務総局が1956年に発行した執務資料で、1955年 3 月の家庭局の試案として示されているものをみると、制裁規定は「正当な事由がなく履行命令に従わない者に対しては、三万円以下の過料の制裁を科しうること」（最高裁判所事務総局家庭局 1970：13-14）となっており、そこに「10日以下の監置」という文言は入っていない。したがって、河野がいうより半年ほど早い時点で、「10日以下の監置」が試案から削除されていた可能性もあり、この文言がいつまで試案に残っていたのか、その正確な時期を確認することはできない[3]。

　しかし、いずれにせよ、試案の段階で拘禁制度が入っていたことは明白であり、河野はのちの1959年 6 月に開催された座談会において、拘禁制度が最終的な法案から削除された経緯について語っている。このとき河野はすでに家庭局の職を離れ、座談会には裁判官として出席しているが、家庭裁判所調査官の溪口富士子が「拘禁制度につきましては、今度の履行確保制度の立案時にお考えになっていたと伺いましたが」と質問したのに対し、つぎのように答えている。

　　河野裁判官　実は考えたことは考えたのですよ。私が家庭局におりましたときにいろいろ外国の制度を家庭局の皆さんに研究してもらった。大体民事債務の不履行について人身を拘束するということはヨーロッパにおいてもあったことはあったけれども、少なくなってきた、ただ英米は裁判所できまった扶養義務あるいはアリモニー、そういうものの不履行についてはやはり拘禁制度が残っている。ことにイギリスでははっきり残っておりますし、アメリカでも州によっては残っております。ただ全体として世界的にだんだん少なくなってきている。そこで日本は今までないのにそれを新しく作るということにはだいぶ反対があったのです。そういうわけでこれは結局国会に持ち出す原案には入らなかったのです。おそらく出しても通るまいというような見通しだったのです。

(座談会 1960：68)

　つまり、家庭局の原案ではイギリスにならい、制裁措置として拘禁規定を入れていたが、世界的潮流に逆行するという反対意見が強く、これを国会に提出しても通過しないという見通しから削除されたということである。家庭局としては、「10日以下の監置」が盛り込まれていると法案自体が成立せず、履行確保制度が導入できなくなると判断し、これを削除したものとみられる。たしかに、あとで詳しくみるとおり、衆議院の審議では制裁措置への反対意見は強く、拘禁どころか、家庭局試案の3万円以下の過料よりはるかに低額の5千円以下の過料という政府案についてすら、激しい議論が展開されている。拘禁制度の断念という家庭局の判断は、このような情勢を見越したものと考えられる。

　1957年の会同で河野は、「将来家事審判法の改正の機会があつたときに持ち出して見たい」(1957年会同：130)と発言しており、履行確保制度を実現した後で、これを導入するつもりだったのかもしれない。しかしその後、導入の動きはなく、現在に至っている。

3　衆議院での審議

(1)　政府案をめぐる意見の対立
①　裁判と執行の分離

　衆議院の法務委員会では政府案への反対意見が多く、白熱した議論となっているが、委員のなかで最も多く発言し、政府案を強烈に批判しているのは弁護士出身の佐竹晴記である。佐竹がとりわけ強く主張しているのが、履行確保制度は裁判と執行の分離原則に反するということである。法案審議の初日、まず佐竹が指摘したのもこの点であり、委員会では佐竹と民事局長の村上の間で、つぎのような議論がなされている。

　　佐竹（晴）委員　本改正の基本的理由は、裁判のやりっぱなし、調停のや

りっぱなしということでは究極の目的が達せられない、従って、裁判、調停の結果を実現するように、裁判所自身がそこまで努力をすべきであるという見地に立っておられるのであります。ところが、これは果して裁判制度の本則を乱るおそれはないであろうか。旧来裁判と執行とを截然区別いたしましたのは、そこには根本的理由がございます。裁判官は裁判をすることをもって使命とし、その結果を得るための努力に容喙せしめなかったのであります。これを家庭裁判所に許すことになれば、一般裁判制度の上に重大な影響を与え、裁判制度の本則を乱るようなおそれを招来することはないでありましょうか。

村上政府委員 一般的に申しますと、佐竹委員の仰せの通り、裁判機関と執行機関とは別の国家機関がこれに当ることは、それぞれの作用の完璧を期するために望ましいことなのでありますが、家庭裁判所の審判あるいは調停によって定められます、いわゆる家事債務につきましては、その家事債務の内容から申しまして、裁判所は審判または調停をしてあとのことは知らない、あとは執行吏その他の執行機関に執行の申請をすればよろしいということでは、十分に当事者の保護が全うされないという実情から見まして、言いかえますれば、この家庭裁判所の性格及び家事債務の性質から申しまして、ある程度、審判または調停だけでなく、その跡始末と申しますか、いわゆるアフター・ケアと申しますか、審判または調停のあとの世話も焼いてやることが適当ではないかということで、この家事債務に限りまして、かような制度を初めて法律の上に認めることを考えたわけでございます。

(衆議院法務委員会 1956年2月8日)

佐竹は裁判と執行の分離という基本原則を根拠に、家庭裁判所が事件終了後の履行確保に関与することに強く反発している。それに対し、村上は一般の裁判所の理論は家庭裁判所には通用しないのであって、家事債務の特殊性、および当事者保護の観点から、審判・調停の終了後も家庭裁判所が「あとの世話も焼いてやることが適当」であり、アフターケアが必要であると応答している。

それでも佐竹は納得せず、議論がつづいている。佐竹は、普通裁判所の裁判

や調停には強制執行で対応し、家庭裁判所の事件のみを特別扱いすることを批判するが、村上は、家庭裁判所がある程度のアフターケアを行うことは「政策的に適当」と応戦している。しかし佐竹は、普通裁判所の裁判や調停でも、家庭裁判所の事件とほとんど変わらない事情のケースもあると譲らず、「ある種の権利は優遇し、ある種の権利はほうりっぱなしにしようという理由は、とうてい考え得られません」と主張する。それに対して村上は、繰り返し家事事件における当事者保護の必要性を指摘し、「裁判所自身がある程度例外的に裁判の実現についての力添えをすることが妥当であるという考えから、かような措置を立案した」と述べて、家庭裁判所の場合は、法理論からみて「例外的」な措置が必要であるとの見解を示している（衆議院法務委員会 1956年2月8日）。

この点は参考人と佐竹との間でも議論となっている。参考人の田辺繁子は、家事債務の当事者の特性について、「身分関係で、たとえば離婚というような問題で生じました子供を養う養育費を父親から取るとか、そういう問題は特別の問題で、生死に関するような生活権の根底の問題でございますから、身分関係の債務というものには特別なめんどうを見てあげていいということを考えなければならないのではないかと思います」と、離婚後の養育費の例をあげて、家事債務の権利者は多くが女性や子どもといった弱い立場にあることを説明し、保護の必要性を主張している。

これに対し、佐竹は、普通裁判所の事件でも女性や子どもの生計維持に関わる事件があるとして、「単なる貸借問題といたしましても、ここに年とった女の方があり、子供を抱いて(ママ)どこかへ勤めている、給料をくれない、その給料をもらわなければ子供とともに飢え死にしなければならぬといったような場合に、訴えて普通裁判所で調停になった、ところが、雇い主は残虐にも一向にその支払いをしない」と、田辺に対抗するように具体例をあげて、一般民事との不公平を指摘している。すると田辺は、「やはり家庭裁判所というものができました立法理由から考えても、最後までごめんどうを見てあげなければ、家庭裁判所がほうりっぱなしに、ただ調停ができましたでは済まない」と、家庭裁判所の設立の目的に立ち返って、佐竹に反論している（衆議院法務委員会 1956年2月10日）。

第 6 章　履行確保制度の国会審議

　同じく参考人の川島武宜も、「家庭裁判所というものの根本の考え方について若干御了解をいただく必要がある」として、家庭事件は「ケース・ワーク的にこれを処理することが一番望ましいのであるという考え方から来ておるのでありまして、（略）家庭裁判所は従来の裁判所で考えたならば考えられないようなことにまで出しゃばる」のだと主張している。そして、「まさにそれが家庭事件というものの処理上最も適しているのだということをお考えいただきますならば、こういう規定の必要性というもの、及びそれが決して日本の裁判制度の精神にもとるものではないということが御理解いただけるのではないか」と、家庭裁判所が履行確保を行うことの正当性に理解を求めている（衆議院法務委員会 1956年 2 月10日）。

　こうした家庭裁判所の特殊性を擁護する立場とは対照的に、参考人のなかでも民事訴訟法学者の中村宗雄だけは、家庭裁判所のあり方そのものに懐疑的で、法案にも反対意見を述べている。中村は家庭裁判所の実務からの要請に理解は示すものの、「家庭裁判所もまた日本の司法制度の一環を占める。この裁判制度、司法制度という立場から見ますると、必ずしもこれは全面的には賛成しがたい点があるように思われる」と、佐竹と同様、司法制度の原則論から法案に反対している。そして、「審判制度というものは、行政的機能を営むと同時に裁判的機能を営む二元に立っているから、行政的機能という面から見ますと今回の案はいずれもごもっともでありますが、何といっても裁判所であります。その裁判所というものにはおのずから行動の限界があるということを考えなければならないのではないか。こう考えますと、現在の家事審判制度それ自身の再反省が必要なんじゃないか。（略）行政の機能も高めよう、裁判の効力も高めよう、こういう両兎を追うということは、家事審判制度の破壊になりはしないかということを憂えるのであります」と主張している（衆議院法務委員会 1956年 2 月14日）。中村は家庭裁判所が行政的機能を担うことに否定的で、家事審判制度についても「当事者なき制度」「一種の糾問主義」と発言しており、履行確保のみならず、家事審判制度のあり方自体に懸念を表明している。

　履行確保制度は司法の一般論には収まりきれないことから、裁判と執行の分離原則を絶対的とみなす立場には、とうてい容認できないものとなる。川島

211

(1956：34) は、雑誌の論評において、委員会でのこうした議論を振り返り、従来の民事訴訟法の理論からの批判や非難について、「新しいカルチャア・パタン(ママ)としての家庭裁判所に対してとったところの反応の現象」と指摘している。

　結局、ここでの意見の対立は、裁判制度において家庭裁判所をどのように評価するか、その特殊性に基づく例外的措置をどこまで許容するか、という根源的な考え方の違いによるものといえる。家庭局の初代第１課長を務めた市川 (1970：11) は、家事調停の歩みを振り返るなかで、履行確保制度、家事調査官制度、医務室制度をとりあげ、「これらはいずれもこれまでの裁判所の観念からはほとんど思いも及ばないような新しい企画であつたから、これを実施に移すための努力が並大抵のものでなかつたことは容易に想像できる」と記している。履行確保をめぐる衆議院での議論をみると、家庭裁判所の性格についての理解が、家事事件に詳しい研究者や実務家以外には十分に浸透していなかったことがわかる。

② 　5千円以下の過料

　さらに、政府案に盛り込まれていた条項のなかで、いっそう激しい議論となったのは、履行命令に従わない場合の制裁措置、すなわち5千円以下の過料についてである。これを支持する委員は神近市子ぐらいで、委員会ではこれに反対する委員から、過料の制裁を与えることにより、民事問題が刑事化する危険があるのではないかとの懸念が強く出されている。つまり、民事と刑事の分離原則に反するという、法理論に基づく批判である。

　これについても、佐竹が批判の急先鋒である。佐竹はまず過料について、「これは一回きりですか。(略)繰り返して幾度もできるものでありますか」と質問し、政府委員の村上から「正当な事由がなく命令に従わないという事実があります限り、何回でもやれる」との回答を引き出したうえで、「百回も不履行だといって五十万も百万も過料が取れるものだろうか。そういうことがもしできるということになると、この規定はアフター・ケアではありません。罰金以上です。刑罰以上になりましょう。その財産の一切を引き揚げてしまうぞという威嚇になります。これは過料の性質を乱る結果になりはしないかと言うの

でありますが、そういうことを家庭裁判所がやれることになると、これはもう親切の度をこえて家庭裁判所が自分のやった調停及び審判に従わなければどこまでもやっつけるぞということになる。これは恐るべきことであります」と主張している。これに対して村上は、法理論上は可能でも事実上何百回も過料に処すことはないと説明しているが、佐竹は「熱心なる家庭裁判所は、(略)親切心があって、(略)一生懸命おやりになるかもわかりません。これはある程度の限度を定めておかなければ危険じゃないか」と、家庭裁判所による制裁の危険性を指摘している（衆議院法務委員会 1956年2月8日）。

　一方、実務家の参考人はいずれも過料の措置に賛成しており、調停委員の黒田善太郎は「これはいわゆる伝家の宝刀」であると述べ、「最後の手段であって、不誠実なる債務者に対しては最後はこの手でいくのだということの一つの制裁のポイントをそこに現わしておるのだということで、相当のきき目があるのじゃないか」と制裁措置の必要性を主張している（衆議院法務委員会 1956年2月10日）。また、弁護士の長瀬秀吉も、民事の刑事化という見方に対しては批判的で、「履行命令というものは、裁判所が諸般の事情を調査いたしまして、そうして必要のある場合において履行命令を発するので、これも運用のいかんによっては決して弊害もない、それがために民事の不履行が刑事化するということがあるというふうに考えなくてもいいんじゃないか」と述べている（衆議院法務委員会 1956年2月10日）。こうした議論をみると、過料の措置をめぐる対立は、家庭裁判所の運用をどれだけ信頼しているかという、各論者の家庭裁判所に対する認識の違いによるところが大きいといえる。

　また、民事と刑事の関係について、参考人の川島は、「確かに現在の訴訟は民事、刑事を分科させるというところに根本の思想がございますし、実にローマ法以来の法律制度の発達の歴史はそういうことでずっと来ているわけです」と、民事と刑事の分化という司法の歴史を認めている。そのうえで、「ただ、民事と刑事とが全然手続とか目的が違うということと、しかもそれがお互いに深い関連があるということとは別の問題でございまして、現在でも深い関連がある」として、「民法で親を扶養する義務を認める、同時に親を養わない者は刑法上遺棄罪にする」という例をあげて、民法と刑法の関連性を説明してい

る。そして、「家庭事件というものは相当切迫した場合が多いのでございます。(略) 切迫した事情が多い家庭事件では、この二つの民事と刑事との事件の関連をなるべくやりやすいようにしてやる。そうして家庭裁判所で機に臨み変に応じて適切な手を打っていく。これをしなければ困るというので、こういうような規定があるわけです」と述べ、家庭裁判所における事件の切迫性と当事者保護の必要性を根拠に、制裁規定の正当性を主張している（衆議院法務委員会1956年2月10日）。

　それに対して、民事訴訟法理をもとに法案を批判している参考人の中村は、「裁判所が矢面に立って過料の制裁まで道具にして裁判所自身が強制執行の責任を負うべきかどうか。ここが問題なのであります。(略) 当事者の意思に基いて当事者に強制執行さしてもいいじゃないか、(略) 何も一国の強制執行の体系を乱してまで特にそういう方法を設ける必要があるか」と、制裁規定に反対している。さらに中村は、「婦人の保護は必要であるが、保護の過剰ということも考えなければならぬ」と発言している。ただし、中村は裁判所による保護を批判しているのであり、先の発言につづけて、「しからば、どうしたらいか。これは、私に申させれば、現在の強制執行をもっと簡易にすることも考えられる。あるいはまた、家庭裁判所には多くの外郭団体がある。この外郭団体が強制執行について助力を与えるという方法をとることの方がよりよい結果を生むのではないか」と述べ、強制執行制度の簡易化や外郭団体による強制執行の利用支援を提案している（衆議院法務委員会 1956年2月14日）。この提案の内容は広く支持されるものといえるが、過料の制裁規定を設けて履行命令に従わせるという政府案を女性に対する「保護の過剰」とみなす中村と、第5章の会同の議論でみたような、女性保護の観点から簡易な執行制度を求める家事審判官とでは、家庭裁判所に対する見方が大きく異なっている。

　また、参考人で最高裁判所判事の岩松三郎も、過料の制裁については全面的に賛成しかねる点がある、と慎重である。その主張は、英米での制裁は原告と被告の対立主義による訴訟手続のもとで下された判決に対して行われるのであり、そのような対審構造ではない日本の家事審判に同様の制裁を科すべきではない、というものである（衆議院法務委員会 1956年2月14日）。

こうしてみると、裁判と執行の分離の議論と同様、弱者たる女性の権利を実現するために、裁判所が制裁をもって義務者に直接対峙するかどうかというこの問題についても、家庭裁判所の特殊性をどこまで認めるか、家庭裁判所の運用をどこまで信頼するかによって、法案への態度はわかれているといえる。

③ 国家の家族介入

さらに制裁規定の議論で興味深いのは、家庭裁判所の特殊性を支持し、家族の保護を重視する立場から、制裁規定への懸念が表明されていることである。それは、制裁規定は国家による家族への介入にあたる、という認識に基づいている。このような主張は、委員の菊地養之輔によってなされている。菊地は履行確保による解決の必要性は支持するものの、「家庭裁判事件に国家の権力の作用するような過料制度なん(ママ)というものを設けるよりも、ほかにいい方法がないか」と問いかけている。そして、「なるべくいわゆる国家権力というものは手控えておいた方がいいんじゃないかという観点を私は持っているのでありますが、その観点から言うて(ママ)、いわゆる勧告をしたり調査をしたり、あるいはいろいろな方法をもって円満に解決することはいいけれども、親子、兄弟姉妹の間で、その一人が他の一人に対して過料の制裁を与えるというようなことになりますと、家庭生活が円満を欠くようになるんじゃないか。なるほど債務の確保はできても、いわゆる家庭裁判の目的であるところの家庭の平和というものはそのためにそこなわれるんじゃないか。従って、国家がこれに介入しないで、ほかの方法で話し合いの方法をとる。それができなかった場合には、やむを得ないから、いわゆる一般の民事裁判に許されている方法によって簡易な執行法をとったらいいんじゃないかということを今考えているのであります」と述べている（衆議院法務委員会 1956年2月10日）。菊地は制裁規定に消極的な態度をとっているが、それは、家庭裁判所はできる限り権力的でなく、ケースワーク的に義務の履行を促進すべき、との考えによるものである。

これは国家と家族の公私の関係を問う、極めて本質的な問題提起といえる。この点に関し、参考人の川島は、家庭事件の「非常に切迫した状態」を強調し、「法律が家庭の中に入る」「ある程度強制力を行使する」ことを積極的に認めている。川島は、「法律がどの程度まで家庭の事件を書いて強制力を行使す

るか、あるいは刑罰を持ってくるかというのは、要するにその限度の問題。そうしますと、家庭関係における財産給付というのは、非常に緊急状態が起きて人命にもかかわる、あるいはパンパンになるかどうかというようなことが多いのでございますから、そういう場合には、私は法律が入るのは当然であると思う」と述べ、法律が家庭に介入するかどうかは、その問題の性質や緊急性によるという考え方を示している（衆議院法務委員会 1956年2月10日）。つまり、その義務が履行されなければ妻子が生命の危機に立たされたり、別れた妻が街娼となることを余儀なくされたりと、まさに家族内の弱者の人権が脅かされる危険をはらんでいる場合には、義務の履行を図るために、法が家族に介入し、国家が権力を行使する必要がある、という主張である。

このような考え方から、川島は過料の制裁よりも強力な制裁を求めており、「刑務所に入れるというのもやむを得ない」とする立場である。それで、「親子の扶養問題を考えましても、幼い子供を親が扶養しないでほうっておく、あるいは年とった親が生活に因るのに子供がそれを捨てて顧みない、そういうときに、一体単に勧告以上やってはいかぬというのでは、話が徹底しないのじゃないかと私は思います。そのときには、やはりこうやって履行命令を発し過料に処する、あるいはもっと一歩進んで刑務所に入れるくらいの覚悟がなければ、これは一国の政府として国民の社会生活の最も根本である家族秩序というものを維持することができないと思います」とも述べている（衆議院法務委員会 1956年2月10日）。

参考人の田辺も、5千円以下の過料は安すぎるとの意見に加えて、「たとえば妻と子供を泣かせておいて、そして自分は財産を持っているというような夫を想像いたしますと、そういうような男は、イギリスやアメリカと同じようにやはり牢屋にぶち込んでしまったらいいわけなんでございますけれども、日本の月給というものがほかのイギリスあたりの月給より少うございますので、（略）必ず身柄を拘束して入れてしまうということは無理かと思うのでございます」と述べている（衆議院法務委員会 1956年2月10日）。田辺は支払能力のある夫が家事債務を履行しない場合には、拘禁制度が妥当との考えである。

この田辺の発言に、佐竹が黙っているはずはなく、「あなたのおっしゃる通

り民事的不履行者はみんな監獄にほうり込むようにしたらいいかわからないのですが、そうなると、刑罰制度というものが乱れてしまうでしょう」と批判するが、それに対して田辺は、イギリスで行われている離婚債務の不履行者に対する監獄を例にあげて、その可能性を主張している（衆議院法務委員会 1956年2月10日）。

制裁規定については、過料の制裁ですら反対の委員がほとんどであり、参考人の川島や田辺が拘禁制度の必要性を述べても、それに賛同する委員の発言はみられない。前述のとおり、家庭局は試案段階では「10日以下の監置」の規定を置いていたわけだが、衆議院の委員会にそのような制裁規定を受け入れる雰囲気はまったくない。こうしてみると、家庭局が「おそらく出しても通るまい」と判断し、これを国会提出前に法案から削除したのも理解できる。

④　徴収制度

委員会では委員のなかから、扶養料の徴収制度を求める意見が出されている。ただし、それを主張する委員の立場は、それぞれ異なっている。菊地養之輔は、先に過料の制裁についてみたとおり、国家による家族への介入になるとして制裁規定に否定的だが、そのような立場から、簡易な徴収制度を求めている。菊地は「たとえば、調査官が、単に調査や何かにとどまらないで、進んで勧告をし、あるいは命令を出すのはよいけれども、請求をする、あるいはその金を受け取ってくるという、執達吏のああいう厳格な法でなくても、簡易な方法を調査官に与えてもいいんじゃないか」と、調査官による徴収制度を提案している（衆議院法務委員会 1956年2月10日）。

一方、神近市子は、女性の権利擁護の立場から法案に賛成しており、菊地とは反対に過料制裁の強化を求めているが、その主張のなかで徴収制度について言及している。神近は「婦人などの場合にはなかなか履行してもらえない場合がとても多いんです。それは今までずいぶん見聞きしてきて、それで、何か取り立て庁というものがほしいということは、婦人たちの間でしばしば考えられたのであります」と述べ、女性たちから、「取り立て庁」による徴収制度の要求があがっていることを指摘している（衆議院法務委員会 1956年2月8日）。

また、椎名隆も女性の権利に言及しながら、徴収制度を提案している。ただ

し、それは神近とは異なる立場からのものである。椎名は政府委員に対して、「権利者の方から言うと、大体権利者の方が女であって、そうしてその日暮しの生活をしておる人間が多いのだ、それを何とか実現せしめなければ非常にかわいそうな女連中が多いということを聞いておりますが、この規定を作るよりも、むしろ家庭裁判所の徴収官というようなものを作って、簡単に何とか徴収せしめるような方法を御考慮にならなかったのですか」と質問している。しかし、それは女性の権利実現を求める発想によるものではない。椎名は、「調停委員が無理に調停を成立せしめた結果、債務者が義務の履行を怠っておった、それをカバーするために、結局義務者が履行をしないからといって義務者の方にこのしわ寄せを持っていった結果、この家事審判法の一部を改正しなければならないような状況に至ったのじゃないか」と述べ、そもそも不履行問題の原因は調停のやり方にあると考えている（衆議院法務委員会 1956年2月13日）。つまり、無理な調停の後始末をするために履行確保の法案が出されたとみなしており、それよりは手っ取り早く徴収する制度を作ってはどうか、と提案しているのである。よって、椎名がどこまで徴収制度の導入を真剣に求めていたかは疑問だが、この質問に対する民事局の村上の回答は注目される。

　　村上政府委員　徴収官の制度を作ったらどうかという御意見ですが、先ほど、外国の例として、裁判所に扶養局が置かれて、これが義務者から扶養料を取り立てて権利者に交付するという立法例があると申し上げましたが、そういうことができればそれが一番理想的だと思います。ただ、そのためには、いわゆる立てかえ払いをするわけで、相当な取り立て不能による国庫の負担ということもございましょうし、また相当職員を新しく作らなければならぬということで、かなりの予算が必要になってくるのではないか、ただいまの日本の財政状態から申しまして、そこまで望むのは無理ではないかと考えて、徴収官というような制度は断念いたしたのでございます。
　　　　　　　　　　　　　　　　　　（衆議院法務委員会 1956年2月13日）

村上は裁判所に扶養局を設けて、扶養料の徴収制度を実施することが「一番

理想的」と答えている。しかも村上の想定している徴収制度は、いわゆる立替払い手当制度である。それで、立替分が回収不能となった際に要する国庫負担や、新たな人件費の負担から、この制度の導入は財政的に不可能と考え、「断念した」というのである。民事局が実際に徴収制度を検討していたかどうかは明らかではないが、履行確保制度の導入に関する法案の国会審議の過程で、政府委員が扶養料の立替払い手当制度を評価し、財政的理由からその導入を断念したと説明していたことは、現時点からみて非常に興味深い事実である。

しかし、委員の関心はもっぱら過料の制裁にあり、徴収制度への言及も過料の規定に関連して言及されたもので、徴収制度自体について議論が進展することはなく、それぞれの立場から発言がなされただけで終わっている。

(2) 修正案をめぐる議論の不在
① 「申出」に関わる発言

こうした議論を経て、自由民主党と日本社会党の共同提案により、事後調査と履行勧告について、家庭裁判所は「権利者の申出があるとき」（以下、「申出」）に限ってこれを行うことができる、とする修正案が提出されている。しかし実際のところ、それまでの委員会の法案審議において、「申出」は論点になっていない。この点に関わる質疑があったのは、２月８日の委員会だけである。そこでは委員長の高橋と家庭局の宇田川潤四郎の間で、つぎのようなやりとりがなされている。

　　高橋委員長　次に、本法案の第十五条の二、これは権利者の申し立てを必要とするというふうにはなっておらないようですが、権利者の申し立てがないのに調査をしたり、あるいは義務の履行を勧告したりするということの可否について、どのようにお考えなのでしょうか。
　　宇田川最高裁判所説明員　この問題につきましては、実務上から申しますと、当事者が泣きついて来るというような形でございまして、女性が多いわけでありますが、そういうような女性の来た場合に、申し立てというよう手(ママ)続をとりますと、あるいは書類を作らせるとか、いろいろと手続が煩瑣にな

りますし、また、およそ裁判所におきましては、申し立てというようなことになりますと、手数料なども徴することに原則としてなりますので、さような煩を避けたいということからして、かように申し立てによるということを省いたのでございます。しかしながら、運用といたしましては、さような申し立てがないのに義務者に対して義務履行上調査するとか、あるいは勧告するというようなことはないと存じます。

（衆議院法務委員会 1956年2月8日）

　高橋が申し立てを必要としないという法案の趣旨について質問したのに対し、宇田川は権利者に女性が多いことから、手続きの煩雑さや手数料の便宜を図るために申し立ての必要を条文から省いたと回答したうえで、運用では権利者からの申し立てがなければ調査勧告を行うことはない、と説明している。それに対して、高橋が再度質問することはなく、これで質疑応答は終わっており、何ら議論にはなっていない。
　そのほか、「申出」に関連する発言としては、2月13日の委員会で委員の椎名が質問した際、「履行の勧告並びに履行の命令は権利者の申し出に基いてできるのは当然でございますが」（衆議院法務委員会 1956年2月13日）と誤った理解を示したのに対し、民事局長の村上が履行勧告は申し立ての必要はなく、職権により行われることを説明している場面がある。しかし、その村上の説明に対し、椎名から何ら意見は出されていない。
　また、2月14日の委員会で、参考人の岩松が事後調査と履行勧告の導入に賛成の立場を表明したあと、「ただ、この条文を見まして思ったことは、これは申し立てに基いてやったらどうかなということを感づいたのでありますが、いろいろ実情を聞いてみますと、その申し立て権の行使ということは、債権者としては弱い地位にあるので完全に行使できないんじゃないかという心配があり、財的にも相手方との身分的関係からも、かえって申し立てがない方がいいので、実際上裁判所まで来て履行状態を話をする、それに基いて調査してやるという意向でこういう条文を設けられたらしいのであります」と述べている（衆議院法務委員会 1956年2月14日）。この発言のとおり、岩松は申し立てを要し

ない点に法理論上の疑問を持ちつつも、家庭事件の実態に即した対応であることを承認し、政府案の趣旨に理解を示している。

このように、申し立てを要せず、職権によるという点は委員会でも確認されており、それが弱い権利者への配慮という趣旨によることも説明されている。それについて、批判する意見は一切みられず、委員会の法案審議ではまったく議論になっていない。

② 修正案の形成過程

では、委員会の審議とは別に、どのようにして「申出」の挿入という修正案が作成されたのか、その詳しい経緯は明らかではないが、法案成立後に開催された座談会で参議院議員の市川房枝は、「家事審判法が出ることは私も知つていました。勿論衆議院の方で原案通りとおると思つていました。ところが法務委員会で大反対して来ました。先に社会党の佐竹さん、それに武藤さんが急先鋒で司法が行政にまで出てくるというのは怪しからん、罰金五千円というのがあつたがあれは怪しからんというわけで社会党と民自党（ママ）両方で修正しようということになつたのです。社、民自党両議で修正案に賛成したのだということにし、そのまま参議院のほうにまわつたのです」(座談会 1956：15)と、修正案の提出について語っている。

市川の発言をみると、社会党が家庭裁判所による行政への介入を懸念し、とくに制裁措置に強く反対したことから、自民党がそれに応じて政府案を修正するに至ったようである。それで、国会側の社会党、自民党と政府側の法務省（民事局）、最高裁判所（家庭局）の協議により、ひとつは条文に「申出」を挿入して、家庭裁判所の職権による調査、勧告を禁じること、もうひとつは5千円以下の過料の制裁について、これを抑制する附帯決議を行うことで決着したものと考えられる。

このうち「申出」の挿入については、のちの参議院の法務委員会で、家庭局長の宇田川は「若干家庭裁判所の性格、理念からは遠ざかるきらいはありますけれども、権利者の申出ということについては、まあやむなく同意した」と述べている（参議院法務委員会 1956年2月21日）。「申立」と「申出」をめぐる議論の攻防の末、修正に同意したものとみられるが、この点に関しては、法案の国

221

会提出前からの経緯がある。それについても、参議院での宇田川の発言からみることができる。

　宇田川は政府案の作成過程に関して、「初め権利者の申立というようなことが必要なんじゃなかろうかという議論があったのでございます。と申しますのは、何と申しましても裁判所のことでありますので、当事者の申立を受けて立つということが原則である。これは民事訴訟法に流れておる大きな当事者主義の原則の一つの表われだと思うのでございますが、さような次第で、権利者の申立ということを入れるべきだというような議論が法律案の作成に関する審議の間でもあったわけであります。（略）けれども家庭裁判所は当事者の申し出があった場合のみ受けて立つというようなことは、先ほど申した理念から申しまして多少疑問もございますので、まあ申立というようなことはここに規定しない方が家庭裁判所の理想、性格を現わすのではなかろうかというようなことで、そういう条文をおくことを極力避けたのでございます」と述べている（参議院法務委員会 1956年2月21日）。すでに国会提出前の政府案の協議において、「申立」を入れるべきとの議論があったが、家庭裁判所の特性を考慮して、条文に「申立」の文言を置かない法案にした、ということである。

　ところが、衆議院での法案審議を経た修正段階で、この点が再び問題として浮上してきたのである。宇田川は参議院で「申出」の挿入が議論になった際、「私衆議院におきましてもこれは非常に反対したのであります。けれども、すべて立法は妥協でございますし、運用の面で何とかこれをまかなえる方法もあるというようなことも考えましたし、最初の衆議院の意向では、権利者の申立、こういうふうな言葉を入れるべきであるというような御意見もあったのでございますが、申立となりますと、非訟事件手続法、その他におきまして厳格な方式を定めなければならない、また印紙の貼用も必要だということになりますので、申立という言葉を申出という言葉にかえていただいたので、この線に同意したような次第でございます」と述べている（参議院法務委員会 1956年2月23日）。「申立」とすると手続と印紙代の負担が生じる点は、衆議院の委員会で高橋の質問に対して、宇田川が回答したとおりである。つまり、委員会での審議段階では、この点は議論になっていなかったわけだが、修正協議で「申立」

を入れる原案が提示され、宇田川としては「申立」を拒否し、「申出」にとどめることで妥協したということである。

③ 全会一致の真相

家庭局の妥協のもとで、「申出」を挿入する修正案がまとまり、それが委員会に提案され、委員の池田清志がその趣旨説明を行っている。池田は修正案の案文を朗読した後、提案理由としてつぎのように述べている。

> 池田（清）委員　およそ司法機関の行いまする判決、審判、調停等は、これが必ずその通りに行われるということをもちまして終るものだと思います。司法機関につきましては、それらのことが行われたかどうかというようなところまで世話をやく制度が現在までないのであります。家庭裁判所におきましても、審判、調停等は行いますが、それだけでありまして、その履行について世話をするところがなかったのでありますが、幸いにいたしまして、今回の政府の改正案におきましては、審判、調停の後の世話もしようというところまで一歩踏み出しておりますことは、まことに画期的な事柄であると考えます。ところが、審判、調停をいたしましたのちに世話をするのでありますが、法律上すべての審判、調停につきましてその事後調査をいたしましたり勧告をいたしましたりするようなことは、この際といたしましてはあまりにも飛躍するように考えられまするので、この問題につきましては、権利者の申し出があるときに限って調査し勧告ができるようにいたしたいと考えるわけであります。
>
> 　　　　　　　　　　　　　　　（衆議院法務委員会　1956年2月17日）

家庭裁判所が履行確保のために調査と勧告を行うことは「まことに画期的」だが、法律上、すべての事件について調査・勧告ができるという点は「あまりにも飛躍する」というのが修正の理由である。これに対して、委員からは質疑も討論も一切なく、修正案が全会一致で可決されている。

結局、修正理由は「あまりに飛躍する」というだけで、その意味する内容については説明されていない。この点については、のちに参議院の法務委員会で

委員の市川が、衆議院の高橋に質問している。高橋は「まあ家庭裁判所といえども、権利者が申出もしないのに、その意思いかんをただざないのにすべての事件について例外なく調査したり履行を勧告するというところまでゆくということは、どうも少し行き過ぎではないかというふうな意見から、そういう言葉が使われたものであると判断いたしておるわけであります」と答えている（参議院法務委員会 1956年3月12日）。ようするに、法理論の観点からみて、職権による調査や勧告は認められないということである。

　また、参議院の審議で高橋に対してなされた最後の質問も、この点に関するものである。そこでは、委員の赤松常子が、衆議院の修正理由が法律論だけにとらわれていることを問題にし、高橋に見解を求めている。それに対して高橋は、「あの簡単な言葉でもって法務委員会が可決するに至ったのは、これはもう政府関係者なり、あるいは参考人の方々なりの意見を徴し、委員の間でいろいろ懇談もいたしまして、そうして私が当委員会においてこれまでご説明申し上げましたような事情がいろいろと論議検討をされまして、そうして修正するということになったわけでありまして、あの簡単な修正理由でも、たちどころに全議員がうなづけるというところまで問題の解決について機が熟しておったものである、こういうふうにお考え願いたい」と答えている（参議院法務委員会 1956年3月12日）。このように高橋は、修正案は総合的に検討した結果であり、それについて委員の間に十分なコンセンサスが得られていた、と強調している。

　しかし、現実は必ずしもそうとはいえないようである。たしかに、衆議院の委員会では全会一致で可決されており、女性保護の立場から制裁の強化を主張していた委員の神近までも、法案に賛成した結果となっている。しかし当時、神近は売春防止法の成立に向けて奔走しており、「申出」の挿入という修正の動きに対応できていなかったようである。神近はのちの座談会でその時の事情を、「急に連絡あつてその「申出」をとらねばならぬと云われ、吉田賢一さんと駆けつけ、政府原案通りでしようかと聞きましたら、修正が出ている筈だからと聞かされ、結局修正をのけた政府原案通りということに了解しました。佐竹さんが演説して賛成の方はといつて皆立ちあがつているので、私は部屋に入

つたとたんで目の前においてある修正項目の書いてある紙が目につかず、その
ことにつき何も聞く暇さえなく、尤も原案通りと信じていたのでつい立つて了
つたのです」「結果を知つて呆気にとられたのです」（座談会 1956：17）と弁明
している。こうしてみると、少なくとも委員の神近は修正案に反対であり、高
橋の説明のように、委員全員が修正に賛成できるまで「機が熟していた」とは
いいがたい。

4 参議院での審議

(1) 女性団体からの陳情書

　衆議院では、「申出」を条文に挿入するという修正案がすんなりと可決され
たが、この修正に対して、女性団体が一斉に反発し、参議院の法務委員会には
陳情書が提出されている。参議院の議事録をみると、婦人人権擁護同盟（代
表・田辺繁子）、全国未亡人団体協議会（会長・涌井まつ）、全国地域婦人団体連
絡協議会（会長・山高しげり）が単独で、また、主婦連合会（会長・奥むめお）、
大学婦人協会（会長・山崎文）、日本看護協会（会長・林塩）、日本キリスト教女
子青年会（会長・植村環）、日本婦人平和協会（会長・上代たの）、日本婦人有権
者同盟（副会長・松生徳子）の6団体が連名で陳情書を提出している[4]。

　陳情書の内容は、いずれも衆議院で挿入された「申出」を削除し、修正前の
政府案に戻すことを求めるものである。その理由として、全国地域婦人団体連
絡協議会の陳情書には「元の原案に戻していただいた方が実情に即す」とあ
り、また、全国未亡人団体協議会の陳情書には「特に離婚母子家庭の実情にか
んがみて」とある。このように、反対理由としては、女性の「実情」、とくに
離婚女性の「実情」があげられている。

　その「実情」とは何をさすのだろうか。6団体連名の陳情書をみると、「申
出が事実上困難である現状では、権利者にとってこの修正はかえって不利益」
とあり、女性は義務者の不履行を家庭裁判所に申し出ることができない、とい
うことだとわかる。では、どうして申し出ることができないのか。婦人人権擁
護同盟の陳情書では、「たとえば暴力によってその申出を阻止されるというよ

うなことも予想されます」と具体的に説明されており、さらにつづけて、「申出の手続はできるだけ簡単なものにするそうでありますが、申出の手続が簡単であるかどうかということは少しも物事の本質をかえるものではありません」と指摘されている。

つまり、女性団体は、このような女性の置かれている状況にもかかわらず、申し出がなければ家庭裁判所が動けないということになると、女性の権利は実現しないと主張しているのである。6団体連名の陳情書は、「権利者の大部分が婦人であることを思いますとき、依然として泣き寝入りとなる婦人があとを断たぬことを恐れるのであります」と訴えている。

参議院の本会議で、委員の市川は陳情書を提出したこれらの団体名をあげたうえで、「そういうすべての婦人団体が原案に戻すことを熱心に実は要望しております。いや、実は衆議院の際には、当然政府原案が通るものとしてみんな楽観をしておりました。ところが、修正案が通りましたので、びっくりして参議院の方へ熱心な運動が展開されたわけであります」と述べている（参議院本会議 1956年4月20日）。最終的には修正案どおりに成立したが、その後の座談会で、参議院議員の宮城タマヨは「徹頭徹尾闘いましたが、こんな結果になつて私の力の足りなさをつくづく思いました」と言いつつ、「全日本の婦人方が大変がんばつて下さつたのでほんとに嬉しかつたのです。婦人の代表として何としてもやらなければならないなと力強いものを感じさせて頂きました」（座談会 1956：15）と語っている。

このように、女性団体は衆議院での政府案の修正という予想外の事態に直面し、参議院に対して、結束して修正撤回を働きかけたとみられる。それで、参議院では女性議員を中心に、修正への反論意見が続出している。では、具体的に参議院でどのような議論がなされたのか、つぎにみてみたい。

(2) 「申出」をめぐる議論
① 職権による履行調査・履行勧告の「弊害」

衆議院で修正案が出された際の修正理由は法理論によるものであったが、参議院で説明された修正理由はそれとはやや異なっている。参議院の法務委員会

で、衆議院の法務委員長の高橋は法案の修正理由について、つぎのように述べている。

> **衆議院議員（高橋禎一君）** 訴訟制度に関する一般的な、法律的な原則論はさておきまして、（略）権利者の申し出があるなしにかかわらずすべてについて調査なりあるいは履行勧告をするということは非常な手続上の時間、労力、あるいは費用等を要しますのみならず、かえって中にはそういう調査あるいは勧告をすることが不相当である、こういうものがその中に相当含まれておると、これが家庭事件の特質のように考えられますので、やはり一般的に職権をもってやるというのでなく、権利者から申し出があった場合に限ってそれを行うということにいたしますと、無益な調査なんというものがなくなるだけでなく、あるいはまた調査勧告をすることによって起る弊害もその中に生まれてこない、こういうふうな面を考えつつ、そうして申し出があったときにこれを行うことによって十分この法の目的を達成できるのだ、そういう結論に達したわけであります。
>
> （参議院法務委員会 1956年2月21日）

高橋は、はじめに「法律的な原則論はさておきまして」と前置きし、修正理由として、職権での調査や勧告による「弊害」を強調している。つまり、実際の修正理由は、法理論上の問題ではなく、この「弊害」によるということである。では、「弊害」とはどのようなことを指すのか、委員の宮城が質問している。それに対し、高橋は「家庭事件は権利者と義務者の間にまだ親族関係が存在しておるというものもありますし、それからまあかつて親族関係であったというような事情もあり、それからまた子でもおります場合には、義務者のうちに子が養育されておるというようなことも相当あると思いますので、権利者の意思いかんにかかわらずこの調査なり勧告なりをいたしますというと、かえって家事審判法の根本目的である親族関係の平和とか家庭の健全な発達ということに対して支障を来たすものがあると常識上考えられる」と述べている（参議院法務委員会 1956年2月21日）。ようするに、職権による調査や勧告は、「親族関

係の平和」「家庭の健全な発達」に反するという回答である。

　さらに高橋は、具体例をあげて、「まあ前の夫と離婚をした方が、そしてその夫たりし人に対して、妻たりし人が金銭上の給付を受ける権利を審判あるいは調停等で得ておるという場合に、その婦人の方が他の人と結婚をして新家庭を営む。そういうときに、その履行に関する調査をいたしますには、これはやはり権利者なり義務者なりに事実を聞くというようなことが必要であると思いますが、そういう場合に、新家庭を営んでおる所に行って、前の夫の履行状況はどうであるとかいうようなことを本人の意思いかんにかかわらず調査するというようなことは、かえって新しく営んでおる家庭の間におもしろからざる波紋等が起るということも考えられる」と説明している（参議院法務委員会 1956年2月21日）。

　このように、高橋による「弊害」の説明は、離婚給付の受給権のある女性が再婚した事例をもとにしているが、これは女性団体が懸念しているような、離婚給付を得られない弱い立場の女性とはまったく異なる場合である。高橋のいう「おもしろからざる波紋」とは、この事例であれば、再婚した女性にとってというよりも、むしろ、その女性と再婚した夫にとって「おもしろくない」ということであり、「弊害」を回避しなければならないのは、離婚給付の支払義務者である元夫と、再婚した現在の夫のためということである。そこには、女性の救済という視点がまったくみられない。

　委員の市川もこの「弊害」という修正理由を問題にし、弊害の内容を質問しているが、高橋は「審判あるいは調停当時の気持あるいはその他の事情が変わっておるときに、すなわち平和な家庭を建設していこうという線に進みつつあるようなときに、かえってそれをこわすようなことが私どもとしては相当考えられる」と、ここでも家庭生活が好転している事例をあげるにとどまっている（参議院法務委員会 1956年3月12日）。

　また市川は、弊害の件数と、申し出がなくても勧告が行われることによって恩恵を受ける件数との比較について、質問している。それに関して高橋は、弊害が生じる事例と利益を受ける事例の数的な検討はしていないと答えたうえで、むしろ、市川のそのような数量的な比較を問う質問自体を批判している。

高橋は「御質問の趣旨から考えまして、利益を受ける者が非常に多ければ少々の弊害があってもいいじゃないかというような、もしお気持でもある方がおありになると私はここでその点について申し上げたい」と述べ、「弊害があることは、この法律の運用からみてよろしくないというそういう観点に立っておるんです。申出があるときは調査あるいは履行の勧告をするということによって弱い権利者も十分に保護し得る」と力説している（参議院法務委員会 1956年3月12日）。つまり、件数の多寡によらず、弊害が生じる事例があれば、それは家庭裁判所の特徴である、平和的に家庭紛争事件を解決していこうという精神に反する、という主張である。高橋としては、申し出のあるケースに限定することで、弊害の回避と女性の権利の実現を両立できる、と考えるわけである。
　一方、女性議員や参考人は家庭裁判所の特性を理由に、申し出があるときに限ることに反対している。参考人の大浜英子は、調停委員の経験から「家庭裁判所という裁判所は、申すまでもなく、特殊の任務あるいは使命というものを持っている」「履行の状況はどうか、つまり支払うべきその義務者が支払っているかどうかという調査、そしてもし支払っていなければ支払うように勧告をする、注意をする、こういうことを進んで家庭裁判所がすれば、その履行確保ということは、相当完全に行われるのじゃないか。しかも平和のうちにその履行を確保するということが成功することは疑いのないところ」と述べている（参議院法務委員会 1956年3月1日）。これは、アフターケアは家庭裁判所の使命であり、それにより平和的な解決が可能になる、という主張である。
　また、委員の宮城は参考人からの意見聴取をもとに、調査官によるアフターケアの実践を高く評価し、申し出に限るというような「ワク」をはめないよう主張している。そして宮城は、「衆議院がかけたこのワクでもいいということになると、（略）根本からこれは家庭審判の精神がくずれはしませんか。血も涙もないというような、それほどでもございませんけれども、今まで実に愛情を持って取り扱われたケースはどういうことになりましょうか。（略）私は根本がくずれやしないかということを心配するのです」と訴えている（参議院法務委員会 1956年3月12日）。
　こうした発言がつづくなか、政府委員の立場である家庭局の宇田川も、衆議

院で修正の要求に妥協して応じたことを率直に認め、さらにそれにとどまらず、「私ども家庭裁判所の性格を、理想を発揮するのには、申出のない場合でもなすべきだという確信がございましたので、政府の原案は正しいと今も申し上げております」と述べ、修正案よりも申し出を要しない政府原案を支持する態度を鮮明にしている（参議院法務委員会 1956年3月12日）。

　高橋としても、「家庭裁判所の本質、それに家庭事件の特質という点から考えますと、やはりアフター・ケアということは、これは必要である」と明確に認めている。そのうえで、「しかしながらいろいろの面から考えまして、それを行うことによって弊害というものをいささかもそこに生ぜしめないでやって参りたい。すなわち、そのアフター・ケアにもおのずから限度と申しますか、調和点があるのである」と指摘している（参議院法務委員会 1956年2月21日）。つまり、その調和をとるために、申し出がある場合に限るという考えである。

②　申し出の負担

　修正への批判に対し、高橋は申し出が簡易な方法であることを強調している。参議院の委員会ではじめに修正理由を説明した際も、「申し出というのは、何も正式な様式等を必要とするわけでもありませんし、これに関してまた印紙等を貼用する必要はないのでありまして、電話による申し出でもあるいははがきによる申し出でも、やはり権利者のそういう考えが家庭裁判所に通じさえすればそれでいいわけでありまして、権利者側の手数という点等から見ても、決して大きな負担になるものではない」と主張している（参議院法務委員会 1956年2月21日）。

　女性委員からの「泣き寝入り」になるという批判に対しても、「申出そのものにそう大きな犠牲を払っていただくわけでもありませんし、また特にいやな思いをしていただくようなこともなくしてできるわけでありますから、それだけのことは権利者の方でやっていただこうと、そういうふうにいたしますと、権利者の意思に従って、すなわち泣き寝入りをするなん（ママ）ということなくして、しかもいやな思いもせず、そう犠牲を払わないでこの法律が動いていける」と述べ、権利者の負担にならずに泣き寝入りも防止できる、と反論している（参議院法務委員会 1956年2月21日）。

また、高橋は、権利者の多くはすでに調停や審判の申し立てをしているのであり、それにより得た結果が履行されない場合、「あれはああいうことになったけれども履行しないのですが、一つ調査なり勧告なりをして下さいというくらいのことを言われることは、それはできないことではない」と指摘し、さらにつづけて、「審判、調停のときに、もし履行をしなかったら申出なさいよということを、これはよく言っていただくのですよ」と、家庭裁判所の審判や調停の席で、不履行時の申し出を勧めておけば問題はないという（参議院法務委員会 1956年3月12日）。高橋は申し出の簡便さを主張し、「権利者が泣寝入りされるようなことはない」と力説しているが、あわせて、「将来日本の国民全体が自分の権利を守っていこうという気持を助長する意味からも、やはりこの「申出があるときは」ということを入れたほうがいい」との見解も示している（参議院法務委員会 1956年3月12日）。

　一方、参考人の大浜や田辺は、「申出」が入ることで法律が「骨抜きになる」と批判している（参議院法務委員会 1956年3月1日）。女性団体の陳情書にも述べられていたとおり、手続きが簡単であっても、女性は申し出ることができない弱い立場に置かれている、という認識である。

　委員会では、参考人からの意見聴取につづく質疑の終盤で、委員長の高田が参考人の田辺に対し、「実際捨てられた哀れな女の立場がどんなに弱いものであるか、その弱い女、そして言葉は過ぎるかもしれませんが、全然法律的な知識も何にもない方、そういう方がここに申出があるときだけ、その場合だけ勧告はするということになった場合に、果して現場のそうした婦人が申立をする一体能力、実際申立をすることができるかどうか」と単刀直入に質問している。それに対し、田辺は「もうほんとうに驚くばかりそういう方は社会につながっていないんでございます。（略）ただもう困ってどんどん追い詰められていらっしゃるんでございまして、（略）自棄的になっておしまいになって、結局売春のところに行けば自分の体を持って行けば金が取れる、金融機関というふうに……転落していらっしゃる事実も見たわけでございます。ですから不可能だと思います」と答えている（参議院法務委員会 1956年3月1日）。

　修正案への反対意見は、このような過酷な状況に追い込まれている女性たち

の保護を求めるものである。衆議院でも参考人の川島が、財産給付がなければ人命に関わる、あるいは「パンパンになる」といった事態を指摘して、家族への法の介入を主張していたが、参議院でも参考人で調停委員の森川静雄が、これらの権利者は「家庭裁判所の問題になりますれば一日ももらわないならば死ぬのであります。社会制度が、もう少し社会保障というものが強化されておりますならばこれはまた別でございます。しかしながら今日の状態におきましては実際に食うに困る、もう死ぬよりほかに手がないという人たち」であると指摘し、「これを見殺しにしてはならん」と訴えている。同様に、田辺も「売春に走っている人たちの七〇％までが子供を一人あるいは五人も持っているところの離婚した人、あるいは未亡人であるということを御存じ下さいましても、いかに私どもの保護というものが、こういう面で十分でなく、あきらめて転落している人が相当数あるということが、わかるのではないかと思う」と実態を語っている（参議院法務委員会　1956年3月1日）。

　また、田辺は申し立てができない理由には、ジェンダー規範が深く関わっている、という見方も示している。田辺は家事事件における権利者の弱い立場を説明するなかで、具体例として、家庭裁判所で決まった子どもの養育費を相手方宅に毎月取りに行くものの、「おめかけが、まるで犬に水をぶつけるように、ばり雑言で、水をぶつけるようなことをいたしまして、払ってくれない。そういうことを繰り返し繰り返ししながらも、何とか救って下さる方法はないか」と言ってきた女性の事例をあげて、「困っておりますうちに、ついに女性というものは、自分の権利を主張いたしますのに、何か障害があったり抵抗があったりいたしますと、今までのあきらめなさいとか、女は黙っていらっしゃいとか、女は忍従していればいいのだとかというような、家族制度的な長い習性につきまとわれてしまいまして、ついには泣き寝入りしてしまうのでございます」と述べている（参議院法務委員会　1956年3月1日）。つまり、申し出の手続きが簡便であっても、ジェンダー規範が女性自身に内面化されているために、権利の主張が抑制され、救済されないというのである。このように、「申出」の挿入を必要とする立場とそれに反対する立場では、女性の実情に対する認識が大きく異なっている。

③　家事調査官・家事審判官の受けとめ

　委員会では市川が、「調停委員なり調査官の方から伺えば、あまりにかわいそうなので実は本人の申出がなくても勧告したような場合も相当あるように実は聞いておる」と述べたうえで、修正案が法律になると現在よりも裁判所の活動が制限され、「こんな法律がない方がむしろいいんだというようなことも極限すれば言えるのじゃないか」と、高橋に迫っている。高橋は、衆議院では民事局も家庭局も何らかの申し出により調査、勧告が行われているとの説明であり、現状より悪化するとは考えていない、と返答したうえで、市川の指摘に対して、「調査官の個人的感情によって個々に選択をして、この事件だけについてはこうしよう、ああしようという、全般から見れば、まあ、いわば不公平なやり方ということは一体法律制度としてどういうものなのか」と反論している（参議院法務委員会 1956年3月12日）。そして、修正案が最も公平に権利者を擁護するものだと主張している。

　この高橋の「調査官の個人的感情によって」という発言に応じたものではなく、これより前の委員会でのことだが、参考人の鮫島竜男は家事調査官の立場から、衆議院での修正は調査官への不信のあらわれ、と反発している。鮫島は、「ケース・ワーカーと言いまして、決して権力でもっていろいろな仕事をしているわけではないのであります」と、調査官の立場や人間関係調整の専門性について理解を求めながら、「この修正は私、少し言葉が過ぎるかもしれませんけれども、これは家庭裁判所特に裁判所の中でのこの事務を扱っております調査官に対する不信任の表示であると私は思います。お前たちが信頼できないから、だから、こういうふうにしか私たちにはとれない」と、修正案への不満を述べている（参議院法務委員会 1956年3月1日）。

　実際に申し出のない場合にも調査勧告が行われていたか、ということについては、たしかに高橋のいうとおり、家庭局の宇田川は衆議院での説明と同様、参議院でも「私どもの現場からの報告では、大体権利者からの苦情、まあ一つの申出というと多少語弊がありますが、債務者が払ってくれないで困っておるというような、そういう苦情あるいは泣き言というようなことが契機になって、調査活動あるいは勧告が行われるというのが実情でございます」と述べて

いる。それで、申し出がない場合でも勧告をした場合が相当あると聞いているという市川の指摘に対しては、「家庭裁判所を通じて債務者から債権者に金を渡す場合がある、そういう場合にその期日に債務者が金を持ってこないというような場合に、たまたま債権者がこなくても債務者に催告してその履行を確保するということが望ましい、（略）言いかえますと、申出がなくとも調査、勧告ができるようにしてほしい、こう申しておったんだろうと思います」と答えている（参議院法務委員会 1956年3月12日）。

　実際、衆議院での修正の後、このような要望を宇田川自身も受けており、「その後私もいろいろ現場の裁判官あるいは調査官とも話し合いました結果、やはり修正案では運用も困るという結論を私ども得ております。（略）寄託制度が発足いたしますと、（略）その際不履行があった場合に、権利者の申出がなければ調査勧告もできないというようなことになりますと、この寄託制度というもののうまみがなくなるのじゃないかというようなことも出て参りまして」と述べている。さらにつづけて、「これらの問題につきまして、私衆議院の法務委員会のときには、そうきつく研究もいたしておりませんし、あまり衆議院の法務委員会では御説明申し上げなかったことを今非常に遺憾に思っているのが私の心境でございます」と衆議院での説明を反省しつつ、職権による履行調査・履行勧告の利点を主張している（参議院法務委員会 1956年3月12日）。このように家庭裁判所の実務家からは、寄託制度の効果的な活用という観点から、衆議院の修正案に対する異論が出ている。外山四郎（1956：18）によると、実際、家庭裁判所の実務家側は、寄託と履行調査・履行勧告を結びつけて構想しており、寄託事務担当者が支払状況を把握し、著しい遅滞が認められるとき、裁判所に通告、それにより調査や勧告を行うという流れを考えていたという。

(3) **再修正案をめぐる議論**

　衆議院案に対する女性団体や実務家からの反対を受けて、委員の宮城は、衆議院で可決した修正案を元の政府案に戻すよう求める、再修正案を提出している。その趣旨について、宮城はつぎのように述べている。

第 6 章　履行確保制度の国会審議

　宮城タマヨ君　家事債務の権利者は大多数が婦人で、特に子供を抱えて生活力の乏しい婦人でございます。日本の現在の実情は社会的に見ましても、また経済的に見ましても、まだ両性の本質的平等の状態が確保されておりません。(略) 女性が特に子女扶養の責任をとっております場合に、この不履行は本人と子供双方の生存権を脅かすことにさえなるわけでございます。にもかかわらずあえてこれが履行を確保するために裁判所に援助をたび重ねて申し出ることは、弱い立場に置かれておるものといたしましては、はなはだ困難な実情があるのでございます。(略) 申出を要するというワクを課せられますというと、それを利用されて申出を阻止される場合があり、弱い立場の婦人がやはり泣き寝入りをする、この泣き寝入りをする弱いものを守りたいというのが、この履行確保の私ども要求しておりました非常な強い理由だったのでございます。

(参議院法務委員会　1956年4月18日)

　宮城は、女性団体の主張と同様、社会的経済的に男女平等が達成されていない社会状況を指摘したうえで、弱い立場の女性が「泣き寝入り」することがないよう、職権による履行確保の必要性を訴えている。この宮城の主張からは、女性の権利の実現という正義のためには、一般的な法理論とは異なる措置が必要である、という論理を見出すことができる。そもそも穂積重遠が戦前の臨時法制審議会で家事審判制度を提唱したのは、「弱き者の泣寝入」(穂積 1920：97) を問題にしてのことであった。参議院での「申出」をめぐる議論は、戦後、家事審判制度が創設され、家庭裁判所の利用がすすんでもなお、女性の「泣き寝入り」を問題にせざるを得ないという、日本社会の実態を映し出している。
　しかし、こうした宮城の女性保護の主張が、再修正案の賛同者にすら完全に理解されていたわけではない。委員会では、宮城の提案に賛成する討論者から、宮城の主張とはニュアンスの異なる主張がなされている。そのひとりは、賛成討論者の羽仁五郎である。羽仁は政府案に戻すことに賛成したうえで、いくつかの留意点を述べているが、そのなかに男女平等の実現という点がある。

羽仁は「日本の女性が不幸にしてまだ男性と対等の立場に立っておられないということがあります」と、男女不平等の現実を認めている。しかし、「それはやはりだれよりも女性自身の不断の努力によって解決せられるべきであって、女性が弱いから裁判所なりあるいは政府なりがその世話をしてやるということであるならば、それは権利の上に眠るものを保護する裁判所ないし政府であって、そういうものは民主主義の政府でもなければ民主主義の裁判所でもない。パタアナリズム(ママ)の裁判所であり、パタアナリズムの政府である」と述べて、女性の権利実現のために裁判所が女性を保護することをパターナリズムと批判している。そして、「やはり女性は自己の権利を対等にしようとするならば、みずから不断の努力によって、戦ってその権利を実現すべきであります。決して裁判所あるいは政府に頼るというような考えを持たれるべきではない。修正案がそういう方向を助長せられるものであってはならないということも明らかであります」と主張している（参議院法務委員会 1956年4月18日）。このように、羽仁は再修正案に賛成する立場ではあるが、民主主義の確立を根拠に、「申出」を削る再修正がパターナリズムの助長になることを強く警戒している。
　羽仁のパターナリズムという批判は、衆議院での中村宗雄参考人による「女性の保護は必要であるが、保護の過剰も考えねばならぬ」という発言（衆議院法務委員会 1956年2月14日）や、衆議院法務委員長の高橋による「将来日本の国民全体が自分の権利を守っていこうという気持を助長する意味からも」といった発言（参議院法務委員会 1956年3月12日）に通じるものである。
　また、同じく再修正案の賛成討論者である亀田得治も、「申し出によりという点をどうするかという点については、論理的にはいろいろ検討の余地があろうと私も考えております」と、職権による保護について納得していないことを示唆している。しかし、「多少の論理のために関係者の意向を踏みにじったり、あるいは現実にふさわしくない、こういう事態を招来させることは、私は立法府の最も大きな警戒すべき点だと考えておる」と述べて、「申し出すら遠慮する弱い立場に立っておる婦人の地位が原案通りでは守れなくなる」という点、ならびに「申出によりということを入れるとすれば、実際上は現在よりももっと悪くなるおそれがある」という点から、宮城の再修正案に賛成している（参

議院法務委員会 1956年4月18日)。亀田の賛成討論は社会党を代表して行われたもので、ようするに、法理論からみて矛盾はあるものの、女性の深刻な現実への対応を重視し、衆議院での修正を撤回するという弁明となっている。

亀田は本会議でも同様の賛成討議を行っており、「その後国会対策委員会におきましても実情を再検討いたしまして、婦人の地位を守るという立場から、政府の原案に戻すべきであるということになった」と発言している。そして、態度を変えない自民党に対して、「残念なことには、肝心の政府の与党である自民党の方が、最後まで婦人の立場を無視されまして、意見を固執されたことは、はなはだ残念である」と、女性の実情への理解の有無に焦点化する議論を行っている（参議院本会議 1956年4月20日）。

同じ賛成討論者でも羽仁や亀田とは異なり、本会議で最後に賛成討論を行った市川は、女性の保護を徹底して訴えている。市川は、もともとの政府案に対して、「(筆者注：イギリスでは) 資力がありながら扶助料あるいは慰謝料等を支払わない人たちに対して、俸給から差し引くというようなことをやっておるのに、日本の今度の改正案では、結局まあ取れない、払わないという事態を認めておることになっております」と述べ、給与天引き制度もなく、政府案は不履行対策としては不十分である、という立場である。ところが、その政府案に衆議院が「さらにワクをはめて」、申し出を求める修正を行ったことから、市川は「まあ法理論あるいは権利の上に眠るものは保護する必要がないといったような理論もおありになったようでありますが、しかし、この法でもって守られる人たちは、ほとんど大多数が婦人であります。そこでその現状から、私どもはどうしても政府原案で、裁判所自身が自然に裁判の決定に対して、それが履行されているかどうかということを調査し、さらに勧告をすることができるという権限を与えることが、せめてもの救済策だと考えられるわけなんです」と反論している。

このように市川は、職権による調査・勧告は女性に対する「せめてもの救済策」と主張している。そして、自民党に対して、宮城の再修正案に誰も反対討論を行っていないことを指摘し、再修正に反対の理由が理解できないとして、「私はこの問題は、政治問題ではないんだ、いわゆる小さい問題と言えば言え

ると思います。しかしながら、婦人にとっては実に大きな問題なんです」と訴えている。さらに「政府原案に戻してほしいという婦人側の熱心なる要求があるにもかかわらず、自民党の方々がこれを党議として反対する、衆議院の修正案を支持するということでありますれば、これは婦人に理解がない」ということではないかと述べ、「第二院としての参議院の性格」から、自民党に賛成に転じるよう呼びかけている（参議院本会議 1956年4月20日）。

結局、法案審議の最終場面は、女性の問題をどこまで重視しているか、そして、女性の問題に対する裁判所の保護の必要性をどこまで認識しているか、という議論となっている。そして最終的に、宮城の再修正案は本会議で否決され、衆議院の修正案どおりとなったが、その直後に開催された座談会で、参議院議員の赤松常子は、「今度ほど男の議員と女の議員のみる目が違うということを考えさせられたことはございません」（座談会 1956：16）と述べている。同じく宮城タマヨも、「国会では大体女の問題、子の問題等は問題でないのです」（座談会 1956：17）と悔しさをにじませている。

以上のように、履行確保制度の国会審議は、職権による履行調査・履行勧告がもたらす「弊害」を理由に、「申出」を挿入する修正がなされたために、女性保護の立場からの反論が展開されたが、その主張は「申出」の削除に集中し、履行確保制度の実効性を問う議論にはなっていない。たしかに、女性が申し出を阻止される問題状況があったとはいえ、第5章でみたとおり、家事審判官が履行確保制度を要求した背景には、女性たちからの不履行の訴えが多かったという事実もある。

そう考えると、参議院での女性保護の主張が「申出」に集中したことで、それ以外の議論の可能性が失われたことの代償は大きい。たとえば、「申出」の修正を受け入れたうえでその点は制度運用のなかで換骨奪胎することとし、[5] 国会での議論を履行確保制度の実効性に向かわせることも可能だったのではないか。あるいは、市川が主張した扶養料の給与天引き制度を女性団体と女性議員で全面的に要求し、この時点で導入できないとしても、法律の見直し規定を入れるなどして、将来に議論をつなぐという戦略もありえたのではないか。実際、衆議院の審議では民事局長から、徴収官制度ができれば一番理想的との発

言があり、しかもそれは、立替払い手当制度を想定したものであった。よって、給与天引きをはじめとした扶養料の徴収制度について、議論の余地がなかったわけではない。結局、衆議院での唐突な法案修正により、参議院での議論は制度の利用をめぐる女性の問題に焦点化が図られ、履行確保制度の実効性に関する議論が閉ざされた結果となっている。

いずれにせよ、履行確保制度の国会審議において、制度の実効性について議論が展開されないまま、法律が成立したことは重大な事実である。本来行うべき議論がなされることなく、履行確保制度は実現し、それが現在に至っているのである。それからおよそ60年、議論は手付かずのままである。

1) 家庭裁判所制度運営調査研究会は制度上の機関ではないが、家庭裁判所の現行制度の合理的な運営やその改善のために、それに関連する問題を研究、討議する目的で、1954年12月に最高裁判所事務総局内に設置されたものである。その構成メンバーは、在京各裁判所（簡易裁判所を除く）の判事数名および事務総局のスタッフとなっている。1955年の3月と4月にこの研究会で「家事事件に関する履行確保制度要綱試案」が検討されている（最高裁判所事務総局家庭局 1970：13）。
2) 法案は衆議院法務委員会議録（1956年2月6日）による。
3) 最高裁判所事務総局家庭局（1970）に掲載されているのは、家庭局試案として提出された要綱案の「主な内容の大略」となっていることから、「10日以下の監置」が略された可能性も完全には否定できない。
4) 陳情書はいずれも法務委員会で紹介されている。紹介された委員会の期日は婦人人権擁護同盟の陳情書が2月23日、全国未亡人団体協議会と全国地域婦人団体連絡協議会の各陳情書が3月1日、6婦人団体連名の陳情書が3月12日である。
5) 履行確保制度実施後の「会同」で家庭局第1課長の河野は、職権による調査や勧告を求める意見に対し、「申出」を緩やかに解釈し、ケースワークでうまく対処するよう回答している（1956年会同：27、1957年会同：128）。

終 章

履行確保制度の制定過程にみる日本の養育費政策

1 まとめと考察

(1) 制度の実効性に関する議論の欠如

　本書では、離婚後の養育費問題への関心から、家庭裁判所の履行確保制度に着目した。履行確保制度は、母子世帯にとって、養育費を確保するための「頼みの綱」ともいえる制度だが、実効性に問題があり、これを利用しても相手が応じなければ支払われない。つまり、家庭裁判所の履行勧告には強制力がなく、履行命令も事実上機能していないのである。いったいどのような議論を経て、このような履行確保制度ができあがってきたのだろうか。

　制定過程を根源から探ろうと、家事審判制度の議論がはじまった1910年代末から、1956年に履行確保制度の法律が成立するまでの議論をたどってきたが、結論からいうと、この間、履行確保制度の実効性については議論されていなかった。あらためて、第1章から第6章までの検討結果を振り返ってみたい。

　第1章では、1919年に設置された臨時法制審議会が1922年に家事審判制度の創設を答申するまで、第2章では、その答申後、「家事審判ニ関スル法律調査委員会」が家事審判法の綱領や起草のための調査事項を決定するまでについて検討した。これにより、戦前の家事審判制度の立法作業における議論を点検したことになるが、この過程では履行確保の議論に向かう機会がありながら、それらが活かされることはなかった。まず、審議会の主査委員会の下に設置され

240

終　章　履行確保制度の制定過程にみる日本の養育費政策

た小委員会で、アメリカの家庭裁判所のような制裁措置が提案されたが、小委員会内の検討により却下されていた。そして、審議会総会では「調停事項不履行ノ場合」の審議で、家事審判制度の推進派の委員が不履行対策の可能性に言及しながら、これを簡単に否定していた。さらに、綱領の審議に入ると「調停事項不履行ノ場合」の文言そのものが、十分な議論もなく綱領案から消去されていた。

　また、履行確保の関心からみると、家事審判法の起草のための調査項目に「調査員」が入っていた点が注目されるが、これもまた、審議過程で十分な検討もなく項目から削除されていた。しかも、理解し難いことに、削除を提案したのは、家事審判制度の提唱者である穂積重遠であった。このように、戦前の立法過程では、履行確保の議論につながるチャンスがことごとく失われていったのである。

　その理由を断定することはできないが、深く関わっていると考えられるのは、戦前の議論のなかで形作られた、家事審判所の性格である。家事審判制度の推進者である穂積は、民主的な家族を志向し、家事審判所を家族内の弱者救済機関として提唱していた。しかし、保守派との民法改正をめぐる法律と道徳とのせめぎあいのなかで、家事審判所を「道徳の引受機関」と位置づけ、そこでの判断基準となる道徳規範を「淳風美俗たる家族制度」としたことにより、履行確保についての議論は閉ざされていったといえる。つまり、家族紛争を穏やかで円満に解決するための制度と設定したことで、結果的に、調停・審判後の不履行問題の議論が排除されたのである。

　第3章では、家事審判法案の一部である家事調停部分が、人事調停法として制定されるまでについて検討したが、人事調停法の要綱にも法案にも履行確保に関わる規定はなく、審議の過程でもまったく議論になっていなかった。婦人団体は政府が人事調停法案を議会に提出する5年ほど前から、家事調停法の制定運動を展開していたが、それは穂積らの家事審判構想を基盤にしたものであり、そこに新たに履行確保制度の要求を加える動きはみられなかった。その後、家事調停制度は人事調停として導入されるが、それは婦人団体の運動によるものではなく、銃後支援として、家族紛争の平和的な解決手段が必要とされ

たからであった。そのような状況において、調停後の不履行問題を想定した議論がなされるはずもなかった。

　しかし、司法省の法案担当者に履行確保の問題意識がなかったわけではない。座談会での発言からは、扶養料の履行確保について、問題の所在もそれに対する政策手段も認識されながら、政策実施の資源の制約、すなわち予算のめどがたたないことから、履行確保は政策課題に設定されなかった、という実情がみてとれた。

　戦後に入り、第4章では、1947年に家事審判法が制定される際の議論を検討したが、この要綱や法案にも履行確保の規定はなく、審議過程においても議論は行われていなかった。要綱を審議した委員会で最後に決議された会長の希望意見のなかに、履行確保対策の内容が含まれていたが、その際も議論が行われた様子はなく、その決議が、国会の法案審議でとりあげられることもなかった。

　このように、戦後の家事審判法の制定過程でも、履行確保については論じられていない。しかし、経緯を詳しくみていくと、その要因として、家事審判法の制定が民法改正要綱の審議のなかで、「家」維持派対策として急遽決定された、という事実が浮かびあがってきた。改正民法の起草委員は、民法上の「家」の廃止を実現するために、事実上、「家」を維持する装置として、家事審判制度の導入を決定したのである。たしかに、家事審判制度は新憲法に伴う民法改正のもとで、戦前の淳風美俗とは異なる目的で創設されたわけだが、実際の制定過程では、戦前の穂積の構想よりも家父長的な論理で説明され、実現したということである。こうなると、予想される不履行の問題を検討し、その対策を法案に盛り込むといった立法作業はとうてい期待できない。起草委員の我妻は、その後の著作で、扶養料の支払いについて、履行確保の手立てのない家事調停を批判しており、家事審判制度に履行確保制度が不可欠と認識していたのは明らかである。とすると、起草者のそうした問題意識は、「家」維持派との激しい議論のなかで留保されたものと考えられる。しかし、実際に家事審判制度の運用がはじまると、実務家、とくに家事審判官から履行確保制度の要求が高まっていく。

終　章　履行確保制度の制定過程にみる日本の養育費政策

　第5章で全国家事審判官会同の議論をみてみると、会同では家事審判官が家庭裁判所のアフターケアとして、履行確保制度の導入を主張し、最高裁判所家庭局もその必要性を認めていた。しかし、法務省や家庭裁判所以外の裁判所関係者から、裁判と執行の分離という法理論に基づく反対があり、法制化は簡単には実現していなかった。つまり、家事審判官の会同では家庭裁判所の独自性が共通認識となっていたが、一般の裁判官や法務官僚にはそれが共有されていなかった、ということである。

　それでも、家事審判官の強力な要求があり、それが履行確保の法制化の原動力となっていた。ここまで強く家事審判官が履行確保制度を要求したのは、不履行の苦情を訴えてくる当事者が多く、その対処に苦慮していた、という切実な問題があったからである。よって、当事者、とくに不履行問題を抱えた女性が、家庭裁判所にその窮状や不満を直接訴えていたことが、家事審判官を動かし、履行確保の制度化をすすめたといえる。

　第6章では、国会での履行確保制度の法案審議について検討したが、衆議院で履行勧告に関して、当事者に申し出を求める法案修正が行われたことから、参議院では論点が「申出」に集中し、それ以外の議論はほとんど行われていなかった。審議の過程をみると、参考人や女性議員からは、扶養料の不履行に対する拘禁制度や給与天引き制度を求める発言があり、また、民事局長の発言のなかでは、立替払い手当制度を理想とする考えも示されたが、そこから議論が発展することはなかった。

　結局、衆議院の修正により、その後の議論が「申出」に焦点化されたことで、履行確保制度は国会審議でもその実効性が問われることなく、実現したのである。それが現在に至っていることを考えると、制定過程において制度の実効性に関する議論が欠如していたことは、重大な事実といわざるを得ない。

(2)　家族への「介入／不介入」の論拠の多義性

　本書では、履行確保制度が実現するまでの上記のような議論をたどりながら、それを国家による家族への「介入／不介入」という視点からもとらえてきた。その点についても、各章での検討結果を確認しながら、ここでもう一度考

えてみたい。

　まず、第1章と第2章でとりあげた戦前の家事審判制度の立法作業における議論では、家事審判制度の推進派である穂積重遠と、これに抵抗する保守派の花井卓蔵との論争がみられたが、それはまさに国家による家族への「介入」の論理と「不介入」の論理の対決といえるものであった。

　穂積は、国家機関である家事審判所を家族内に介入させることで、家族問題を解決しようとしており、その点から家族介入主義の立場といえる。とくに穂積の関心は、家庭内の弱者を「泣き寝入り」から救済することであり、弱者が抱える家族問題を公的領域に持ち出すことをすすめている。その根底には、民主的家族の確立という理念がある。それに対し、花井は「法は家庭に入らず」を鮮明かつ強烈に主張しており、明らかに家族不介入主義の立場である。花井は、穂積とは逆に、家族問題を国家機関に持ち出すことを否定し、家事審判所の提案にも最後まで抵抗している。その論理は、観念的な「家」の面目を守るため、というものであり、花井が基底におく家族像は、復古的、家父長的な家族である。

　両者の論争は、民法上の「家」と現実の家族に乖離が生じていた時期のものであり、当時の進歩的な家族観をもつ立場からの家族介入主義と、旧来の家族イデオロギーに傾倒する立場からの家族不介入主義という明白な対立となっている。

　第3章で検討した人事調停法は、構想されてきた家事審判制度の一部が法制化されたものだが、戦争推進と女性解放というまったく異なる立場から、「家族への介入」が支持され、実現したものであった。人事調停による家族への介入は、銃後支援を重視する保守派にとっては、恩給法上の妻の優遇を是正し、老親を保護するものであり、一方の婦人団体にとっては、民法上の妻の不利を是正し、家族問題で「泣き寝入り」する女性を救済するものである。このように、いずれも家族介入主義の立場だが、それぞれの立場がとらえる家族問題はむしろ対極的であり、家族介入の論拠も相反している。

　戦後の議論をみると、第4章の家事審判法の審議過程では、家族介入が議論されることはほとんどなかったが、家事審判法との関連で検討した民法改正要

終　章　履行確保制度の制定過程にみる日本の養育費政策

綱の議論においては、家事審判制度が家族介入による問題解決の手段として位置づけられていた。しかしそれは、起草委員が民法上の「家」の廃止と引き換えに、「家」維持派に提示したものであり、ここでの家事審判所による家族への介入は、現実の「家」を存続するためのものであった。よって、この介入は、戦前、穂積が家事審判所に託した、家族内の弱者救済のための家族への介入とは逆方向ともいえるものである。

　民法改正における「家」廃止の情勢のなかで、「家」維持派は家族介入主義に「家」の活路を見出したことになるが、それは、戦前の保守派が「家」維持の立場から、一貫して家族不介入主義を主張したのとは対照的である。また、同じ「家」の維持といっても、戦前と戦後ではその意味は異なり、戦前の保守派の家族不介入主義が、観念的な「家」の面目を守るための主張であるのに対し、戦後の「家」維持派の家族介入主義は、老親扶養や相続という現実的な「家」の機能を守るための主張である。このように、「家」の維持は、それをどのように意味づけるかによって、「介入／不介入」のいずれの論拠にもなりえるのである。

　第5章で紹介した家事審判官による履行確保制度の要請は、家庭裁判所のさらなる家族介入を求める主張であったが、それは、当事者である女性からの強い要望でもあった。しかし、家庭裁判所の家族介入主義には、司法や立法の関係者からの反発があり、法務省や家庭裁判所以外の裁判所関係者は裁判と執行の分離をもとに履行確保制度に反対していた。また、家事調査官の国会審議では、調査官の家庭訪問が不当な介入として批判されていた。このように、家族への「介入／不介入」をめぐっては立場がわかれており、不履行問題の解決を求める立場からは家族介入主義が主張され、法理論を重視する立場からは家族不介入主義が主張されている。

　この対立は、第6章の履行確保制度の国会審議でみた、職権による履行確保をめぐる議論でより先鋭化していた。そこでは、「泣き寝入り」からの女性の救済を求める議員が、家族への介入の必要性を訴えたのに対し、裁判と執行の分離、民事と刑事の分離、国家権力による家族介入の抑制を主張する議員は、介入の危険性を指摘していた。

こうしてみると、家庭裁判所による家族介入の論拠は一様ではなく、異なる立場から期待と警戒が向けられているのがわかる。そのなかで、家族への介入となる制度については、保守的な家族観を超えた論者の間にも、その必要性と危険性の両極の主張がある。とすると、家族介入的な制度の議論においては、それぞれの論拠の合理性を精査しながら、制度の内実を吟味することが重要になる。それがなされなければ、本来問われるべき重大な論点が見失われることになりかねない。履行確保制度の国会審議で、制度の実効性の議論が欠落したのは、まさにそのためといえる。

2　今後の課題

　以上のとおり、履行確保制度の制定過程における議論について、その前史にあたる戦前の家事審判制度の立法作業からみてきたが、結局、履行確保制度の導入に至るまで、制度の実効性が問われることはなかった。また、家族への「介入／不介入」の論拠は、時代や議論の状況により一様ではなく、直接的な家族介入となる制度は、その必要性と危険性の両極の主張を内包するものであった。
　家事審判制度の胎動期までさかのぼってみると、当初から、泣き寝入りする女性の救済が主張されていた。考えてみれば、履行確保こそ、泣き寝入りを解消するために決定的に重要なはずである。それにもかかわらず、履行確保制度は実効性の議論を欠いたまま導入され、現在に至っており、いまなお「泣き寝入り」問題は解消されていない。
　実際、家庭裁判所で養育費を決定したにもかかわらず、それが確保できず、泣き寝入りせざるを得ない母子世帯の苦況はつづいている。しかも、福祉行政における「養育費の確保」の政策は、近年、母子世帯に家庭裁判所の利用をすすめており、このままでは、「家庭裁判所だのみ」ともいえる福祉政策によって、泣き寝入りに追いやられる母子世帯が増えていくことになる。
　いうまでもなく、実効性のある養育費確保の制度の構築は急務である。履行確保制度の実施からまもなく60年、この間の実績と問題を洗い出し、「泣き寝

終　章　履行確保制度の制定過程にみる日本の養育費政策

入り」解消のための制度に仕上げる議論を早急にはじめなくてはならない。同時に、今後の養育費確保の制度構築に向けては、履行確保制度にとどまらず、司法と行政の両方を含めた養育費政策の検討も必要である。

　本書では、現行の養育費政策を前提に、家庭裁判所の履行確保制度を検討したが、養育費確保の手段を家庭裁判所の制度に限定すべき理由はない。すでに欧米諸国では、従来の司法制度とは別に、行政による養育費の確保制度が定着している（下夷 2010、2012、2013）。日本においても、養育費の確保を司法制度のみに委ねることには限界があり、また、それが社会全体からみて合理的であるともいえない。養育費問題の特性からみれば、司法とは別に、行政による養育費制度を導入し、これを養育費確保の主たる制度と位置づけることも検討されるべきである。

　本書が履行確保制度の制定過程の検討から指摘したことは、制度の実効性に関する議論の欠如という歴史的事実の問題性と、家族介入の論拠を精査しながら、制度の内実を吟味することの重要性である。いずれも、行政による養育費制度を含めた今後の検討において、不可欠な視点である。日本の養育費政策は母子世帯の「泣き寝入り」問題を解消できるか、そのために議論すべきことは多いが、その論点はこれまでの制度の歴史のなかにある。

参 考 文 献

阿部彩、2013、『子どもの貧困Ⅱ』岩波書店.
安倍恕、1954、「調停三十余年」『法曹』50：1-5.
安藤覚、1952、「家事審判法の実務的研究」『司法研究報告書』4（6）最高裁判所事務総局.
唄孝一・利谷信義、1975、「「人事法案」の起草過程とその概要」星野英一編『私法学の新たな展開』有斐閣：471-526.
中央社会事業協会全日本方面委員連盟、1934、「新聞に現れた親子心中に関する調査」．（一番ケ瀬康子編、1978、『日本婦人問題資料集成 第6巻 保健・福祉』ドメス出版：270-272.）
広中俊雄、1953、「家庭裁判所」『婦人公論』39（13）：128-135．（再録：1971、「家庭裁判所――家事調停の実態」『法と裁判』（新版）東京大学出版会：142-166.）
堀内節、1950、「家庭裁判所の芽生え」『家庭裁判月報』2：1-8.
堀内節、1959、「離婚手続」中川善之助教授還暦記念家族法大系刊行委員会『家族法大系Ⅲ（離婚）』有斐閣：199-224.
堀内節、1970、『家事審判制度の研究』中央大学出版部.
堀内節、1976、『続家事審判制度の研究』中央大学出版部.
穂積重遠、1920、「裁判所の簡易化（三）」『法学協会雑誌』38（6）：77-99.
穂積重遠、1932、『民法改正と婚姻問題』（第47回講演集）啓明會.
穂積重遠、1949a、「二十七年前の一ケース」『ケース研究』2：2-3.
穂積重遠、1949b、「家庭裁判所の誕生」『家庭裁判月報』4：3-13.
法理研究会、1939、「家事事件の調停について」『法学協会雑誌』57：334-335.
市川四郎、1959、「家庭裁判所創設当時の思い出」『家庭裁判月報』11（1）：213-223.
市川四郎、1970、「家事調停二十年の歩み」『判例タイムズ』21（11）：9-14.
市川四郎、1986、「家庭裁判所の幕開け」『ケース研究』209：91-98.
一ノ瀬俊也、2005『銃後の社会史』吉川弘文館.
今井小の実、2004、「覚え書き 母子保護法成立までの軌跡――母子保護連盟の活動を追って」『大阪体育大学健康福祉学部研究紀要』1：67-84.
今井小の実、2005、『社会福祉思想としての母性保護論争――"差異"をめぐる運動史』ドメス出版.
海保洋子、2013、「政治的権利を要求した女たち――大正から昭和へ」『女性展望』657：

12-13.

戒能通孝、1956、「民法と家事調停」『法律時報』28（2）：4-9.

片山哲、1939、『人事調停法概説』厳松堂書店.

川島武宜、1956、「家事審判法の改正について」『ジュリスト』103：30-34.

川島武宜、1952、「穂積重遠博士の家族制度観――日本法律思想史の一断面」末川博・中川善之助・舟橋諄一・我妻栄編『家族法の諸問題（穂積先生追悼論文集）』有斐閣：401-426.

ケース研究資料室、1959、「人事調停よもやま話――婦人調停委員に聴く」『ケース研究』家庭裁判所10周年記念特大号：95-101.

小林赫子、1984、「家庭裁判所では、いま」『法学セミナー増刊特集シリーズ（女性と法：家族（家庭）と女性）』25：122-129.

児玉勝子、1981、『婦人参政権運動小史』ドメス出版.

児玉勝子、1990、『十六年の春秋――婦選獲得同盟の歩み』ドメス出版.

厚生労働省、2012、「平成23年度 全国母子世帯等実態調査報告」（http://www.mhlw.go.jp/seisakunitsuite/bunya/kodomo/kodomo_kosodate/boshi-katei/boshi-setai_h23/）.

厚生労働省雇用均等・児童家庭局家庭福祉課、2014、「ひとり親家庭の支援について（2014年10月）」（http://www.mhlw.go.jp/stf/seisakunitsuite/bunya/kodomo/kodomo_kosodate/boshi-katei/）.

小山昇、1980、「家事調停の展望」最高裁判所事務総局『家庭裁判所論集――創設三十周年記念』法曹会：239-277.

内藤頼博、1957、「家庭裁判所の沿革」中川善之助ほか編『家事裁判（家族問題と家族法Ⅶ）』酒井書店：77-119.

中川善之助、1949、『新民法の指標と立法経過の点描』朝日新聞社.

丹生義孝、1954、『家事々件の履行確保制度』（『司法研究報告書』6輯8号）司法研修所.

日本少年保護協会、1933、『少年審判所及矯正院の概要』日本少年保護協会.

OECD, 2014, OECD Family Database, OECD,（www.oecd.org/social/family/database）.

小栗将江、1935、「昭和九年度に於ける母子心中」『婦選』9（11）.（『復刻版 婦選（13）』不二出版：234-235.）

大石亜希子、2012、「離別男性の生活実態と養育費」国立社会保障・人口問題研究所『日本社会の生活不安――自助・共助・公助の新たなかたち』慶応義塾大学出版会：221-246.

大森洪太、1941、『民族礼讃』日本モダン社.

臨時教育会議、1919、『臨時教育会議要覧』臨時教育会議.

労働政策研究・研修機構、2013、『子どものいる世帯の生活状況および保護者の就業に

関する調査2012（第2回子育て世帯全国調査）』労働政策研究・研修機構.
佐伯俊三、1959、「家裁私見ところどころ」『家庭裁判月報』11（1）：150-162.
最高裁判所事務局民事部、1948、『家事審判所の話』.
最高裁判所事務局総局、1956、『家事債務の履行確保等に関する法規の解説』（『家庭裁判資料』44号）.
最高裁判所事務総局、1972、『わが国における調停制度の沿革』.
最高裁判所事務総局、1980、『家庭裁判所三十年の概観』（『家庭裁判資料』117号）.
最高裁判所事務総局、1990、『家庭裁判所40年の概観』法曹会.
最高裁判所事務総局、1993、『三訂 家事事件案内』（『家庭裁判資料』154号）.
最高裁判所事務総局、2002、「養育費支払の実情調査の結果について」『家庭裁判月報』54（5）：169-180.
最高裁判所事務総局、2014、『司法統計年報・家事編（2013年）』（http://www.courts.go.jp/app/sihotokei_jp/search）.
最高裁判所事務総局家庭局、1959、「家庭裁判所十年の歩み」『家庭裁判月報』11（1）：10-137.
最高裁判所事務総局家庭局、1969、『家庭裁判所の諸問題（上）』（『家庭裁判資料』85号）.
最高裁判所事務総局家庭局、1970、『家事債務の履行確保に関する執務資料』（『家事裁判資料』90号）.
最高裁判所事務総局家庭局、2000、『家庭裁判所50年の概観』（『家庭裁判資料』174号）法曹会.
関弥一郎、1967、「人事調停における法の実態――家事調停研究序説（1）」『横浜国立大学人文紀要 第一類 哲学・社会科学』13：93-123.
司法研修所、1952、『家庭裁判所の制度についての座談会』（裁判官特別研究叢書32号）.
司法省調査部、1941、『大日本帝国司法省第六十五民事統計年報』（1939年分）.
司法省調査部、1942、『大日本帝国司法省第六十六民事統計年報』（1940年分）.
司法省調査部、1943、『大日本帝国司法省第六十七民事統計年報』（1941年分）.
下夷美幸、2008、『養育費政策にみる国家と家族――母子世帯の社会学』勁草書房.
下夷美幸、2010、「養育費問題からみた日本の家族政策――国際比較の視点から」『比較家族史研究』25：81-104.
下夷美幸、2012、「母子世帯と養育費」ジェンダー法学会『固定された性役割からの解放』（講座 ジェンダーと法・第2巻）日本加除出版：189-203.
下夷美幸、2013、「アメリカにおける養育費制度」「イギリスにおける養育費制度」「オーストラリアにおける養育費制度」「スウェーデンにおける養育費制度」棚村政行編『面会交流と養育費の実務と展望――子どもの幸せのために』日本加除出版：

278-301.

下夷美幸、2014、「養育費確保のための取り組み――日本と諸外国」養育費相談支援センター『子どもたちの未来を育てよう――面会交流と養育費を考える（シンポジウム報告書）』養育費相談支援センター：65-74.
白石玲子、1985、「人事調停法と婦人運動」『阪大法学』133・134：391-412.
末弘厳太郎、1925、『法窓閑話』改造社.
末川博、1939、「第七十四議会の新法律解説」『法律時報』11（5）：6-10.
田中吉備彦、1953、「家事債務の履行確保に関する考察」『家庭裁判月報』5（4）：1-18.
外山四郎、1956、「家事事件に関する履行確保制度」『法律時報』28（5）：14-21.
鶴岡健一、2012、「養育費の確保を巡る諸問題――養育費相談の窓から見えるもの」『ケース研究』312：50-85.
宇田川潤四郎、発行年不明、『家庭裁判所の史的発展』東京家庭裁判所調査官研修所.
碓井正久、1960、「教育ノ効果ヲ完カラシムヘキ一般施設ニ関スル建議」海後宗臣編『臨時教育会議の研究』東京大学出版会：957-1018.
我妻栄、1952、「家事調停序論」末川博・中川善之助・舟橋諄一・我妻栄編『家族法の諸問題（穂積先生追悼論文集）』有斐閣：545-578.
我妻栄編、1956、『戦後における民法改正の経過』日本評論社.
山川菊栄、2012、『山川菊栄評論集・別巻』（新装増補）、岩波書店.
山高しげり、2001、『山高しげり「母子福祉40年」』日本図書センター.
山崎一郎、1939、「人事調停の実際」『法律時報』11（10）：25-27.
山崎忠美、1939、『女性の法律』東京家事研究会.
吉富滋、1938、『軍事援護制度の実際』山海堂出版部.
養育費相談支援センター、2012、『養育費確保の推進に関する制度的諸問題』養育費相談支援センター.
養育費相談支援センター、2014、『子どもたちの未来を育てよう――面会交流と養育費を考える』（シンポジウム報告書）養育費相談支援センター.
全国母子寡婦福祉団体協議会、2010、『養育費を確保するための調査研究事業報告書』全国母子寡婦福祉団体協議会.

座談会

座談会、1935、「『婦人と法律』座談会」『法律時報』7（7）：16-29.
座談会、1949、「家事審判と新民法」『法律時報』21（3）：9-20.
座談会、1952、「「調停」をめぐる座談会」『ジュリスト』20：17-31.
座談会、1953、「婦人が初めて調停委員になった頃の思い出」『ケース研究』昭和28年4号：2-14.

座談会、1956、「法案が議会を通るまで（家事審判法一部改正案）」『ケース研究』38：3-18.
座談会、1960、「座談会：履行確保の実情と問題点」『ケース研究』58：56-74.
座談会、1967、「ある裁判官の歩み――岩松三郎氏に聞く 5」『法律時報』39（1）：64-71.

全国家事審判官会同

「昭和24年6月17、18日の家事審判官会同」『家庭裁判月報』第6号（1949年9月）：1-18.
最高裁判所事務総局家庭局、1949、『昭和24年6月開催全国家事審判官会同協議録』（『家庭裁判資料』6号）.
最高裁判所事務総局家庭局、1951、『昭和25年9月開催全国家事審判官会同協議録』（『家庭裁判資料』15号）.
最高裁判所事務総局家庭局、1952、『昭和26年11月開催全国家事審判官会同協議録』（『家庭裁判資料』23号）.
最高裁判所事務総局、1953、『昭和27年10月開催全国家事審判官会同要録』（『家庭裁判資料』31号）.
最高裁判所事務総局、1953、『昭和28年11月開催全国家事審判官会同要録』.
最高裁判所事務総局、1955、『昭和29年11月開催全国家事審判官会同要録』.
最高裁判所事務総局、1956、『昭和30年11月開催全国家事審判官会同要録』（『家庭裁判資料』45号）.
最高裁判所事務総局、1957、『昭和31年10月開催全国家事審判官会同要録』（『家庭裁判資料』51号）.
最高裁判所事務総局、1958、『昭和32年11月開催全国家事審判官会同要録』（『家庭裁判資料』56号）法曹会.

あ と が き

　法学者でも歴史学者でもない筆者が、法律の制定過程をたどることは、なかなか骨が折れる仕事だった。思えば、前著『養育費政策にみる国家と家族』所収の論文のなかで、民法の子の監護規定の系譜をたどった際、資料を探すのにも読むのにも四苦八苦し、自分にはこのような根気仕事は向いていない、と思い知ったはずだった。ところがまた、気がつけば制度の歴史研究に向かっていた。

　実際、ここまでの道のりはハードで、戦前の議事録には見慣れない活字が多く、文字を判別するだけでも時間がかかり、また、戦後の資料も裁判所関係のものは手探りで、その所在を確かめることすら思いどおりにならなかった。十分な理解と分析ができたとはいえないかもしれないが、それでも何とか履行確保制度の制定までたどりつくことができたのは、資料から伝わってくる緊迫した議論に引きこまれていったからである。およそ100年前、女性の「泣き寝入り」を問題にし、保守派と論戦を繰りひろげた穂積重遠。およそ60年前、履行確保制度の導入を求めて、最高裁判所の担当者を厳しく追及する家事審判官たち。彼らの発言は、気迫あふれるものだった。

　白熱した議論に圧倒されながら、同時に、それから100年、60年、日本社会はどこまで変わっただろうか、と問わずにはいられなかった。いまも、離婚して子どもを抱え、働きづめの生活のなかで、別れた相手から養育費も支払われないまま、泣き寝入りを強いられている女性は少なくない。問題は明らかだが、私たちは戦前の穂積や戦後間もない時期の家事審判官のように、この問題と格闘しているだろうか。かつての気迫あふれる議論をありのままに伝えることで、停滞した現状を少しでも前に動かさなくてはならない。議事録に向き合う日々のなかで、そうした責任感のようなものが強くなっていった。

　このような形で刊行できるとは思いもせず、「覚え書」のつもりで少しずつ書きためていたところ、法律文化社編集部部長の小西英央さんが、1冊の本と

して世に問うことをすすめてくださった。そして、小西さんのやさしい人柄と仕事への情熱に支えられ、拙いながらも最後まで書きあげることができた。心から深く感謝したい。

　家族にも助けられ、これでようやく、長くかかった仕事が一段落したことになる。感慨にひたりたくなるが、これからいよいよ、当初計画していた履行確保制度の研究のスタートとなる。実は本書の研究は、元家庭裁判所調査官で養育費相談支援センターの相談員のかたから、「私たちの頃の履行確保は義務者の自宅を夜討ち朝駆けで訪問し、説得したり、置き手紙を残したりしていたが、最近はそこまで手が回らないのではないか」とお聞きしたのがきっかけである。そういう時代があったことに興味を持ち、元調査官のかたがたにインタビューをお願いしようと考えて、それにはまず聞き手として制度の歴史を知っておかなくては、と思ったのが、本書のはじまりである。マイナーなテーマではあるが、これからまた、多くのかたの力をお借りしながら、養育費政策の研究を一歩一歩すすめていきたい。

　　　2015年3月

　　　　　　　　　　　　　　　　　　　　　　　　　　　下夷　美幸

索　　引

あ　行

アメリカの家庭裁判所　33, 39
家の面目　44
「家」維持派　115
「家」廃止　127
「家」廃止派　115
池田寅二郎　52, 55, 76
市川四郎　152
市川房枝　221
宇田川潤四郎　146
大浜英子　191, 229
大森洪太　76
奥野健一　114, 116, 125
恩給法　83

か　行

家事債務　7
家事事件手続法　8
家事審判所　36, 118, 144
　　──ニ関スル法律調査委員会　51
　　──の機能拡充についての建議書　148
　　──法調査事項　52
家事審判制度調査委員会　69, 116
家事審判ニ関スル綱領　19, 36, 51
家事審判ニ関スル要項　19, 35
家事審判法　8, 115, 117, 125
　　──案（戦前）　54
　　──の一部を改正する法律案　202
　　──要綱　118
家事調査官　164, 168
家事調停裁判所の設置に関する請願　75
家事調停法　74
家族への「介入／不介入」　14, 243

片山哲　68
家庭裁判所　144
　　──制度運営調査研究会　199
　　──だのみ　5
家庭審判所　24, 31
家庭紛議調停裁判所設置に関する建議案　71, 72
家庭訪問　170, 182
家督相続の廃止　128, 131
川島武宜　116, 211
幹事会　18
寄託　8
給与天引き制度　237
教育ノ効果ヲ完カラシムヘキ一般施設ニ関スル建議　17
行政機関説　120
強制執行　7
強制調停　58
金銭債務臨時調停法　88
久布白落実　114, 133
軍事扶助法　81, 83
軍人遺家族の扶助料問題　83, 87
敬神崇祖　45
拘禁　164, 205
公序良俗　91
公的領域　35, 43
国民総動員体制　82, 85
小作調停法　88
5千円以下の過料　212
国家の家族介入　215
子の監護事件　6
子の監護に要する費用の分担　3

257

さ 行

祭具等の継承　128, 131
裁判干渉　85
裁判所説　120
裁判と執行の分離　122, 146, 191, 208
佐竹晴記　208
ジェンダー規範　232
塩原静　106, 116, 121, 191
私的自治の原則　188
私的領域　35
司法法制審議会　114
諮問第1号　18
弱者救済機関　33
借地借家調停法　55, 88
銃後支援　71, 81, 82
主査委員会　19
出張審判・出張調停　66
淳風美俗　17, 29, 92
淳風美俗たる家族制度　45, 49
商事調停法　88
少年審判所　55, 144
少年保護司　61
女性団体　225
女性調停委員　103, 104
審査要項　19
人事調停法　69, 90
親族会　43, 153
制　裁　47, 205
世　帯　23
全国家事審判官会同　144
全国母子世帯等調査　2

た 行

立替払い手当制度　219
田辺繁子　210
嫡出規範　1
調査員　61, 62

調査要目（其1）　18, 24, 25
調停委員　102
調停事項不履行ノ場合　35, 45, 56
調停屋　102
東京家事審判所　148
東京区裁判所　104, 110
東京連合婦人会　104
道徳の引受機関　27, 40, 48
10日以下の監置　206

な 行

中川善之助　114, 116
泣き寝入り／泣寝入　10, 34, 98, 230, 235

は 行

パターナリズム　48, 236
花井卓蔵　41, 51
貧困率　1
不出頭者対策　125
婦人団体　70, 71, 104
婦人同志会　71
婦選獲得同盟　74
扶養義務　2
法は家庭に入らず　42
法律と道徳　23, 25, 27
法律万能主義　28
母子寡婦福祉資金　5
母子心中　74
母子世帯　1
母子扶助法　74, 80
保守派　41
母性保護連盟　74
穂積私案　24
穂積重遠　18, 21, 24, 26, 51, 52, 73, 88, 100
穂積陳重　18
堀内節　12, 191

索　引

ま　行

牧野英一　18, 116, 129, 132
宮城タマヨ　203
民事と刑事の分離　212
民法改正要綱　114
民法上の「家」　115
民法親族編相続編中改正に関する建議案
　　71, 72
村上朝一　116, 201
面会交流　3
申　出　219, 226

や　行

山田わか　76, 80
養育費　2
　──算定表　4

──請求事件　6
──政策　4
──専門相談員　5
──相談支援センター　5

ら　行

履行確保制度　7, 203
履行勧告　8
履行命令　8
離婚件数　1
離婚届　3
臨時教育会議　17, 23
臨時法制審議会　17, 18
臨時法制調査会　114

わ　行

我妻栄　100, 114, 116

■著者紹介

下夷　美幸（しもえびす・みゆき）

1962年　鹿児島県生まれ
1988年　お茶の水女子大学大学院修士課程家政学研究科修了
現　在　東北大学大学院文学研究科教授／博士（社会科学）
専　攻　家族社会学、家族政策論
著　書　『養育費政策にみる国家と家族──母子世帯の社会学』（勁草書房、2008年）

Horitsu Bunka Sha

養育費政策の源流
──家庭裁判所における履行確保制度の制定過程

2015年7月5日　初版第1刷発行

著　者　下夷美幸
発行者　田靡純子
発行所　株式会社　法律文化社

〒603-8053
京都市北区上賀茂岩ヶ垣内町71
電話 075(791)7131　FAX 075(721)8400
http://www.hou-bun.com/

＊乱丁など不良本がありましたら、ご連絡ください。
　お取り替えいたします。

印刷：㈱冨山房インターナショナル／製本：㈱藤沢製本
装幀：仁井谷伴子
ISBN 978-4-589-03688-9
Ⓒ2015 Miyuki Shimoebisu Printed in Japan

JCOPY　〈㈳出版者著作権管理機構　委託出版物〉

本書の無断複写は著作権法上での例外を除き禁じられています。複写される
場合は、そのつど事前に、㈳出版者著作権管理機構（電話 03-3513-6969、
FAX 03-3513-6979、e-mail: info@jcopy.or.jp）の許諾を得てください。

三成美保・笹沼朋子・立石直子・谷田川知恵著 〔HBB⁺〕 **ジェンダー法学入門〔第２版〕** 四六判・314頁・2500円	ジェンダーにまつわる社会的規範は、個人の意見や能力を超えたところで、わたしたちの行動や決定を「マナー、常識」として縛っている。ジェンダー・バイアスに基づく差別のあり方や法制度への影響を明らかにし、社会の常識を問い直す一冊。
村上 文著 **ワーク・ライフ・バランスのすすめ** Ａ５判・160頁・1700円	いま、なぜ「ワーク・ライフ・バランス（仕事と生活の調和）」なのか。官民あげて推進することとなった背景や実践方法について基本データや先駆的な事例を挙げて概観し、普及のための視座と作法を提供する。
金 尚均編 **ヘイト・スピーチの法的研究** Ａ５判・198頁・2800円	ジャーナリズム、社会学の知見を前提に、憲法学と刑法学の双方からヘイト・スピーチの法的規制の是非を問う。「表現の自由」を思考停止の言葉とせず、実態をふまえて、冷静かつ建設的な議論の土台を提示する。
西日本新聞社会部著 **ルポ・罪と更生** 四六判・270頁・2300円	捜査・公判・刑罰の執行・更生など、刑事司法の全過程を概観。取材班渾身のルポを中心に、基礎知識についてもわかりやすく解説。リアルな現場を徹底取材した大好評連載「罪と更生」の書籍化。司法福祉の入門書としても最適。
ウィリアム・ベヴァリッジ著／一圓光彌監訳 全国社会保険労務士会連合会企画 **ベヴァリッジ報告** ──社会保険および関連サービス── Ａ５判・310頁・4200円	日本の制度構築に大きな影響を与え、社会保険の役割と制度体系を初めて明らかにした「古典」の新訳。原書刊行後70年が経過し旧訳を手にすることができないなか、監訳者による詳細な解題を付し、歴史的・現代的な意義を再考する。
長沼建一郎著 **個人年金保険の研究** Ａ５判・208頁・2800円	日本の個人年金保険の商品としての基本的内容を丁寧に解説することが一義的な目的であるが、それ以外に年金の公私役割分担を法制度的観点から分析し、年金および社会保障全般にかかわる重要な論点を検証する。

——法律文化社——

表示価格は本体(税別)価格です